四川省地方普通本科高校第二批应用型示范课程

现代征信学概论

XIANDAI ZHENGXINXUE GAILUN

主　编　傅忠贤　何永川
副主编　程子彪　杨　波　胡泰峰

西南财经大学出版社
四川・成都

图书在版编目(CIP)数据

现代征信学概论/傅忠贤,何永川主编;程子彪,杨波,胡泰峰副主编.—
成都:西南财经大学出版社,2023.1(2025.7 重印)
ISBN 978-7-5504-5143-8

Ⅰ.①现… Ⅱ.①傅…②何…③程…④杨…⑤胡… Ⅲ.①信用制度—
教材 Ⅳ.①F830.5

中国版本图书馆 CIP 数据核字(2021)第 234466 号

现代征信学概论

傅忠贤　何永川　主编
程子彪　杨波　胡泰峰　副主编

策划编辑:王琳
责任编辑:冯雪
责任校对:王琳
封面设计:墨创文化
责任印制:朱曼丽

出版发行	西南财经大学出版社(四川省成都市光华村街 55 号)
网　　址	http://cbs.swufe.edu.cn
电子邮件	bookcj@swufe.edu.cn
邮政编码	610074
电　　话	028-87353785
照　　排	四川胜翔数码印务设计有限公司
印　　刷	郫县犀浦印刷厂
成品尺寸	185 mm×260 mm
印　　张	15.125
字　　数	356 千字
版　　次	2023 年 1 月第 1 版
印　　次	2025 年 7 月第 2 次印刷
印　　数	2001— 2500 册
书　　号	ISBN 978-7-5504-5143-8
定　　价	39.80 元

编委会

主　编： 傅忠贤　何永川

副主编： 程子彪　杨　波　胡泰峰

成　员： 苟聪聪　刘小艺　顾玉林

胡　丹　熊光明　熊心伟

陈春岳　刁小凤

▶▶序

加强征信教育，塑造大学生职业生涯第二张名片

“诚，信也。信，诚也。”“诚”即真诚、真切、真挚，引申为真实，强调了诚信的认知成分；“信”即求真守诚、无妄不欺，引申为真实、不虚伪，对应了诚信的行为部分。诚信问题不仅关乎国民的道德素质，更关涉民族和国家的形象。人无诚信不立，家无诚信不和，业无诚信不兴，国无诚信不强。党和国家历来重视对国民诚信品质的培育和社会信用体系的构建。习近平总书记指出，“人与人交往在于言而有信，国与国相处讲究诚信为本”，“诚信是和谐社会的基石和重要特征”，“诚信建设是实现中华民族伟大复兴的精神力量，是实现国家治理体系和治理能力现代化的重要保障”。2001 年中共中央颁布《公民道德建设实施纲要》，“明礼诚信”被纳入我国社会基本道德规范之一；2012 年党的十八大把“诚信”列入社会主义核心价值观；2013 年在十八届三中全会上中共中央做出《关于全面深化改革若干重大问题的决定》，明确把包含社会信用体系建设在内的“推进国家治理体系和治理能力现代化”作为全面深化改革的总目标；2014 年国务院印发《社会信用体系建设规划纲要（2014—2020 年）》，提出“加快信用管理专业人才培养”“加强信用管理学科专业建设。把信用管理列为国家经济体制改革与社会治理发展急需的新兴、重点学科，支持有条件的高校设置信用管理专业或开设相关课程”；2016 年我国《国民经济和社会发展第十三个五年规划纲要》提出“加快推进政务诚信、商务诚信、社会诚信和司法公信等重点领域信用建设……不断提高全社会诚信水平”；2017 年党的十九大报告把“推进诚信建设”列为加强思想道德建设的重要内容；2019 年十九届四中全会审议通过《中共中央关于坚持和完善中国特色社会主义制度、推进国家治理体系和治理能力现代化若干重大问题的决定》，明确把“社会主义市场经济体制”纳入我国“基本经济制度”范畴，进一步强调“完善诚信建设长效机制，健全覆盖全社会的征信体系，加强失信惩戒”。2020 年中共中央、国务院发布《关于新时代加快完善社会主义市场经济体制的意见》，提出：“构建

适应高质量发展要求的社会信用体系和新型监管机制。完善诚信建设长效机制，推进信用信息共享，建立政府部门信用信息向市场主体有序开放机制。健全覆盖全社会的征信体系，培育具有全球话语权的征信机构和信用评级机构。实施‘信易+’工程。完善失信主体信用修复机制。建立政务诚信监测治理体系，建立健全政府失信责任追究制度。”

2021 年《中华人民共和国国民经济和社会发展第十四个五年规划和2035 年远景目标纲要》把“健全社会信用体系”作为“建设高标准市场体系”的重要条件，列入“全面深化改革、构建高水平社会主义市场经济体制”的重大任务，明确指出要“建立健全信用法律法规和标准体系，制定公共信用信息目录和失信惩戒措施清单，完善失信主体信用修复机制。推广信用承诺制度。加强信用信息归集、共享、公开和应用，推广惠民便企信用产品和服务。建立公共信用信息和金融信息的共享整合机制。培育具有国际竞争力的企业征信机构和信用评级机构，加强征信监管，推动信用服务市场健康发展。加强信用信息安全管理，保障信用主体合法权益。建立健全政府失信责任追究制度”，对“十四五”时期以及到2035 年国家中长期社会信用体系建设进行了战略谋划，制定了行动纲领。

2022 年10 月党的二十大报告充分肯定了包含诚信内核的“讲信修睦、亲仁善邻”等中华优秀传统文化同科学社会主义价值观主张的高度契合性，明确把“社会信用”列为“市场经济基础制度”，作为“构建高水平社会主义市场经济体制”的重要内容，进而把包含诚信内核的“亲诚惠容和与邻为善、以邻为伴”提升为我国的“周边外交方针”，进一步提升了“诚信”的战略地位。

市场经济是契约经济、信用经济，诚信是现代市场经济的基石。习近平总书记指出：“良好的社会信用环境是建立社会主义市场经济的基本前提，是有效防范金融风险的重要条件，是经济和金融正常运行的根基。”高校担负着文化传承、科学研究、人才培养、社会服务、国际交流合作的重大职责，承载着立德树人的根本任务。培养具有诚信品德、创新意识、担当精神和创业能力的高素质、复合型专业人才是加快完善社会主义市场经济体制的治本之举。诚信教育理应成为高校专业人才培养的第一课。诚信作为一种基本价值观和道德观，是大学生立身之本、处世之道，诚信之人具有不可抗拒的人格魅力和强大的向心力、凝聚力。诚信不仅是当代大学生应该具备的基本职业素养，而且是陪伴大学生职业生涯历程的除身份证之外的第二张名片，是宝贵的无形资产。

征信是客观记录人们经济社会活动中信用履行信息的一种服务，能够直观体现一个人在社会生活中的诚信状况。征信教育不仅属于思想道德教育范畴，而且属于专业知识教育范畴。随着信用经济的发展和社会信用体系建设的推进，诚信教育正逐步向政府管理、企业管理、金融管理、社会管理等领域延伸和渗透，包括诚信教育在内的信用管理已经成为市场经济结构的重要组成部分，是现代经济发展中社会分工专业化发展的必然产物，是衡量社会管理水平的一个新的重要指标，也是社会文明进步的重要标志。综合运用经济学、社会学、金融学、法学、管理学等多学科知识，围绕现代市场经济发展中解决信用风险防控和社会信任关系重建及其相应的技术支持问题等社会热点问题和难点问题，编撰《现代征信学概论》教材，已经成为适应现代市场经济发展需要、推进信用管理专业学科建设、深化高校人才培养特别是财经类专业人才培养的奠基工程。

《现代征信学概论》系统介绍征信的科学内涵、历史起源和现实背景；阐释征信与信用的辩证关系，探讨信用风险的防控技术与策略；分析征信数据的获取、管理以及征信数据库的建设思路；梳理征信机构的分类和职责；分析征信业务的构成和征信产品的开发；总结征信技术的发展和中国征信标准化实践；概述征信服务的渠道和方式，探析征信服务的发展趋势；剖析征信法律的建设现状和发展趋势；分析征信监管的内容、模式和机构；探索征信文化的内涵、结构和特征，总结中国征信教育实践经验；阐述社会信用体系建设的功能、地位，回顾中国社会信用体系建设的发展历程，展望中国社会信用体系建设的未来发展趋势。这些内容有助于学生初步建构征信管理的基本知识结构。本书既可作为财经管理类专业基础课教材，又可作为高校通识课教材。

《现代征信学概论》是我们多年校企合作实践中结出的小果实，我们坚守、我们前行，我们坚信“小果实”还可以长大，“小果实”还会结出更多。

傅忠贤 于四川文理学院学府雅苑

2022 年 12 月 26 日

目录

113/ **第六章　征信技术与征信标准**

第一章 社会信用体系建设

■内容提要

现代市场经济本质上是信用经济，诚信是现代市场经济的灵魂。健全完善的社会信用体系是维系市场经济秩序、改善社会信用环境的可靠保障。开设“现代征信学概论”课程是促进社会信用体系建设的基础性工程，而促进社会信用体系建设是开设“现代征信学概论”的重要目标指向。本章从探讨社会信用体系的科学内涵入手，厘清社会信用体系的内涵界定和体系结构，总结和归纳社会信用体系建设的国内外实践经验，展望中国社会信用体系建设的未来发展趋势。

第一节 社会信用体系的内涵与结构

一、社会信用体系的内涵界定

（一）社会信用体系的概念

信用有很多含义，以不同的信用观念为引领，会建立起各不相同的信用体系。因此，我们先来探讨一下什么是信用。大家在谈及信用时，一般都会将其理解为诚信，即诚实和守信。它也是人们在为人处世中和各类社会交往中所必须遵守的一种道德规范。作为一种道德规范，信用是整个社会、每一个行业、每一个人在为人处世中都不可或缺的品质，因而也是整个社会所提倡、奉行的标杆。在经济活动中和市场交易中，人们也必须奉行诚信这个道德规范理念，但信用的含义远不止如此。市场交易最初是以物换物的方式，然后发展为以货币为媒介的交易，进而又发展出信用交易模式。在信用交易的经济活动中，商品和货币在时间上出现了不同步，即并非以往的“一手交钱，一手交货”，而是采用先发货、后付款，或者先付款、后发货的模式。这样就产生了信用交易，从而形成了信用关系。之后，市场交易中又发展出了各式各样的信用关系，例如，客户与银行间的关系，客户将自己的钱存入银行或向银行借钱，这样就会形成债权和债务的信用关系。信用关系实质上并没有替代以货币为媒介的交易，而是让交易中的商品与货币在时间上、空间上出现了不同步。这种交易能进行的原因，就在于它是建立在诚信基础之上的，即授信人选择相信受信人能按事先的约定付款或交货，而受信人也能按事先的承诺付款或交货。因此，在市场交易中的信用是和为人处世的道德规范以及行为标准的诚信相通的。而在市场交易当中，信用不仅是一种交易的方式，也是由这种交易方式演化出来的各类信用工具（如货币）及服务的总和。总体来说，在经济活动中的信用指的是受信人承诺事后按照规定的期限和其他条款而先行获取授信人的商品或服务，或者承诺事后按照规定的期限和其他条件交付商品和提供服务而先行收取授信人款项的经济关系。这样的总结还不能完全包容当今社会复杂的信用关系。但在讨论经济活动的信用关系时，原则上应该把信用理解为诚信，不能局限地把信用理解成作为道德规范和行为标准的诚信，应该进一步地从授信人和受信人之间的社会经济关系进行理解。

总体来说，信用包括道德规范和行为标准、市场规则、交易方式和经济关系等相关内容，后几方面专属于社会经济活动中的概念。了解经济活动中信用的含义，可以帮助我们理解市场交易中信用更广泛的内容。

（1）信用方便了交易。

在缺乏信用的情况下，人们只能采用“一手交钱、一手交货”的方式，即交易双方必须拥有现金和现货，否则就无法进行交易。信用产生后，即便没有现金和现货，只要交易双方进行了约定和承诺，交易就可以顺利进行。

（2）拓宽了市场交易，促进了经济发展。

例如，实施信用消费后，消费者即使不能一次性付清货款，靠分期付款也能够消费房屋和汽车，房屋和汽车的销售和生产就可以得到大幅度的增加。

（3）连接了供给和需求。

在信用交易中供需双方的约定在供给与需求行为实际发生前就已确定。

（4）其他方面。

信用便利了交易，扩大了市场，连接了供需，加快了市场流通，节约了交易费用。

但是，信用的兴起和发展增加了市场交易的风险。无论是买方违约不付款，或无力付款，或不能按期付款；还是卖方违约不交货，或交不了货，或不按约定的时间、数量、品种、品质交货，市场都无法正常运行，市场的交易链条就会中断，交易费用就会增加，并造成交易有关方面的损失。市场的交易越发达，信用交易发生风险的可能性也越大。这些风险有违约风险、市场变动风险、汇率变动风险、政策变动风险等。可见，社会信用体系其实就是一种社会机制，它作用于一国的市场规范，旨在建立一个适合信用交易发展的市场环境，保证一国的市场经济向信用经济方向转变。

（二）社会信用体系的内涵

社会信用体系是以信用为基础来分配社会资源的创新性制度。市场经济原来是按实际资本分配资源的，当资源和市场经济进一步发展和趋于成熟后，资源便是根据虚拟的人力资本进行分配的。目前，利用信用资本摊派资源的实际资本分配市场经济正处于信用经济转型阶段。

从现代信用基本理论的角度看，信用问题既包括经济交易，也包括社会全面管理。信用是获得信任的资本，在现代信用经济中，社会和市场根据传统的实际资本和信用资本分配资源。为了实现公正有效的最佳资源分配状态，形成新的社会生产力，促进经济发展，形成良好的社会关系，信用成为生产要素，与劳动、土地、资本、技术等社会资源共同参与了社会资源的分配。

在传统的经济状况下，人们拥有设施设备、厂房和资金等，才能开展生产，达成交易，获得经济利润。拥有物质资本是人们参与经济交易和社会资源分配中不可缺少的首要条件。在信用经济条件下，人们可以用累积的信用资本完成金融、生产、销售和其他经济活动，获得相应的经济利益。信用是资本，社会发展给了人们拥有这种社会资本的机会，通过使用新的系统和方法，任何人都可以积累和改善自己的信用资本，并且以开放、公正的方式参与社会人文资源和自然资源的配置，使经济更活跃，社会发展更公正。在经济社会创新的关键时期，加快社会信用体系建设，是促进最佳资源分配、扩大国内需求的重要前提条件，是增进社会互信、化解社会矛盾的高效方式。

从狭义上来说，社会信用体系是一个信用交易体系。从构成方面看，它包括一系列的法律、法规、方法和机构。从本质上讲，它是记录信用交易的辅助社交系统，是信用动作及信用主体信用状况的“簿记”，记录信用行为，载入信用信息数据库及其他技术系统；在目标上而言，营造适合信用交易的市场环境，推进市场经济信用的发展态势，使市场交易主要方法由原来的支付方法向信用支付转变；从功能上来看，能减少市场交易信息不对称、有效分配社交资源，使信用数据收集和使用标准化，是信用交易成功完成社交系统的支持与保护。

广泛的社会信用体系不再局限于信用交易领域，它还涵盖了国家内有关信用与诚信社会生活的方方面面，并强调了作为人际交往原则的诚信文化的建设。它不仅包括商业诚信，而且包括政务诚信、社会诚信、司法公信。从本质上看，本着合同精神，社会整体信用由多种社会主体构成，这既是一种道德准则，也是一种生产市场资源的因素。就构成方面而言，是一国范围内，一系列与信用相关，且相互影响的道德文化、法律法规、系统规范、组织程序、技术手段与运营手段相互作用的综合性系统；在功能上说，以道德和法律为基石，惩处不可信的行为，表扬诚实的行为，维护正常的经济和社会秩序，推动经济和社会的健康发展。从目标上来看，统一全体国民的信用意识，建立全社会的完整性秩序，构建和谐稳定的社会完整性自我教育环境，以培育和宣传为基础，发展信用商品和市场，从而提高全社会的诚信认识和诚信水平。

改革开放以来提出的中国社会信用体系的意义相对狭隘，从 1993 年开始，国务院就因“三角债”问题首次以文件形式提出社会信用问题，后来，市场经营主体可根据需要自发开展信用活动，并成立了第一批信用服务代理机构。2002 年 11 月，党的十六大提出“整顿和规范市场经济秩序，健全现代市场经济的社会信用体系”。党的十六届三中全会通过的《关于完善社会主义市场经济体制若干问题的决定》进一步指出，“建立健全社会信用体系，形成以道德为支撑、产权为基础、法律为保障的社会信用制度，是建设现代市场体系的必要条件，也是规范市场经济秩序的治本之策”。2005 年，《中共中央关于制定国民经济和社会发展第十一个五年规划的建议》提出，“以完善信贷、纳税、合同履约、产品质量的信用记录为重点，加快建设社会信用体系，健全失信惩戒制度”。由此可知，这一时期的信用问题集中于经济领域，因其形成对经济发展的掣肘而被重视。当我国经济社会发展进入“双转”时期之后，社会生活领域的人际信任问题越发突出，社会信用问题也从经济领域扩展到整个社会生活领域。为解决信用问题而生的社会信用体系的含义也相应扩展，2014 年 6 月，国务院印发《社会信用体系建设规划纲要（2014—2020 年）》。对社会信用体系做出了一个较为全面的定义：以法律、法规、标准和契约为依据，以健全覆盖社会成员的信用记录和信用基础设施网络为基础，以信用信息合规的应用和信用服务体系为支撑，以树立诚信文化理念、弘扬诚信传统美德为内在要求，以守信激励和失信约束为奖惩机制，目的是提高全社会的诚信意识和信用水平。2021 年《中华人民共和国国民经济和社会发展第十四个五年规划和 2035 年远景目标纲要》把“健全社会信用体系”作为“建设高标准市场体系”的构成要件，列为“全面深化改革、构建高水平社会主义市场经济体制”的重大任务。

二、社会信用体系的结构

为促进市场交易的进行，满足信用交易开发的要求，防止信用交易的风险，在市场交易中逐步发展和完善社会信用体系。一般包括以下三个方面的内容：

（1）各市场主体应遵守的市场基本规则和法律规范。

在市场经济中，诚实守信既是道德规范和行动准则，也是市场经济的基本规则。其原因是市场经济是依靠竞争来分配资源的。市场要正常运作，就要优化资源配置，就要制定关于公平竞争的规则，为此，要规范和制约各个主体有关市场活动的多样化的行为。其中，最基本、最关键的就是诚实和守信。自古以来，中国就追求“货真价实”“诚信为本”“童叟无欺”的信用原则。市场经济发展越好，信用关系就越复杂，市场活动中多样的经济关系（如买卖关系、贷款关系、租赁关系、雇佣关系、信赖关系等）就越要靠信用来维持。为此，政府正式通过了一系列应由各市场主体遵守的信用规则和为限制和执行各市场主体的行动而制定的适当的法律法规（如《中华人民共和国合同法》等）。市场交易各方人员或者当其中一方人员不遵守信用，违反合同，即市场规则的，应该依法予以处罚。

（2）为了满足开发市场交易的要求，多种方便交易的信用工具和手段应运而生。

比如，银行信贷、各种票据和支付凭证、信用卡、信用证等。随着信用交易的发展，各类型的信用工具和手段也越来越多，越来越复杂。

（3）为满足信用交易的要求，应为信用交易提供多种服务。

出于这一目的，市场上出现了许多信用中介机构，主要包括以下六种：

①为银行及各类非银行金融机构提供信用交易的凭据、信用证及其他服务工具的金融中介机构。

②向交易各方提供客户信用信息服务的信用报告机构。例如，银行为客户提供贷款或者一家公司为其他公司提供金融担保，为了防止贷款和担保的风险，要知晓客户和被保证公司的信用及资产情况。银行和公司本身应该了解顾客的信用状态，但是自身收集信息是很难的，而且需要花费很多。于是，便产生了一个专门提供资信信用信息服务的征信机构。

③为对交易各方提供有关市场主体、各种有价证券等信用状况服务的信用评级

机构。

④为企业或个人从银行和非银行金融机构获得信用而提供保证服务的机构。

⑤提供与企业资质和质量认证相同的产品和服务认证的机构，如质量认证机构等。

⑥在信用交易活动中所衍生出的信用交易服务的其他鉴证机构，如律师事务所、会计师事务所、审计师事务所等。

上述各方面都是社会信用体系的一部分，是从综合性角度理解的社会信用体系的结构。当然，还可以从纵向和横向角度理解社会信用体系的结构。从纵向角度看，社会信用体系是由信用管理行业和信用法律体系构成的整体，信用管理行业涵盖全部市场参与主体的信用信息数据库和训练有素的信用管理专业人员，它是社会信用体系的"硬件"；信用法律体系为信用管理行业提供"游戏规则"，它是社会信用体系的"软件"。从横向角度看，社会信用体系涵盖公共信用体系、企业信用体系和个人信用体系三大模块，公共信用体系就是政府信用体系，它影响社会信用体系全局，是建立企业信用体系和个人信用体系的前提和基础，企业信用体系和个人信用体系是社会信用体系的重要组成部分。

三、社会信用体系建设的重要性

1. 建立社会信用体系是完善现代市场体系和市场经济运行机制的必要步骤

信用关系是连接市场经济中多种主体的经济联系的桥梁。信用是健全市场经济的基础和前提，市场化程度越高，信用的作用就越重要。没有健全的社会信用体系，就不可能建立完善的市场经济机制。随着中国市场经济的进一步发展，越来越多的市场交易关系和交易行为被体现为信用关系。由于信用系统开发水平低，在资源配额中限制市场机制的基本作用，影响现代市场体系的开发和改善。因此，加快社会信用体系建设不仅是改善市场经济基础的不可或缺的要求，也是改善现代市场体系的不可或缺的要求，更是建立开放、统一、竞争及有序的市场体系不可或缺的要求。

2. 加快社会信用体系建设，是矫正和维护市场经济秩序的重要保障

市场经济秩序的标准化与否，与市场能否在资源配置中起根本性的作用有关。信用关系是维持市场交换关系的重要环节，它对形成标准化的市场需求起着支持和促进作用。在这一阶段，我国社会信用体系建设滞后，对社会科目信用认识淡化，信用失衡矫正机制不健全，市场经济秩序不规范，信用缺失影响市场经济健康运行发展。因此，加快社会信用体系建设，形成有效的信用奖罚约束机制，营造诚信社会氛围，是矫正和维护市场经济秩序的重要保障。

3. 加快社会信用体系建设，是经济社会可持续发展的内在要求

为应对经济全球化深入开展的背景，中国经济社会可持续发展既要从内部抓起，又要有效把握和利用外部开发空间。中国目前正处于由产品出口向资本出口转型的阶段。这是增强国家软实力和国际影响力的关键阶段。在向外销的过程中，"走出去"的企业向国外辐射诚信不足的问题，不仅影响公司海外经济活动，也严重影响国家声誉。国家信用不仅是国家间经济文化交流的重要名片，也是扩大国家国际影响力和竞争力的关键性无形资产。因此，加快社会信用体系建设，遵循市场经济基本准则，是确立国家形象，加快经济可持续发展不可避免的要求。建立社会信用体系，可以从三个方

面促进经济可持续发展：一是通过完善的信用信息服务，缓解交易当事人之间的信息不对称，减少市场交易费用；二是运用激励和惩戒机制，规避市场公平竞争的“道德风险”；三是促进政府廉洁和司法诚信，推进政府职能转变。

4. 建立社会信用体系是健全中国社会主义市场体系的客观需要

信用是市场经济的基础。在市场经济背景下，经济活动中信用主要由实物信用和货币信用构成。建立和扩大信用关系是市场经济正常运行的前提条件。作为维护信用关系健康发展的社会机制，社会信用体系必然会成为市场经济体系的重要制度框架。以综合方式促进社会信用体系建设，确立和改善可以信赖的激励和惩戒机制，是完善市场经济秩序，改善市场信用环境，降低交易成本，预防经济风险的重要手段。

5. 建立社会信用体系是改善国家治理体系和提升治理能力的重要条件

建立社会信用体系，是国家治理体系和治理能力建设的重要组成部分，也是国家治理力量重新塑造的重要体现。促进社会信用体系建设可以在创新社会治理方法、转变政府职能、强化事中及事后监督方面起到非常关键的支持作用。我国正处在经济社会变化的重要时期，关注的对象更加多样化，各类社会矛盾突出，社会组织和经营方式正在经历重大变化。全面推进社会信用体系建设是强化社会组织自身管理职能、减少政府对市场经济干预的有效途径，是强化社会诚信、增进社会互信、减少社会矛盾的有效手段，是增强和提升国家治理能力和完善治理体系所必需的条件。

6. 建立社会信用体系是构建和谐社会的有效路径

诚信友爱是社会主义和谐社会的一个基本特点。信用表现为在经济水平上偿还的价值转移和社会伦理水平上社会各成员之间的相互信赖关系。社会信用体系不仅在市场交易活动中保持信用关系的正常发展，通过利益机制引导社会成员诚实守信，而且在诚信文化教育的微妙潜在影响下，可以促使社会伦理关系的改善和社会成员之间的诚信的增加，强化安全意识和信任意识，推进社会和谐与进步。

第二节　社会信用体系建设的重点领域

一、加快推进政务诚信建设

政务诚信是社会信用体系建设的关键，各类政务行为主体的诚信水平，对其他社会主体诚信建设发挥着重要的表率和导向作用。

（一）坚持依法行政

将依法行政贯穿于决策、执行、监督和服务的全过程，全面推进政务公开，在保护国家信息安全、商业秘密和个人隐私的前提下，依法公开在行政管理中掌握的信用信息，建立有效的信息共享机制。切实提高政府工作效率和服务水平，转变政府职能。健全权力运行制约和监督体系，确保决策权、执行权、监督权既相互制约又相互协调。完善政府决策机制和程序，提高决策透明度。进一步推广重大决策事项公示和听证制度，拓宽公众参与政府决策的渠道，加强对权力运行的社会监督和约束，提升政府公信力，树立政府公开、公平、清廉的诚信形象。

（二）发挥政府诚信建设示范作用

各级人民政府首先要加强自身诚信建设，以政府的诚信施政，带动全社会诚信意识的树立和诚信水平的提高。在行政许可、政府采购、招标投标、劳动就业、社会保障、科研管理、干部选拔任用和管理监督、申请政府资金支持等领域，率先使用信用信息和信用产品，培育信用服务市场。

（三）加快政府守信践诺机制建设

严格履行政府向社会做出的承诺，把政务履约和守诺服务纳入政府绩效评价体系，把发展规划和政府工作报告关于经济社会发展目标落实情况以及为百姓办实事的践诺情况作为评价政府诚信水平的重要内容，推动各地区、各部门逐步建立健全政务和行政承诺考核制度。各级人民政府对依法做出的政策承诺和签订的各类合同要认真履约和兑现。要积极营造公平竞争、统一高效的市场环境，不得施行地方保护主义措施。要支持统计部门依法统计、真实统计。政府举债要依法依规、规模适度、风险可控、程序透明。政府收支必须强化预算约束，提高透明度。加强和完善群众监督和舆论监督机制。完善政务诚信约束和问责机制。各级人民政府要自觉接受本级人大的法律监督和政协的民主监督。加大监察、审计等部门对行政行为的监督和审计力度。

（四）加强公务员诚信管理和教育

建立公务员诚信档案，依法依规将公务员个人有关事项报告、廉政记录、年度考核结果、相关违法违纪违约行为等信用信息纳入档案，将公务员诚信记录作为干部考核、任用和奖惩的重要依据。深入开展公务员诚信、守法和道德教育，加强法律知识和信用知识学习，编制公务员诚信手册，增强公务员法律和诚信意识，建立一支守法守信、高效廉洁的公务员队伍。

二、深入推进商务诚信建设

提高商务诚信水平是社会信用体系建设的重点，是商务关系有效维护、商务运行成本有效降低、营商环境有效改善的基本条件，是各类商务主体可持续发展的生存之本，也是各类经济活动高效开展的基础保障。

（一）生产领域信用建设

建立安全生产信用公告制度，完善安全生产承诺和安全生产不良信用记录及安全生产失信行为惩戒制度。推动建立质量信用征信系统，加快完善12365产品质量投诉举报咨询服务平台，建立质量诚信报告、失信黑名单披露、市场禁入和退出制度。

（二）流通领域信用建设

制定实施商贸流通领域企业信用信息征集共享制度，完善商贸流通企业信用评价基本规则和指标体系。强化反垄断与反不正当竞争执法，加大对市场混淆行为、虚假宣传、商业欺诈、商业诋毁、商业贿赂等违法行为的查处力度。逐步建立以商品条形码等标识为基础的全国商品流通追溯体系。加强检验检疫质量诚信体系建设。推进对外经济贸易信用建设，进一步加强对外贸易、对外援助、对外投资合作等领域的信用信息管理、信用风险监测预警和企业信用等级分类管理。

（三）金融领域信用建设

创新金融信用产品，改善金融服务，维护金融消费者个人信息安全，保护金融消费者合法权益。加大对金融欺诈、恶意逃废银行债务、内幕交易、制售假保单、骗保骗赔、披露虚假信息、非法集资、逃套骗汇等金融失信行为的惩戒力度，规范金融市场秩序。加强金融信用信息基础设施建设，进一步扩大信用记录的覆盖面，强化金融业对守信者的激励作用和对失信者的约束作用。

（四）税务领域信用建设

建立跨部门信用信息共享机制。开展纳税人基础信息、各类交易信息、财产保有和转让信息以及纳税记录等涉税信息的交换、比对和应用工作。进一步完善纳税信用等级评定和发布制度，加强税务领域信用分类管理，发挥信用评定差异对纳税人的奖惩作用。建立税收违法黑名单制度。推进纳税信用与其他社会信用联动管理，提升纳税人税法遵从度。

（五）价格领域信用建设

指导企业和经营者加强价格自律，规范和引导经营者价格行为，实行经营者明码标价和收费公示制度，着力推行“明码实价”。督促经营者加强内部价格管理，根据经营者条件建立健全内部价格管理制度。完善经营者价格诚信制度，做好信息披露工作，推动实施奖惩制度。强化价格执法检查与反垄断执法，依法查处捏造和散布涨价信息、价格欺诈、价格垄断等价格失信行为。

（六）工程建设领域信用建设

推进工程建设市场信用体系建设。加快工程建设市场信用法规制度建设，制定工程建设市场各方主体和从业人员信用标准。推进工程建设领域项目信息公开和诚信体系建设，实现工程建设项目信息和信用信息公开共享的“一站式”综合检索服务。深入开展工程质量诚信建设。完善工程建设市场准入退出制度。建立企业和从业人员信用评价结果与资质审批、执业资格注册、资质资格取消等审批审核事项的关联管理机制。建立科学、有效的建设领域从业人员信用评价机制和失信责任追溯制度。

（七）政府采购领域信用建设

加强政府采购信用管理，强化联动惩戒，保护政府采购当事人的合法权益。制定供应商、评审专家、政府采购代理机构以及相关从业人员的信用记录标准。依法建立政府采购供应商不良行为记录名单。加快建设全国统一的政府采购管理交易系统，提高政府采购活动透明度，实现信用信息的统一发布和共享。

（八）招标投标领域信用建设

扩大招标投标信用信息公开和共享范围，建立涵盖招标投标情况的信用评价指标和评价标准体系，健全招标投标信用信息公开和共享制度。鼓励市场主体运用基本信用信息和第三方信用评价结果，并将其作为投标人资格审查、评标、定标和合同签订的重要依据。

（九）交通运输领域信用建设

形成部门规章制度和地方性法规、地方政府规章相结合的交通运输信用法规体系。完善信用考核标准，实施分类考核监管。积极引导第三方机构参与信用考核评价，逐步建立交通运输管理机构与社会信用评价机构相结合，具有监督、申诉和复核机制的综合考核评价体系。将各类交通运输违法行为列入失信记录。对失信企业和从业人员，要加强监管和惩戒，逐步建立跨地区、跨行业信用奖惩联动机制。

（十）电子商务领域信用建设

建立健全电子商务企业客户信用管理和交易信用评估制度，加强电子商务企业自身开发和销售信用产品的质量监督。推行电子商务主体身份标识制度，加强网店产品质量检查，对失信主体建立行业限期禁入制度。促进电子商务信用信息与社会其他领域相关信息的交换和共享，完善电子商务信用服务保障制度。

（十一）统计领域信用建设

开展企业诚信统计承诺活动，营造诚实报数光荣、失信造假可耻的良好风气。完善统计诚信评价标准体系。建立健全企业统计诚信评价制度和统计从业人员诚信档案。加强执法检查，严厉查处统计领域的弄虚作假行为，加大对统计失信企业的联合惩戒力度。

（十二）中介服务业信用建设

建立完善中介服务机构及其从业人员的信用记录和披露制度，并将其作为市场行政执法部门实施信用分类管理的重要依据。重点加强公证仲裁类、律师类、会计类、担保类、鉴证类、检验检测类、评估类、认证类、代理类、经纪类、职业介绍类、咨询类、交易类等机构信用分类管理，探索建立科学合理的评估指标体系、评估制度和工作机制。

（十三）会展、广告领域信用建设

推动展会主办机构诚信办展，践行诚信服务公约，建立信用档案和违法违规单位信息披露制度，推广信用服务和产品的应用。加强广告业诚信建设，建立健全广告业信用分类管理制度，完善广告活动主体失信惩戒机制和严重失信淘汰机制。

（十四）企业诚信管理制度建设

开展各行业企业诚信承诺活动，加大诚信企业示范宣传和典型失信案件曝光力度，引导企业增强社会责任感，在生产经营、财务管理和劳动用工管理等各环节中强化信用自律，改善商务信用生态环境。强化企业在发债、借款、担保等债权债务信用交易及生产经营活动中诚信履约。鼓励和支持有条件的企业设立信用管理师。加强供水、供电、供热、燃气、电信、铁路、航空等关系人民群众日常生活行业企业的自身信用建设。

三、全面推进社会诚信建设

社会诚信是社会信用体系建设的基础，社会成员之间只有以诚相待、以信为本，才能形成和谐友爱的人际关系，才能促进社会文明进步，实现社会和谐稳定和长治久安。

（一）医药卫生和计划生育领域信用建设

加强医药卫生机构信用管理和行业诚信作风建设。树立大医精诚的价值理念，坚持仁心仁术的执业操守。培育诚信执业、诚信采购、诚信诊疗、诚信收费、诚信医保理念，坚持合理检查、合理用药、合理治疗、合理收费等诚信医疗服务准则，制定医疗机构和执业医师、药师、护士等医务人员信用评价指标标准，建立诚信医疗服务体系。加强人口计生领域信用建设，开展人口和计划生育信用信息共享工作。

（二）社会保障领域信用建设

在救灾、救助、养老、社会保险、慈善、彩票等方面，建立全面的诚信制度，打击各类诈捐骗捐等失信行为。进一步完善社会保险基金管理制度，提高基金征收、管理、支付等各环节的透明度，确保社会保险基金的安全运行。

（三）劳动用工领域信用建设

进一步落实和完善企业劳动保障守法诚信制度，制定重大劳动保障违法行为社会公示办法。建立用人单位拖欠工资违法行为公示制度，健全用人单位劳动保障诚信等级评价办法。规范用工行为，加强对劳动合同履行和仲裁的管理。加强劳动保障监督执法，加大对违法行为的打击力度。加强人力资源市场诚信建设，规范职业中介行为。

（四）教育、科研领域信用建设

加强教师和科研人员诚信教育。开展教师诚信承诺活动，自觉接受广大学生、家长和社会各界的监督。发挥教师诚信执教、为人师表的影响作用。加强学生诚信教育，培养诚实守信的良好习惯。探索建立教育机构及其从业人员、学校教师和学生、科研机构和科技社团及科研人员的信用评价制度，努力解决学历造假、论文抄袭、学术不端、考试招生作弊等问题。

（五）文化、体育、旅游领域信用建设

建立健全文化企业主体、从业人员以及文化产品的信用信息数据库；依法制定文化市场诚信管理措施，加强文化市场动态监管。制定职业体育从业人员诚信从业准则，建立职业体育信用等级的第三方评估制度，推进相关信用信息记录和信用评级的广泛运用。制定旅游从业人员诚信服务准则，建立旅游业消费者意见反馈和投诉记录与公开制度，建立旅行社、旅游景区和宾馆饭店信用等级第三方评估制度。

（六）知识产权领域信用建设

建立健全知识产权诚信管理制度，出台知识产权保护信用评价办法。重点打击侵犯知识产权和制售假冒伪劣商品行为，将知识产权侵权行为信息纳入失信记录，强化对盗版侵权等知识产权侵权失信行为的联合惩戒，提升全社会的知识产权保护意识。开展知识产权服务机构信用建设，探索建立各类知识产权服务标准化体系和诚信评价制度。

（七）环境保护和能源节约领域信用建设

推进国家环境监测、信息与统计能力建设，加强环保信用数据的采集和整理，实现环境保护工作业务协同和信息共享，完善环境信息公开目录。建立环境管理、监测信息公开制度。完善环评文件责任追究机制。建立企业环境行为信用评价制度。完善企业环境行为信用信息共享机制。强化对能源审计、节能评估和审查机构及其从业人员的信用评级和监管。加强对环资项目评审专家从业情况的信用考核管理。

（八）社会组织诚信建设

依托法人单位信息资源库，加快完善社会组织登记管理信息。健全社会组织信息公开制度，引导社会组织提升运作的公开性和透明度，规范社会组织信息公开行为。把诚信建设内容纳入各类社会组织章程，强化社会组织诚信自律，提高社会组织公信力。发挥行业协会（商会）在行业信用建设中的作用，加强会员诚信宣传教育和培训。

（九）自然人信用建设

突出自然人信用建设在社会信用体系建设中的基础性作用，依托国家人口信息资源库，建立完善自然人在经济社会活动中的信用记录，实现全国范围内自然人信用记录全覆盖。加强重点人群职业信用建设，引导职业道德建设与行为规范。

（十）互联网应用及服务领域信用建设

大力推进网络诚信建设，培育依法办网、诚信用网理念，逐步落实网络实名制，完善网络信用建设的法律保障，大力推进网络信用监管机制建设。建立网络信用评价体系，大力推动网络信用信息在社会各领域的推广应用。建立网络信用黑名单制度。

四、大力推进司法公信建设

司法公信是社会信用体系建设的重要内容，是树立司法权威的前提，是社会公平正义的底线。

（一）法院公信建设

提升司法审判信息化水平，实现覆盖审判工作全过程的全国四级法院审判信息互联互通。推进强制执行案件信息公开，完善执行联动机制，提高生效法律文书执行率。发挥审判职能作用，鼓励诚信交易、倡导互信合作，制裁商业欺诈和恣意违约毁约等失信行为，引导诚实守信风尚。

（二）检察公信建设

进一步深化检务公开，创新检务公开的手段和途径，广泛听取群众意见，保障人民群众对检察工作的知情权、参与权、表达权和监督权。继续推行“阳光办案”，严格管理制度，强化内外部监督，建立健全专项检查、同步监督、责任追究机制。充分发挥法律监督职能作用，加大查办和预防职务犯罪力度，促进诚信建设。

（三）公共安全领域公信建设

全面推行“阳光执法”，依法及时公开执法办案的制度规范、程序时限等信息。进一步加强人口信息同各地区、各部门信息资源的交换和共享。将公民交通安全违法情况纳入诚信档案。定期向社会公开火灾高危单位消防安全评估结果。将社会单位遵守消防安全法律法规情况纳入诚信管理。

（四）司法行政系统公信建设

进一步提高监狱、戒毒场所、社区矫正机构管理的规范化、制度化水平，维护服刑人员、戒毒人员、社区矫正人员合法权益。大力推进司法行政信息公开，进一步规范和创新律师、公证、基层法律服务、法律援助、司法考试、司法鉴定等信息管理和披露手段，保障人民群众的知情权。

（五）司法执法和从业人员信用建设

建立各级公安、司法行政等工作人员信用档案，依法依规将徇私枉法以及不作为等不良记录纳入档案，并作为考核评价和奖惩依据。推进律师、公证员、基层法律服务工作者、法律援助人员、司法鉴定人员等诚信规范执业。建立司法从业人员诚信承诺制度。

（六）健全促进司法公信的制度基础

深化司法体制和工作机制改革，推进执法规范化建设，严密执法程序，坚持有法必依、违法必究和法律面前人人平等，提高司法工作的科学化、制度化和规范化水平。充分发挥人大、政协和社会公众对司法工作的监督作用，完善司法机关之间的相互监督制约机制，强化司法机关的内部监督，实现以监督促公平、促公正、促公信。

第三节 社会信用体系建设的国内外实践

一、国外社会信用体系建设经验借鉴

历史上，社会信用体系是随着市场经济的发展而孕育并逐步确立起来的。国际上的成果也更多，市场经济成熟的国家建立社会信用体系的历史更长、起步更早，在建设领域取得的成果也更多。这些国家以自身的国家条件、历史和文化为基础，在创建社会信用系统的过程中，既有很多值得学习和借鉴的经验，也有不少令人警醒的教训。

（一）国外社会信用体系建设经验

国外社会信用体系建设过程中，逐步形成了以美国、德国、日本为代表的三种不同征信模式。

三种不同的征信模式及其特点：

市场驱动型：①征信机构独立于政府之外，以营利为目的；②政府不直接参与征信活动，而是设立信用管理局管理信用行业实务。

政府主导型：①征信以中央银行建立的“中央信贷登记系统”为主，“中央信贷登记系统”作为中央银行的一个部门存在，非私立组织；②中央信贷登记系统收集企业信贷信息和个人信贷信息，免费对银行等部门提供信用信息，依法向信用信息局提供相应的信用信息。

会员制模式：①以银行协会、信用卡协会和消费者协会等建立会员制信用报务机构；②信息的采集和使用均面向会员。为协会会员提供个人和企业的信用信息互换平台，不以营利为目的，只收取成本费用。

1. 市场驱动型征信模式——以美国为代表

美国作为世界第一大资本主义国家，拥有相对成熟的市场经济，在建立社会信用体系时，采用了典型的市场指向性信用模式。第二次世界大战后，由于美国经济的快速发展，市场交易急剧增加，多种信用商品被广泛使用。美国政府没有介入这些被市场需求刺激的信用报告产业，而是按照信用法的规章制度、市场自身规章制度以及政府提供的法律保护规则，逐步形成了较为成熟的市场主导型社会信用体系模式。

市场驱动模式有助于刺激信用领域的活力，提高信用服务的效率，也有助于提升美国社会信用秩序。但是，这种信用模式在其他国家特别是发展中国家的信用体系建设上可能很难取得类似的效果。第一，对信用相对落后的国家来说，如果采用由市场主导的信用体系模式，很多发达国家的信用报告公司就会在当地征信服务市场落户，激烈的竞争容易影响落后地区征信服务公司的生存。第二，以市场为驱动的信用信息模式应以大量信用信息数据为支撑，对于信用不足的国家或信用信息不好的国家，建立社会信用体系仍处于探索阶段，其信用产业总体投资规模较小，调控力度相对薄弱，

征信机构相对分散等客观因素使信用数据的收集和应用面临较大的困难。第三，以市场为基础的信用信息模式需要健全的法律体系和政府监督体系，以保障独立、客观、公正的法律环境，这对法治不健全的国家来说是一个巨大的障碍。第四，要建立以市场为驱动的征信模式，需要很长一段时间的试错来改善信用管制系统，社会信用体系相对优秀的国家往往不会去等待。

2. 政府主导的中央银行模式——以德国为代表

欧洲征信产业的发展源远流长，征信产业的制度发展和持续效应为“欧洲模式”的形成做出了卓越的贡献。德国所代表的欧洲是属于由政府主导的征信模式的公共信用体系模式。德国政府主导的模式严重影响德国信用管理法的“公法”特点，政府可以使用公法权限强制公司和个人向公共机关提供信用信息，建立公共信息登记系统。

德国所代表的中央银行征信模式，从优点上看，通过政府强制性的方法可以在短期内收集和整合信用信息数据，并迅速构建信用信息数据库。这一模式的核心理念主要是实现经济社会稳定。但这与为保证市场信用，本应高度关注商业组织和个人的隐私信息的保密，以及对相关数据的保护的要求相冲突。此外，在此模式下，征信系统不向社会提供服务，很难建立起失信惩罚的关联机制。在由政府主导的征信模式下，建立征信数据库是非营利性的，信用信息的所有收集和使用完全由政府负责，由于政府没有办法承担巨额的使用、维护费用，并且其商业利益微乎其微，所以政府的信用模式在提供信用服务时，很难保持中立和高效。德国的这个模式只向会员提供信用建议，对在社会生活中扩大信用的交易几乎不起作用，并且信用消费只记录在达到特定水平的市场主体中的数据，因此信用数据库数据将以股票形式缩水。

3. 会员制模式——以日本为代表

日本的信用信息产业被认为是亚洲最发达的产业，拥有业界最高的生产价值和最长的发展历史。经过一百多年的开发，日本建立了混合制度的信用市场体系。与市场主导模式及政府主导模式相比，日本属于被称为会员型模式的普通“混合动力”模式。这是由银行协会成立的银行会员征信机构和商业征信机构组成的“混合征信模式”。个人征信采用会员模式，通过产业协会设立公共个人信用信息中心，信息由协会和会员共享；而企业信用报告采用市场模式，私营征信机构独立经营、市场化运作。

日本会员体系的优点是通过产业协会建立的信用信息系统对稳定和调整所有当事人之间的合作关系有所帮助。会员的权利义务将得到明确的定义和进一步改善，这保证了信用信息数据库质量。但是，信用评级机构的模式具有一定的局限性。第一，模型的扩展不够。许多国家的产业协会开发得不充分，或者发展不平衡，行业影响不足，难以形成以产业协会为中心的征信模式。第二，在此模式下，征信机构只限于向协会会员提供信用信息要求服务，但不向社会提供，因此信用信息共享范围更小，经济和社会经济效益更低。第三，在会员制度体系下，征信机构不按照信用等级或信用进行评价，只登记和收集信用信息，这对把市场信用作为商品投放市场，渗透到社会各个领域增进信用的社会影响力几乎没有帮助，从而无法推进一个行业的产业化过程。

尽管以美国、德国、日本为代表的三种信用体系模式各有优缺点，但它们仍有一些共同的做法值得借鉴。

1. 重视社会信用体系基础设施建设

以巨大的信用信息数据库作为有效支持。这三个国家在信用信息数据库中都做了很多努力，尤其是美国，其成果令人震惊。美国收集的情报来自各种信用管理机关和机构，这些机构管理运营的数据库的信用范围十分广泛，拥有充分的信用数据。与此同时，整合产业的标准、固定数据编码使用形式、大数据评估与分析系统及统计模式成为美国征信评估服务的第一优势。世界上最著名的资信公司就是在这样的环境下建立的。以邓白氏公司为例，企业信用数据库拥有全球近 5 700 万家公司的信用文件，是世界最大的企业信用数据库，可以称为“世界数据库”。消费者个人信用数据库艾奎法克斯公司（Equifax）、益百利公司（Experian）和环联公司（TransUnion）占有主要市场，其中，Equifax 公司拥有 1. 9 亿名美国人和 1 500 万名加拿大消费者档案的巨大数据，其客户基础超过 100 万。Experian 是美国最大的信用报告机构之一，拥有 1. 7 亿个个人信用账户，Trans Union 数据库中 2. 2 亿名消费者的姓名和档案文件，成功覆盖北美的美国、加拿大、维尔京群岛、波多黎各等地。

2. 构建完善的信用法律和法规体系

美国、德国和日本确立了比较完整的信用法律和规章制度。美国有关信用的法律比较完备，但各国法律的焦点是各不相同的。

（1）美国的基本信用体系。

以《公正信用报告法》为核心，以保护市场公平竞争和人权为基本原则，注重信用标准化，平等信用和保护个人信息，维护经济社会有序发展。为了提高市场活力，约有 18 个信用相关法律（其中之一被废止）确立了立法目标，为信用报告服务行业提供了良好的公共开发平台。管理机制一方面制约着相关的商务行动，一方面改善着有关企业的法律和规章制度，实现法律运作，为行业整体发展创造了基础条件。

（2）德国和日本的信用法律系统对消费者信用信息保护倾注力度更大。

从个人信息保护水平来看，德国及其他欧洲国家个人信息保护水平较高，拥有世界上最严格的数据保护法。有关数据保护的法律处在世界的前沿和独特的历史发展中，与其都有着密切的联系。世界上一些制定数据保护法的国家常常受到欧洲模式的影响。截至 2005 年 8 月，全世界 24 个国家通过的法律是以欧盟数据保护导引线为基础或从中获得灵感的。数据保护已成为欧盟少数几个比美国探索更成功的领域之一。例如，美国《公平信用报告法》规定，信用机构可以根据法律直接使用消费者的个人信用资料而不需要经过本人的同意。欧盟的《数据保护指南》和德国的《联邦数据保护法》则明确规定，个人数据的处理和使用必须经书面批准。2022 年年初，欧盟委员会正式公布《数据法案》（草案），专门针对非个人数据，解决导致数据未被充分利用的法律、经济和技术问题，与专门针对个人数据保护的《一般数据保护条例》（GDPR）一道共同构成欧盟数据治理的两大支柱，支撑起既强化数据保护，又推动数据流通释放价值的数据治理新格局。另外，日本的信用法律重点保护个人信用数据，相关法律明确规定，会员组织应严格遵守信用信息的机密性，以防止成员个人将资料等泄露给会员以外的机构组织。

3. 构建完善的信用监管体系

（1）设定特别信用管理组织及主题。

在德国"中央模式"信用报告系统下，对社会信用的监督由中央银行负责。政府为了保证信息来源的准确性，可以获得对信用信息的强制存取权限。在日本，考虑到日本产业协会及其他社会组织发展得比较成熟，信用监督职能主要由主要产业协会执行。虽然美国政府没有成立旨在管理社会信用的特别机构，但有关美国政府部门和法院可以有效地行使信用管理和法律执行，且效果明显，其中包括联邦通商委员会、法务部、财政部、货币监督局和联邦储备制度系统。同时，一些个人组织，如美国信用管理协会、信用报告协会、美国国际信用收账协会，以及美国其他活跃的社会组织，也可以执行自己的监管职能。

（2）信用中介服务机构起着重要的作用。

美国的信用服务市场相对成熟，成立了以征信、评估和商账追收为服务内容的专业信用中介服务机构。这些信用机构本质上是私人的，核心业务主要是提供咨询与增值信息服务。日本的信用服务主要由银行协会成立的银行会员征信机构和商业信用报告机构提供，运作方式为成立银行协会、信用卡协会和消费者协会等会员信用服务机构。美国完善的信用法律对收集和使用信用数据提供明确的法律依据，除了有效履行民间信用管理机构的规章制度外，政府不直接参与信用产业的管理，仅对法律的监督落实负有责任。

4. 确立严厉有效的惩罚机制

美国、德国和日本都对严重失信行为采取相对严厉的惩戒措施，突出表现在：第一，将市场机构的失信从交易当事人扩大到对社会的失信，严加惩处，使失信者在一定期限内付出惨重的代价；第二，为失信的人员灵活地使用经济刑罚和劳动刑罚等多种形式的刑罚；第三，明确惩戒处罚的法律依据，充分发挥司法部的执法监督权利，如果其失信行为严重，将依法进行量刑处罚。

（1）美国。

美国信用不良处罚机制的突出特点是拥有强大的信用信息数据库支持。美国有丰富的信用数据资源支持，信用服务市场化充分，有助于建立惩戒失信的社会协同防御机制。美国对失信人员的处罚非常严厉，根据法律，信用信息数据库要保存几年来失信人员的失信记录，并让其付出相应的代价：情节较轻的会受到经济处罚和劳动刑罚，情节严重的则需要司法进行配合处理。同时，美国还设立了青少年法庭，对青少年失信也予以同样的司法处理。

（2）德国。

德国惩戒制度的严格性特点体现在：政府拥护建立共同市场防御机制，各阶层政府监督部门、信用机构、雇主和公共事业机构共同参与督查。德国的惩戒制度不仅会对所有微小的失信行为产生影响，还会在失信行为刚有征兆时就加以预防和制止，坚决杜绝失信行为继续发展。例如，在德国，闯红灯这一行为不仅有安全隐患，还会被纳入个人信用记录，增加车险费用，影响个人贷款，甚至子女支付的学费也要从分期支付改为现金支付。

（3）日本。

日本惩戒失信制度的严格性特点体现在：失信惩戒严重程度将根据信息收集和运用的细微程度来决定，日本个人征信机构在收集顾客信用信息时要详细记录客户全部的违约信息，包含债务逾期、预期回收、代理偿还、强制回收、强制解除贷款合同、票据拒付等。金融机构及信用卡公司常常根据客户的信用记录来决定是否授予客户信用。基本违约记录是重要的个人信用记录，一般保留 5~7 年并公之于众。

5. 建立完善的信用服务市场体系

拥有不同信用标准模式的国家，信用服务市场体系的发达与否取决于征信市场化程度的高低。考虑到以公共征信机构为主流的德国“中央模式”，所提供信用服务是有限的、非营利的，所以其征信成本及服务费用是由政府财政负担的，信用服务的市场化程度较低。日本的“混合模型”属于市场化运行机制的征信机构，银行协会统一了国家的信用中心，成立了全国的银行个人信用信息中心，会员银行交流采用收付费的方式。在美国，征信模式完全是以市场为主导的，信用服务产业的市场化水平很高，信用服务市场化拥有充分的经验，具有明显的优势体现在：

（1）信用服务产业成熟。

美国社会信用体系最显著的特征是高水平的市场化运作。在信用产业的各个方面，市场机制可以尽可能发挥更多的作用，政府也只可以起到辅助的作用。其中，信用服务产业最为突出。美国的信用服务公司拥有成熟的市场，在超过一百年的信用服务市场发展历程中，培育了多家高质量的信用服务公司，这些公司拥有优秀的商业开发和高级管理系统，它们有着稳定的市场经济的运行机制，体现在：①明显的独立性、中立性和公正性；②以较高的市场认同和稳定的客户为基础；③对信用产品研发制造和持续创新具有强大潜力；④产业标准和操作程序标准化和系统化。

（2）强有力的信用认识和市场主体观念。

市场主体（企业或个人）信用意识较为强烈。美国的信用交易很平常，企业和消费者对信用有很强的意识。目前消费者信用贷款已成为美国人最普遍的消费方式，据统计，美国民众多年来均无居民储蓄。美国人将信用风险作为商品进行包装销售，因此破产的观念也逐渐发生了改变，这种情况已经不再是一件羞耻的事情，而是一种合理的战略抉择。特别是作为市场主体的企业，对信用的维持和使用具有强烈的认知，很多企业正式设立了特殊信用管理部门对公司和客户的信用进行管理监督。从个人来说，以信用行为在日常生活中所产生的广泛影响为基础，美国消费者在信用评级机构的信用报告中特意保持自身信用良好的状态，以避免自身的不可靠记录对日常生活产生消极影响。

（二）国外信用体系建设实践对中国的启示

综上所述，国外构建的社会信用体系模式各有其利弊，这对中国构建自身的社会信用体系既有一定参考价值，也存在一些值得思考的问题。第一，信用调查模式和建立信用报告系统的模式应具有自身特点。各国信用标准和模式，应根据国家的实际情况，如经济开发水平、国家组织形式及历史文化的不同进行征信体系的建设，我国应以国家实际国情为依据，在各个发展阶段，建立最适合中国的社会信用体系。第二，我们必须抓住关键，采取多样化的方法，为建立信用体系打下良好的基础。例如，保障信用数据公开，推动进一步建立大数据库，明确主要管理部门，鼓励发展中介机构，建立和改善社会信用体系，健全基本法律法规和相关援助体系，促进惩戒制度的确立和有效履行，建立健全市场经济法，完善信用服务体系，强化行业协会重要职责，强化信用服务行业自我培训，促进信用市场发展与信用文化培养相协调，促进每个人的廉洁自律。

建立社会信用体系，是一个包括各个方面的复杂系统工程，需要从文化、体系、组织、技术和法律等多方面考虑和设计。

1. 大力倡导、弘扬恪守信用、自律自节的与市场经济相适应的良好道德风尚，努力提高全社会的道德水准

良好道德标准是建立社会信用体系的基础和必要条件，在市场经济背景下，市场主体的行动纲领首先应该是讲求信用，在一个讲信誉、守信用尚未成为一国企业和民众的基本道德规范和行为准则的国家，是无法建立起完善的信用体系的。必须通过宣传、典型示范、课程教育等方式，从强化信用教育、科研和全社会教育做起，从基础教育到高等教育广泛开展信用观念、信用认识和信用道德的宣传教育。

2. 强化信用的法律构成，维持信用秩序

社会信用体系不能仅仅停留在诚信的道德基础层面，更重要的是建立对市场主体之间信用关系进行管理的整套法律、法规、准则、制度，把一切信用活动纳入法制的轨道，形成有法可依、有法必依、执法必严、违法必究、的法制环境，维护和培育良好的信用秩序。

（1）从立法角度看。

根据发达国家的经验，建立社会信用体系必须以法律为先。法案应该以最大限度地反映和保护债权人利益为原则，尽快确立和改善惩戒机制，强化对恶意违反合同的行为进行处罚，不仅要对回避负债、虚假销售和恶意不履行的组织进行处罚，还要对管理高层和直属人员进行处罚，相关责任人要依法承担责任。

（2）从诉讼角度看。

为保障司法正义，诉讼管辖权应履行回避原则，避免在审判中存在地区保护和人际关系干涉。要高效完成诉讼，降低诉讼成本，诉讼费用应改为按执行金额的比例收取，促使法院提高执行率，克服不合理的诉讼现象，鼓励债权人依法维护权益。

（3）从执法角度看。

为维护法律权威，需加强法院的执法力度。法院可使用更加有效的手段，如为保护胜诉者的权利和利益，要尽量在短时间内对违法乱纪的人采取法律措施，使违法、违约侵犯他人利益的人受到应有的制裁。

3. 加快信用信息开放和信用数据库建设步伐

中国没有明确的有关开放和使用信用数据的法律条款。第一，要加快各部门和机构的信用信息的开放，制定消费者个人信用信息的收集和共享方面的法律。第二，工商、关税、法院、技术监督、财政、税收、外贸与经济、银行与证券等所有有关政府部门监管委员会成员单位，都应将企业信用数据和个人信用数据等信用信息以一定的形式合法地向公众公开，以保证这些信用信息让社会知晓。在此基础上，建立政府、产业、信用机构三方面的信用数据库，通过收费服务向社会开放。特别是，信用参考机构的数据库要为客户提供标准化的信用调查服务和信用评估服务，因此，建立起来

的数据库应及时更新相关信息，以确保拥有大量的数据、完整的信息。

4. 促进信用中介机构的建立和标准化发展

保证信用中介人能客观、公正、独立运营，在开发初期阶段，为支持信用中介机构的发展，确立信用系统的基本结构，就需要由政府部门进行规划及推进。原有的信用中介机构可以选择“适者生存”的方式，使其业务逐步集中到规模大、影响力大的机构，通过竞争和整合可以提高信用中介机构的质量。积极鼓励国内中介机构与知名国际公司开展各类合作，允许知名国际公司在国内设立分公司，通过与国际知名公司开展战略合作，促进国内中介机构改善信用中介技术、提升管理及服务水平。此外，所有当事人都可以使用硬性规定的法律、法规来扩大信用产品的使用范围，以促进需求的增加。积极拥护“第三方评估”，积极采用独立的信用中介机构提供的信用产品，进一步促进信用中介机构的成熟。

5. 建立科学的评估方法与评估指数体系，建立信用评级与惩戒体系

科学的评估方法及指数支付系统是保证评估结果准确性的重要基础。科学的评估步骤和分析方法，有助于客观、公正地分析各市场主体的信用水平，并用简单的符号来表示相关指标。企业为登记及分类采用三等九级的制度，对个人采用百分制进行打分，使信用评级公开化、标准化，提升评价结果的可比性，同时促进信用系统的全国性宣传及与国际产业的整合。建立信用公开的社会监督和约束机制，形成信息公开和惩戒体系。信用信息公开系统，有助于信用信息服务的信用中介与国家法律和政府监督的作用相结合，形成合理的惩戒约束与处罚机制。例如，对有意识的不履行信用或者恶意回避贷款本金和利息的公司，可通过网络等多种媒体向社会公开“黑名单”，并向社会公开信息泄漏的数据库，供需要信息的人和企业等使用。商业银行对这些企业停止开展信用交易，停止在这些企业开设新账户的业务，工商管理部门将不再通过它们的年度商业检查，税务部门将不再办理它们的报税登记。

6. 加强银行和企业的内部信用管理

所有商业银行应加强信用风险管理，并根据贷款发放程序，在贷款管理系统中纳入包括岗位制约、责任制约和流程制约等环节，当风险、类型、性质及贷款金额不同时，批准机构可另行决定。为加强对贷款的经营、核查、存档的管理，必须确立科学的贷款决策与风险预警指标评估体系，加快建立和完善信用监测体系。企业内部信用管理是构建社会信用体系的必备前提条件，是改善中国市场交易信用秩序的重要基础。为了减少企业内部的商业风险，必须在企业内构建信用风险管理系统。建立客户服务中心，依托客户信用额度的评估与控制，实现科学定量交易的决策，规范企业与客户之间的信用关系，避免交易人员主观上的盲目决策，建立收款第一责任人体系。对应收账款的一系列专业系统管理，最大限度地提高应收账款回收率，缩短还款周期，减少不良债务及不良债务损失。

7. 强化对信用产业的管理

成立信用行业的监督机构，既是改变中国信用行业长时间以来多头监管与无人监管共存现状的迫切要求，也有助于信用管理法律和规章的贯彻落实。信用行业监督机构必须严格履行监管职责。除此之外，政府还应加强对相关信用服务行业从业人员的监督，如注册会计师、审计师和资信活动相关的律师等。考虑到中国资本市场的发展，

必须加强对证券市场的监管。上市企业的经济地位及信用状况的公开，很大程度上依赖于有价证券注册会计师的审计报告，而这些中介机构的错误信息，将使投资者无法信任证券市场。因此，要想在证券市场上保持信誉，就要以公正性和开放性为原则。

信用管理产业协会是社会信用体系产业管理的重要组成部分，它对促进信用体系的建立和良好运营具有重要作用。在建立和完善信用体系的过程中，必须强化行业协会的管理职责。信用管理产业协会的主要任务是充分发挥行业信用管理的主体作用，不断完善行业信用监管体制机制，积极打造行业信用管理平台，着力创新行业信用评价模式，积极探索开展市场化信用服务，正确处理评价服务中的利益与效益的关系，主动协调信用管理产业发展与政府各方面的关系，切实推动信用管理服务应用研究，有效促进信用管理产业人力资源开发。

二、中国社会信用体系建设的发展历程

在中国上下五千年的历史长河中，诚信作为一种文化基因和道德准则深深根植于中华民族优秀传统思想文化体系之中，孕育形成了丰富璀璨的信用思想，诚信成为中华民族的传统美德和社会主义核心价值观的重要内容。在中国古代，社会信用是建立在农耕时代“熟人社会”习俗型信任关系（人际信任）基础上的，显著特征是道德约束型，辅之以乡规民约。在近代中国，社会长期处于动荡和变革过程中，商品经济发育迟缓，缺乏建立社会信用体系的客观环境。自新中国建立至 1978 年党的十一届三中全会，中国处在计划经济时代，商品经济发展受到排斥，信用活动仅仅是实现计划控制的辅助工具，且限于国家信用、政府信用单一内容，商业信用发育迟缓，信用文化建设以思想道德建设为主，信用制度文化缺失。1978 年党的十一届三中全会以后，中国进入改革开放新时期，中国选择了市场经济发展方向，伴随社会主义市场经济体制的逐步确立和日益完善，社会信用体系作为人类文明进步的重要表征，在维系社会秩序良性运转、促进经济社会高质量发展、推动国家治理效能提升方面的重要作用日益凸显，通过依靠党和政府的深度介入、立足中国的具体国情、贯彻以人民为中心的价值取向，推动了我国社会信用体系建设的全面、快速发展。可见，我国真正意义上的现代社会信用体系建设是随着改革开放、建立社会主义市场经济体制而起步的。

我国社会信用体系建设任务尤为艰巨，既要弥补工业时代信用体系发育不良的历史遗留课程［工业时代的信用体系是建立在“陌生人社会”契约型信任关系基础上的，突出特点是制度（法律法规契约）约束型，辅之以道德约束和第三方信用约束，发达国家通过工业革命完成了此任务，我国却在内忧外患中错失了机遇］，又要奋力追赶信息时代信用体系发展的时代步伐（信息时代的信用体系是建立在“匿名陌生人社会”系统型信任关系基础上的，突出特点是以数字技术驱动的平台自治型信用约束为主，以制度+道德+数字化信用服务为辅）。尽管双重使命艰巨，但我国社会信用体系建设还是克服了起步晚、起点低带来的巨大困难，取得了显著的建设成就，特别是党的十八大以来，伴随中国特色社会主义进入新时代，在全面建设社会主义现代化国家的新征程中，党和国家更加重视社会信用体系建设，社会信用体系建设被提升到国家发展战略的重要组成部分的战略高度，成为党和国家为实现经济社会高质量发展和治理效能提升而采取的重大举措，由此推动我国社会信用体系建设也步入到高质量发展的新阶

段。回顾改革开放以来我国社会信用体系建设的发展历程，总体上可划分为孕育萌芽、初步探索、延伸扩张、提升完善、高质量发展五个发展阶段。

1. 孕育萌芽阶段（1978—1991 年）

改革开放以后，我国逐步放弃了高度集中的计划经济体制，开始探索发展新路，但一开始改革目标指向并不完全明确，只能“摸石头过河”，伴随政府逐步减少对经济活动的直接干预，以间接管理为主手段的宏观调控力度逐步加大，企业获得越来越多、越来越大的经营自主权和决策权。这个阶段由于市场经济体制目标没有确立、制度规范、法律法规、市场规则未定型，经济活动中违约失信等问题突出。因此，这个阶段的信用建设主要是围绕解决实践中存在的突出问题而展开，起步于信用治理，触及到社会信用体系建设的一些基础层面，社会信用体系建设还处在孕育萌芽阶段。“信用治理、应急处置”是这各阶段社会信用体系建设的显著特点。1984 年抚顺市工商行政管理局开展“重合同守信用”活动，揭开了我国探索社会信用体系建设的序幕，1986 年《中华人民共和国民法通则》明确将“诚实信用”作为民事活动的基本原则，1987 年外经贸部计算中心牵头与美国邓白氏公司（Dun & Bradstreet，D&B）合作成立我国第一家资信调查机构（美国邓白氏公司于 1841 年成立，是世界著名的商业信息服务机构），1988 年我国第一家以社会化运作模式为主的专业资信评估公司“远东资信”成立，1990 年我国首次以中央政府名义发布旨在解决社会经济活动中因信用缺失导致的经济秩序混乱问题的指导性文件——《国务院关于在全国范围内开展清理“三角债”工作的通知》。

2. 初步探索阶段（1992—1999 年）

1992 年党的十四大正式确立社会主义市场经济体制的改革目标，成为中国改革开放的重要“分水岭”，伴随社会主义市场经济体制总体框架结构在社会生活各方面的逐步展开，社会经济活动更多触及到信用管理的深层次领域。这一阶段信用建设的显著特征体现在从以“应急反应”为主（解决突发问题）转变到以“长期建设”为主（开始构筑社会信用体系的制度基础）。“长期建设、制度建设”是这个阶段社会信用体系建设的显著特点。1992 年在上海、广东、重庆、四川等地实行担保基金制度，诞生了专业性商业担保公司；1994《中华人民共和国仲裁法》颁行，为公正、及时地仲裁经济纠纷，保护当事人的合法权益，保障社会主义市场经济健康发展确立了法律制度；1995 年《中华人民共和国票据法》颁行，首次将商业信用治理纳入法制化轨道，同年《中华人民共和国担保法》颁行，担保获得了法律保障；1997 年以企业征信为主要业务管理对象的银行信贷登记咨询系统开始筹建，全国企业征信系统呼之欲出；1999 年我国社会信用体系建设领域第一个课题——《国家信用体系研究》获准立项（中国社会科学院世界经济与政治研究所所长余永定教授申报），同年多名全国政协委员联名提出“国家信用管理体系建设”提案，引发社会高度关注。

3. 延伸扩展阶段（2000—2011 年）

2000 年进入“新千年”，2001 年我国加入世界贸易组织，顺利将改革开放提升至 2.0 版，成为我国改革开放进程的重要转折点，从此我国与世界全面接轨。这一阶段我国从中央到地方都重视社会信用体系建设，开展了一系列的政策研究和实践探索，社会信用体系建设开始从“信用治理”向“社会治理”延伸。“延伸扩展、全面建设、多点开花”成为这一阶段社会信用体系建设的显著特点。2000 年中央人民政府提出建立专门针对中小企业融资难的信用担保体系；2001 年《中华人民共和国国民经济和社会发展第十个五年规划》明确制定了“强化信用意识、整肃信用秩序、完善信用制度”的目标，同年颁行的《公民道德建设实施纲要》将诚信列为基本道德规范的内容之一；2002 年全国金融工作会议强调要将单位与个人征信体系相结合，同年党的十六大提出要“整顿和规范市场经济秩序，健全现代市场经济的社会信用体系”，以中共文献的形式首次提出“社会信用体系”概念；2003 年《中共中央关于完善社会主义市场经济体制若干问题的决定》提出信用制度的支撑是道德、基础是产权、保障是法律，同年国务院提出用 5 年左右的时间初步建立起与我国经济发展相适应的社会信用体系的基本框架和运行机制，银监会启动包括授信登记、违约登记、信贷登记等在内的信用信息数据库建设；2004 年中国出版了首部社会信用体系建设的著作《社会信用体系建设》（全国整顿和规范市场经济秩序领导小组办公室主编，中国方正出版社出版）；2005 年全国首届信用体系建设经验交流研讨会召开，推动社会信用体系建设社会共识的达成，同年中国人民银行在全国 8 个城市开展针对企业信用评级的第三方信用评级试点；2006 年正式建立全国企业与个人信用信息基础数据库；2007 年我国中央政府发布关于社会信用体系建设的第一个专门文件《国务院办公厅关于社会信用体系建设若干意见》，对我国社会信用体系建设的框架和内容进行了统筹规划；2010 年中国人民银行牵头启动建立全国统一的社会信用代码制度；2011 年党的十七届六中全会提出“建立健全覆盖全社会的征信系统”，首次把社会信用体系建设的内容延伸到“政务诚信、商务诚信、社会诚信、司法公信”四大领域。

4. 提升完善阶段（2012—2020 年）

2012 年党的十八大召开，中国特色社会主义进入新时代，2020 年中国全面建成小康社会。这个阶段国际经济贸易环境发生新的重大变化，我国“一带一路”倡议深入推进，构建“双循环”发展新格局不断取得新进展。在此背景下，社会信用体系建设从战略地位提升、总体布局谋划、顶层蓝图设计、业务领域拓展、重点任务部署、组织保障优化等方面得到全面、系统的提升和完善，广义社会信用体系建设格局基本形成。“提升完善、优化赋能”是这个阶段社会信用体系建设的显著特点。2012 年党的十八大报告重申，要“深入开展道德领域突出问题专项教育和治理，加强政务诚信、商务诚信、社会诚信、司法公信建设”，国务院常务会议通过《征信业管理条例》；2013 年党的十八届三中全会提出要“建立健全社会征信体系，褒扬诚信，惩戒失信”，第十二届全国人大第一次会议批准以公民身份证号码和组织机构代码为基准建立统一社会信用代码制度（2015 年建成），国家发展和改革委员会等多部门提出“建立完善社会信用主体的信用记录”，最高人民法院建立失信被执行人名单制度；2014 年党的十八届四中全会提出“完善守信褒奖和失信惩戒机制”，中央精神文明建设指导委员会发出《关于推进诚信建设制度化的意见》，国务院印发我国首部国家级社会信用体系建设专项规划——《社会信用体系建设规划纲要（2014—2020 年）》，提出“社会信用体系是社会主义市场经济体制和社会治理体制的重要组成部分”，对社会信用体系建设的总体思路、重点领域、运行机制、保障措施等进行全面规划部署，目标：到 2020 年，覆盖全社会的征信系统基本建成，守信激励和失信惩戒机制全面发挥作用；2015 年党的十八届五中全会将社会信用体系建设提升到国家治理的战略高度，提出“完善社会信用体系是创新社会治理的重要途径”；2016 年习近平总书记在主持中共十八届中央政治局第 37 次集体学习时的讲话中指出“对突出的诚信缺失问题，既要抓紧建立覆盖全社会的征信系统，又要完善守法诚信褒奖机制和违法失信惩戒机制，使人不敢失信、不能失信”，在中央全面深化改革领导小组第二十九次会议上习近平总书记强调，要“加强政务诚信、个人诚信体系和电子商务领域诚信建设，是社会信用体系建设的重要内容”，国务院发出专门文件对通过守信奖励和失信惩戒的方式促进社会信用体系建设提出指导意见；2017 年习近平总书记在党的十九大报告中指出要“推进诚信建设和志愿服务制度化，强化社会责任意识、规则意识、奉献意识，要不断采取各类措施推进社会信用体系建设”，国家发展和改革委员会与中国人民银行联合发布《关于加强和规范守信联合激励和失信联合惩戒对象名单管理工作的指导意见》；2018 年党的十九届三中全会通过《中共中央关于深化党和国家机构改革的决定》要求“加强信用体系建设，健全信用监管，加大信息公开力度，加快市场主体信用信息平台建设，发挥同行业和社会监督的作用”，中共中央宣传部牵头，中央文明办、中央网信办、最高人民法院、国家发展改革委、科技部、生态环境部、住房城乡建设部、交通运输部、人民银行、海关总署、税务总局、市场监管总局等部门共同主办“诚信建设万里行”主题宣传活动，在全国引起广泛、重大影响；2019 年国务院办公厅印发《关于加快推进社会信用体系建设构建以信用为基础的新型监管机制的指导意见》；2020 年国务院办公厅印发《关于进一步完善失信约束制度构建诚信建设长效机制的指导意见》，要求进一步规范和健全失信行为认定、记录、归集、共享、公开、惩戒和信用修复等机制，推动社会信用体系迈入高质量发展的新阶段，更好发挥社会信用体系在支撑“放管服”改革和政府职能转变、营造公平诚信的市场环境和社会环境等方面的积极作用。

5. 高质量发展阶段（2021 年至今）

2021 年我国正式进入全面建设社会主义现代化国家的新阶段，全国人民对美好生活的向往和追求更加强烈，对高品质生活更加关注，2021 年又是“十四五规划”的开局之年，2021 年以后的时期我国社会信用体系建设将以“高质量发展”载入史册。“高质量发展、高水平提升”将成为这个阶段社会信用体系建设的显著特点。2021 年国家正式发布《中华人民共和国国民经济和社会发展第十四个五年规划和 2035 年远景目标纲要》，搭建了社会信用体系建设的整体框架，对未来社会信用体系建设的基本内容做出全面部署与安排，将社会信用建设对社会治理的意义扩展至经济、社会、政治、法治、文化等多个方面，国家发展与改革委员会、中国人民银行会同社会信用体系建设部际联席会议成员单位和其他有关部门（单位）编制了《全国公共信用信息基础目录（2021 年版）（征求意见稿）》和《全国失信惩戒措施基础清单（2021 年版）（征求意见稿）》；2022 年中共中央办公厅、国务院办公厅印发《关于推进社会信用体系建设高质量发展促进形成新发展格局的意见》；2022 年 10 月召开的党的二十大，从顶层设计层面对我国未来社会信用体系建设高质量发展做出了新的重大决策部署。

三、中国社会信用体系建设未来发展趋势

当前世界格局正在发生深刻变革和体系重塑，我国也处在全面建设社会主义现代化强国新征程中，发展环境的复杂程度和人民群众对美好生活需要的迫切程度都前所未有，这对我国社会信用体系建设提出了更高的要求。社会信用体系建设作为推进国家治理现代化的重要内容和有效载体，必将对推动我国经济社会高质量发展起到更好的支撑作用。站在新的历史方位，继续深入推进我国社会信用体系建设的提质升级，既是社会信用体系建设的内在逻辑，也是实现“十四五”规划目标和党的二十大做出的最新部署的重要举措。在这样的背景下，中国社会信用体系建设的未来发展趋势基本明朗。

1. 社会信用体系建设将迈入整体提质、高质量发展的新阶段

信用的渗透性、融合性和赋能性作用将得到更好发挥，信用建设不平衡、重点领域失信问题较突出、信用制度建设滞后等突出问题将得到更好解决，规范化、法治化的诚信建设长效机制将取得重大突破，科学化指标体系、精准化信用监管体系、多层级评价体系和法治化联合奖惩体系将得到全面普及，一体化、智能化的公共信用信息平台等社会信用体系基础设施将更加完善，信用数字化水平将获得显著提升，社会诚信环境将得到明显改善，失信主体信用修复机制、公共信用信息和金融信息的共享整合机制、政府失信责任追究制度等机制制度建设将加快建立健全，人民群众的信用素养将得到明显提高，社会信用体系建设高质量发展阶段即将到来。

2. 社会信用体系建设的制度安排将更加合理，制度建设将更加健全完善

制度安排将更加合理，通常表现为：第一，制度条款更多关注消除机会主义行为的生存土壤，或对其采取更有效的有约束力的措施和更严格的惩戒；二是制度条文更好地体现和更有效地维护了信用活动的公平，特别是那些在信用活动中处于弱势的人更需要全面的保护。制度建设将更加健全完善，至少应包括填补制度建设结构性空白、消除制度建设滞后性现象、加强失信惩戒功能、加强对弱势主体的保护等，加快制定《社会信用法》。弥补社会信用体系制度建设结构性空白主要有：一是加强民法的执法力度，改善信用制度基础设施；二是健全完善以地方政府（公共部门）、企业和个人为信用主体的法律、法规；三是制定和完善有关信用信息服务机构，尤其是征信机构的法律、法规；四是制定和完善保护个人信贷权和个人投资者利益的法律、法规；五是通过司法解释、施行细则及其他形式，将原有法律、规章的原则性条款具体化、明确化，不损害体系的普遍性，便于群众理解、操作。

3. 构建以信用为基础的新型监管机制将成为社会信用体系建设的关注重点

从信息的角度看，信用监管的过程就是信用信息产生、归集、共享、评价、应用和修复的过程；从信用的角度看，信用监管的过程就是充分运用征信、评信、用信等信用管理方法和工具的过程；从管理的角度看，信用监管就是综合运用大数据等现代信息技术，贯穿市场主体全生命周期，衔接事前、事中、事后全监管流程，采取“守信激励、失信惩戒”措施的过程。可见，构建以信用为基础的新型监管机制是我国转变政府职能、深化“放管服”改革的重大制度创新，是社会信用体系建设的重大标志性工程，是推进国家治理体系和治理能力现代化建设的重大举措。目前社会信用体系

建设已完成“搭框架、建平台、归数据”等基础工作，为构建以信用为基础的新型监管机制奠定了良好基础，今后一个时期，构建以信用为基础的新型监管机制必将成为社会信用体系建设的重点工程。

4. 科技变革必将为社会信用体系建设提供强大的驱动力

当前以互联网、云计算、大数据、区块链、人工智能等为代表的新一代技术的发展如火如荼。科技变革的积极成果将更大程度赋能社会信用体系建设。5G 网络的通信技术发展变革，为信用大数据应用传输提供强大支持。5G 技术的高频段直接传输，极大地提高了数据传输效率，为大数据的获取与处理提供有效支撑。大数据和云计算能够为信用监管提供有效的数据信息。人工智能能够精准描绘市场主体的“信用面孔”，形成信用画像，有利于形成高质量的信用评估模型和评估报告。区块链实现“跨时间”共识机制，有效解决信用危机。区块链技术通过分布式数据存储、点对点传输、共识机制、加密算法等计算机技术，让信用信息自动记录、不可篡改，有效保障了信息的真实性，尤其能够有效控制交易和金融方面的信用风险。

5. 诚信教育、信用管理专业人才培养将会更加受到重视

诚信是中华民族的传统美德，是中华传统文化的优秀基因，也是我国社会主义核心价值观的重要内容。诚信之于个人，既是立身之本，也是处世之道。社会信用体系建设是一项复杂的系统工程，诚信教育是社会信用体系建设的基础。随着我国社会主义市场经济体制逐步完善，在深入推进“一带一路”倡议中与国际经济更加紧密地联系在一起，社会经济活动中对信用管理专业人才的需求缺口越来越大，信用管理专业人才培养培育的重要性和紧迫性日益凸显，信用管理专业人才培养已经成为推进社会信用体系建设的重要支撑。可见，社会信用体系越健全完善，对诚信教育和信用管理专业人才培养的需求就越强烈。高度重视社会诚信教育、大力培养信用管理专业人才必将成为社会信用体系建设的重要趋势。

复习思考题

1. 简述社会信用体系的功能。
2. 我国社会信用体系建设的重要性体现在哪些方面？
3. 如何理解社会信用体系的内在结构？
4. 国外信用体系建设实践对我国有哪些启示？
5. 如何评估新时代新阶段我国社会信用体系建设的未来发展趋势？

第二章 信用与征信

■内容提要

信用与征信是现代征信学概论涉及的一对基本范畴，也是现代征信学概论知识体系建构的理论基础。本章考察信用、信用风险与信用管理之间的辩证关系，分析信用的内涵和功能，阐述信用活动的内容和特征，探索征信的源起、理论基础和发展。

第一节 信用、信用风险与信用管理

一、信用的内涵、特点、功能

（一）信用的内涵

信用是在商品交换和货币流通的基础上产生的经济关系。它伴随着商品货币的产生和发展而产生和发展。商品和货币的发展，必然会产生信用。商品货币经济越发展，信用活动也越发达。信用是市场经济运行的前提与基础。市场经济主要通过市场机制实现资源配置，而作为市场机制核心内容的商品交换的基本原则是建立在信用基础上的等价交换。随着交换关系的复杂化，整个经济活动被彼此相连、互为制约的信用关系连接。这种信用关系作为一种独立的经济关系形成、维系、支持着市场秩序。没有信用就没有交换与市场，就没有经济活动存在与扩大的基础，就没有人类赖以生存与发展的社会秩序。

信用在《辞海》中有三种释义：一是信任使用；二是遵守诺言，实践成约，从而取得别人对他的信任；三是价值运动的特殊形式。《牛津法律大辞典》对信用的解释是：信用（credit），指在得到或提供货物或服务后并不立即而是允诺在将来付给报酬的做法。信用作为一个学科知识概念可作广义和狭义两种理解。广义上，信用属于伦理学、社会学范畴，是一种普遍的处理人际关系的道德准则，指社会活动主体之间建立起来的以诚信为道德基础的践约行为，如讲信用、守信誉、一诺千金等，它对应的是社会全面健康发展。狭义上，信用属于经济学、法律学范畴，是市场经济活动主体的一种行为，指市场经济活动中交易双方所实行的以契约（合同）为基础的资金借贷、承诺、履约行为，它对应的是市场经济活动。本书所讲的信用，是从广义角度着眼的，是指经济社会活动主体能够履行诺言而取得的信任，是经济社会活动主体之间基于信任而产生的社会经济关系。

信用的基本内涵包括四个方面：①信用是一种心理现象。当信用作为一种心理现象时，其心理特征和基本表现就是信任和安全感。人们常说的某人或某企业“没有信用”，指的就是信用的心理现象。心理上的信任是一切信用形式的共同基础，是人类社会有序发展的基础。②信用是一种能力。信用是在商品交换的过程中，交易的一方以未来偿还的承诺为条件，获得另一方财物或服务的能力。因此，信用是一种资源，是一种无形资产。信用越高，无形资产越大，相应的可产生的负债就越多。③信用是以营利为目的的投资行为。信用直接表现为所有权的转移交易，其表现形式主要是货币投资与实物投资。货币投资的信用活动部分直接或间接地同时体现在实体经济与虚拟经济的运行中，其主要的表现形式：一是以货币资金投入建厂投产，参与经营管理；二是以入股的形式，通过股票的买卖与交易，既形成实体股份的转换与重组，又形成扩张的虚拟交易与虚拟资本。这部分信用活动构成的不是债权债务关系，而是所有权关系的转化，其背后是社会资本与财富的转移与重组。④信用是一种有时间间隔的交易活动。信用在交易的过程中形成了债务债权关系，在现实经济领域里，信用大多是指这个概念。这种信用一般有两种划分标准：一种是根据债务人主体的不同，划分为公共部门信用、私人部门信用和金融部门信用等，这是国际上比较流行的划分方法；另一种是根据交易内容的不同，划分为实物交易信用、货币交易信用、票据交易信用和债权信用等。

（二）信用的特点

信用的拥有者就是信用主体，通常分为自然人和法人两类，政府、企业、自然人就是社会经济活动中的三大主体。对于信用主体而言，信用是一种被确认、可度量、能交易、可管理的财富或资本，具有普遍的伦理价值、社会价值、经济价值和时间价值。从广义的角度着眼，信用具有三个显著特征：

（1）信用具有社会性。

首先，信用的社会性体现在社会心理因素上。信用是以信任为前提和基础的。对受信人的信任实际上是授信人对信用关系所具有的安全感，它是一种社会心理因素，因为安全感并非凭空产生，而是依赖于受信人的资信，取决于授信人的理性判断，因此，它是一种特殊的社会心理现象。其次，信用体现一种社会关系。信用不仅是个体行为，而且是发生在授信人和受信人之间的社会关系。成千上万的授信人和受信人发生信用关系，行为主体时而是授信人，时而是受信人，身份在不断变换。如银行在吸收存款时，是受信人，与存款客户发生信用联系；银行在发放贷款时，则为授信人，与贷款客户发生信用联系。这充分体现了信用错综复杂的社会关系。随着信用的发展，信用内涵及其表现形式愈加丰富，信用作为一种社会关系也愈加复杂。在现代社会，信用关系逐步深入社会生活的每一个角落，尤其是经济领域。可以说，现代市场经济实质上是由错综复杂的信用关系编织而成的巨大社会关系网络。最后，信用的社会性对经济发展和社会生活的影响越来越大。随着时代的发展，信用始终处于发展变化之中。不同的时代，信用有不同的表现形式，人们对信用也有不同的看法。在当今社会，传统的信用观念急剧发生变化，人们对信用的理解也不断深化。信用前所未有地影响着经济发展和社会生活，成为一种越来越重要的社会关系。

（2）信用具有伦理和文化特征。

信用属于伦理学范畴，体现为一种约束人们行为的道德准则。信用不仅仅是一种社会关系，也不仅仅是一种交易方式，它更是人类社会的一种价值观。诚实守信得到社会的推崇和信任，失信则将受到谴责和孤立。当人们都认同并遵守这种价值观和道德准则的时候，社会信用环境就会优化，失信的行为就会减少。从信用的文化特征来看，不同的文化背景对信用具有不同的理解。在中国传统文化背景下，借债始终被认为是在不得已的情况下做出的选择。人们常常将债务称为“饥荒”，即只有到了饥荒的时候才可以借债。在消费上，将“寅吃卯粮”视为“恶习”，主张禁欲节俭和量入为出。在西方文化背景下，情况则大为不同，人们对透支习以为常，超前消费成为普遍现象。尽管信用的产生是人类社会发展的共同规律，“诚实守信”是人类普遍认同的美德，但是，不同的文化对信用的理解存在差异，体现出信用的文化特征。

（3）信用具有经济特征。

在经济学和金融学范畴中的信用，其基本特征是偿还和付息，即信用是一种借贷行为，借贷的条件是到期要按时偿还本金，并支付使用资金的代价——利息。在这里，信用是价值运动的特殊形式，它的所有权没有发生转移，而是改变了资金使用权。首先，通过信用方式融通资金，促成了资金的再分配和利润率的平均化。生产资金固定在特定的自然形态上，只能用于一定的用途，不能自由转移。闲置的货币资金可以通过信用方式聚集起来投放到任何产业，使资金在各产业之间进行再分配，从利润较低的产业转向利润较高的产业，因而促成了各产业利润率的平均化，并自发调节着各产业间的比例关系。其次，信用加速了资本的集中和积累。大资本通过银行信贷的支持，加速了其在竞争中对中小资本的吞并，使资本更加集中。同时信用把各企业零散的、用作积累的利润汇合为巨额货币资本，用于支持追加资本扩大再生产的企业，加快了资本的积累过程。最后，信用可以节省流通费用，加速资本的周转。信用工具的广泛使用，节约了现金流通及其相关的各项费用，也加速了商品的销售过程，节省了商品保管、运输等费用。

（三）信用的功能

在商品经济的社会里，所有的经济活动都被信用联结，商品的货币关系表现为信用关系。货币经济是信用经济的基础，信用经济是货币经济发展的更高阶段。在现代经济中，商品经济本质上就是信用经济。信用具有四个基本功能：

（1）信用的流通功能。

信用创造了信用流通工具，从而节约了商品生产的非生产费用，并解决了贵金属使用价值的有限性与商品价值表现的无限性之间的矛盾。信用代替现金使用，由于采用转账结算制度，加快了货币流通速度，提高了资金使用效果，同时也节省了在货币流通领域中产生的费用。随着经济的发展和金融制度的完善，新的信用工具不断涌现，各类信用卡代替了现钞和一般的支票，它们不仅方便了购买者，也为商品供应者带来了源源不断的财富。现在，信用已深入千家万户，货币信用本身早已不具备什么价值，它在交换过程中是一种转瞬即逝的东西。

（2）信用的中介职能。

信用的中介职能是商业银行最基本，也是最能反映其经营活动特征的职能。这一职能的实质是通过商业银行的负债业务，把社会上的各种闲散资金集中到银行，再通过商业银行的资产业务，把它投向社会经济各部门。商业银行作为货币资本的贷出者和借入者实现货币资本的融通。商业银行通过信用中介职能实现资本盈余与短缺之间的调剂，并不改变货币资本的所有权，改变的只是其使用权。这种使用权的改变，对经济活动可以起到一个多层面的调节转化作用：其一，可以把暂时从再生产过程中游离出来的闲置资金转化为可用资金，从而在不改变社会资本总量的条件下，通过改变资本的使用量，提供扩大生产手段的机会；其二，可将用于消费的资金转化为能带来货币收入的投资，扩大社会资本总量，加速经济增长；其三，可以把短期货币资本转化为长期货币资本。在利润原则支配下，还可以把货币资本从效益低的部门引向效益高的部门，形成对经济结构的调节。

（3）信用的分配职能。

信用可以对社会现有资本进行再分配，使一切暂时闲置的生产资本、货币资本和货币收入转化为现实资本，投入生产和流通部门，促进社会的平衡快速发展。信用通过改变对资源的实际占有权和使用权，可以改变资源的分配布局，以实现资源的重新组合，达到合理运用的目的。信用在调剂资金余缺、分配社会闲置资源的过程中，大大促进了社会生产的发展和消费质量的提高。一方面，信用促进了资本的集中和积累，有利于生产的发展，提高了生产的效率；另一方面，信用是以资金有偿使用为特征的，资金以信用的形式流动，就会从效益低的部门流向效益高的部门，从而提高整个社会的投资效率和生产力。在这种分配过程中，所有权不发生变化，社会资本的总量不变，只是使个别资本转化为社会资本。

（4）信用的调节职能。

从客观的角度看，信用具有调节国民经济的职能。信用调节国民经济运行有两种形式：一种是自发的，另一种是自觉的。信用的自发调节功能表现在：经济繁荣时，资金需求上升，市场利率上扬，从而自动抑制信用规模，抑制过热的投资和需求；经济萧条时，资金需求减少，市场利率下降，从而扩张信用规模，促进经济复苏。此外，人们可以利用信用，自觉地调节国民经济，这种调节既表现在总量上，又表现在结构上。通过信贷规模的变动，可以调节货币供给量，使货币供给量与货币需求量一致，保证社会总供求的平衡；通过利率变动和信贷投向的调整，可以调节需求结构，以实现产品结构、产业结构和经济结构的调整。

二、信用风险与信用管理

（一）信用风险

1. 信用风险的概念

信用风险又称违约风险，是指借款人、证券发行人或交易对方因种种原因，不愿或无力履行合同条件而构成违约，致使银行、投资者或交易对方遭受损失的可能性。

2. 信用风险的分类

（1）按授信方的不同，信用风险可分为国家风险、行业风险、个体风险。

国家风险指在国际经济活动中，由于国家的主权行为引起的造成损失的可能性。国家风险是国家主权行为引起的，或与国家社会变动有关。行业风险指具有相同或类似特征的企业所面临的共同风险，如政府提高房贷利率，对房地产开发销售征收土地增值税，便加大了房地产的风险。个体风险指金融投资者因金融市场行情（主要是利率、汇率、股票价格和其他货币因素）的变动而遭受经济损失的可能性。

（2）按信用主体对待信用风险的主观意愿的不同，信用风险可分为道德性信用风险和非道德性信用风险。

道德性信用风险是指信用交易双方在签订合同时，客户从一开始就打算违约，或者是对于违约问题毫不在乎，履约观念不强的风险。非道德性信用风险则是指客户违约不是出于主观愿望，而是由于客观原因无法如期或足额履行合约的风险。

（3）按信用风险的可控程度的不同，信用风险可分为可控风险和非可控风险。

可控风险是指通过市场相关主体采取措施可以控制或可以管理的风险。非可控风险是指风险的产生与形成不能由风险的承担者所控制，这类风险一般来自市场之外，对市场的相关主体可能产生影响。非可控风险包括两类：一类是宏观环境变化的风险，如不可抗力、国际游资的冲击以及由于政治、经济和社会等因素产生的风险，这些因素的变动影响投资者对价格的合理预期，特别是突发或偶然事件会带来很大的风险；另一类是政策性风险，如政策不合理、政策变动过频或者政策发布缺乏透明度等，都会在不同程度上对市场的相关主体直接或间接的产生影响，造成不可预期的损失，进而引发风险。

3. 信用风险产生的原因

信用风险产生的原因很多、背景很复杂，它既可以是经济周期长期波动孕育的必然趋势，也可以因各种偶然性事件而触发。因此，分析信用风险产生的原因，既可以从内部和外部因素去寻找，也可以从客观和主观维度去分析，还可以从宏观和微观层面去考察。综合起来看，信用风险形成的原因主要有以下三种：

（1）市场环境因素。

市场环境是导致信用风险的外在原因。市场环境分为国内市场环境和国际市场环境两种，包括政治环境、法律环境、经济环境、技术环境、社会文化环境等丰富的内容。经济秩序不良、失信惩戒不严、营商环境不佳等都属于市场环境因素的范畴，这些都会产生信用风险。例如 2016 年 5 月 9 日，人民日报刊登了《开局首季问大势——权威人士谈当前中国经济》，明确“去杠杆”将成为未来几年经济金融的五大重点工作之一。“去杠杆”就成为当时国内最主要的宏观经济大背景，这对于过去习惯于长期处在单纯投资拉动经济增长环境中的中小企业尤其是民营企业来讲是一次严峻的考验。在过去宽松的融资环境下，这些企业仍可维持经营，但在实体去杠杆的大环境下，无核心竞争力的低端制造企业、中小企业、民营企业的信用风险加速积聚，形成信用恶性循环，直到 2019 年国家出台“宽信用”“民营企业纾困”等一系列政策加以干预，这场信用风险才逐步得到化解（如图 2-1 所示）。

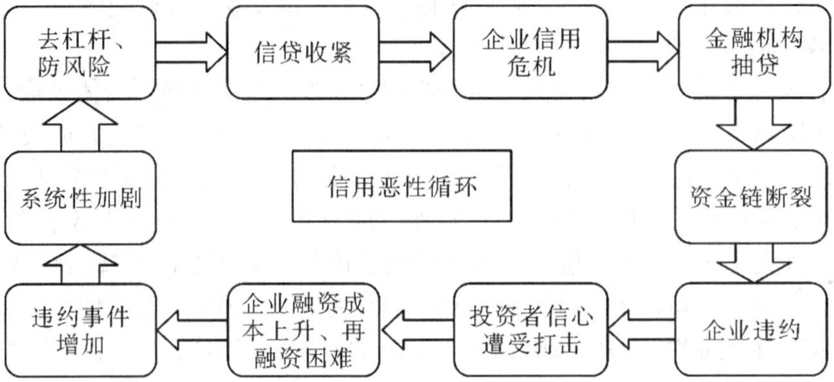

图 2-1 信用的恶性陷入

（2）企业信用管理因素。

企业信用管理是导致信用风险的内在原因。信用管理体系不完善、信用管理机制不健全、信用管理水平低、信用管理专业人才不足，尤其是信用风险管理人才匮乏是我国信用管理中存在的突出问题，也是导致信用风险最主要的信用管理因素。

（3）客户自身因素。

客户自身是形成信用风险的又一个外在原因。其中缺乏履约能力和主观故意违约是来自客户方面并引发信用风险的两个最突出因素。例如中国人民银行总行对 2018 年 43 家企业进行统计和分析，发现导致 2018 年违约高发的前六大因素分别是：盈利能力弱、应收账款/业务模式问题、对外投资激进、再融资困难、公司治理/信息披露问题、股权质押/冻结。这六大因素可归结为缺乏履约能力和主观故意违约两种类型。当然，在分析信用风险产生的原因时也不能忽视经济运行周期和突发偶然事件对信用风险的影响。一般说来，处于经济扩张期时，信用风险降低，因为较强的赢利能力使总体违约率降低。处于经济紧缩期时，信用风险增加，因为赢利情况总体恶化，借款人因各种原因不能及时足额还款的可能性增加。特殊事件发生与经济运行周期无关，但对公司经营有重要影响。

4. 信用风险的主要特征

信用风险具有不对称性、累积性、非系统性和内源性四个主要特征。不对称性是指预期收益和预期损失不对称，当某一主体承受一定的信用风险时，该主体的预期收益和预期损失是不对称的。累积性是指信用风险具有不断累积、恶性循环、连锁反应、超过一定的临界点会突然爆发而引起金融危机的特点。非系统性是指与市场风险相比，信用风险观察数据少且不易获取，因此具有明显的非系统性风险特征，但能够向系统性风险传递或蔓延。内源性是指信用风险不是完全由客观因素驱动的，而是带有主观性的特点，并且无法用客观数据和事实证实。

（二）信用管理

1. 信用管理的内涵

信用管理，就是授信者对信用交易进行科学管理以控制信用风险的专门技术。信用管理的宗旨和职能就是解决交易中的风险问题，以及由此引申出的管理技术和方法。信用管理的基本内容包括五个方面：征信管理（信用档案管理）、授信管理、账户控制管理、商账追收管理、利用征信数据库开拓市场或推销信用支付工具。在新经济条件下，信用管理已经渗透到经济生活的各个领域，成为社会经济管理体系的重要组成部分。

2. 信用管理的职能

信用管理就是提供信用的一方利用管理学的方法来解决信用交易中存在的风险问题。信用管理的主要职能包括识别风险、评估风险、分析风险，并在此基础上有效地控制风险，用经济、合理的方法综合性地处理风险。在现实的市场环境下，信用管理中的经济实体主要包括政府、企业、金融机构、个人以及专业的信用管理机构。由于信用交易主体和形式的不同，信用风险的特征不同，信用管理的功能和内容也各不相同。

3. 信用管理的类型

按照信用管理的实施主体来划分，可将信用管理划分为政府信用管理、企业信用管理、金融机构信用管理、个人（自然人）信用管理、信用管理机构信用管理五种。

（1）政府信用管理。

政府是信用管理中的一个非常重要的信用管理主体。它是数据开放的推行者、不良信用行为的惩罚者，也是中央银行体系的建设者、国家信用的主体。其重要性表现在有较高的权威性和影响范围广。

（2）企业信用管理。

企业信用管理有广义与狭义之分。广义的企业信用管理是指企业为获得他人提供的信用或授予他人信用而进行的管理活动，其主要目的是筹资或投资服务。狭义的企业信用管理是指信用销售管理，其主要目的是提高产品和企业竞争力，扩大市场占有率，以及规避因赊销产生的风险，从而增加赊销的成功率。传统的企业信用管理具有客户的档案管理、评估客户及授信、应收账款管理、保证债权四大基本职能，在新经济条件下，又增加了利用征信数据库开拓市场的功能。

（3）金融机构信用管理。

以银行为例，金融机构信用管理与非金融机构信用管理的区别表现在以下几个方面：①信用信息来源不同。银行有内部专业的人员进行信用评估；而一般的企业需要通过外部信用机构活动获得所需要的信用信息。②监督客户账号的方式不一样。银行一般只对客户账户的收支余额进行监督；而供应商往往对客户的所有货款支出记录进行监督。③要求客户提供的信用担保的形式不同。银行一般要求借款人以固定抵押或浮动抵押的方式将自身的财产作为借款担保，或者要求第三方提供担保；而供应商要求的担保方式包括保留货物所有权、信用保险等。虽然金融机构与非金融机构信用管理有上述区别，但是在其信用政策的制定过程、信用评估以及信用监督方面，金融机构和非金融机构信用管理是相同的。

（4）个人信用管理。

个人信用管理即消费者信用管理，是指个人对自身信用活动加以管理，以达到信用活动的目的，维持与其他经济主体之间信用关系的正常运行。常见的信用消费方式有信用卡消费、购物卡消费、信贷消费和分期付款购物等。

(5) 信用管理机构信用管理。

专业的信用管理机构是以征信产品和征信服务为生产对象，为社会经济主体提供各种信用服务的机构。例如，企业征信、资信评估、商账追收、信用保险、票据查证等。传统的信用管理机构主要是提供产品信息及分析产品服务，在新经济的条件下，信用管理机构开始转向从提供对客户问题的征信产品解决方案到信用管理服务解决方案的全程的服务。

4. 信用管理的作用

信用管理对于促进企业的发展、维护社会经济环境的稳定、加速经济的发展有着非常重要的作用。

(1) 信用管理能够提升现代企业的市场竞争力。

在新经济条件下，信用销售是现代企业提升其市场竞争力的重要手段之一。信用活动必然存在一定的信用风险，而降低风险的最好方法就是企业建立完善的信用管理制度，控制信用风险，提高企业信用活动的效率，保障信用交易的顺畅进行。良好的信用管理活动能够使企业对授信对象有一个比较全面和准确的判断，筛除资信差的对象，使信用风险在信用活动的最初阶段就得到根本性的控制。同时，在交易的整个过程中，通过信用管理的全程监控，能够极大地降低信用交易损失风险。因为企业能够很好地控制信用风险，所以才敢授信，其市场竞争力才会有很大的提高。

(2) 资信评估能使资本市场功能正常地发挥。

前面已经提到，资信评估是现代信用管理中一项重要的活动，其对于社会经济的发展起着重要的作用。资信评估机构作为第三方，能够对上市公司和发行的债券等金融工具做出公正的信用等级评定，揭露投资风险，提高投资的透明度，防止欺诈行为，维持市场秩序，执行社会监督的重要职能。它是对政府市场监管部门的重要补充，使市场能够更好地发挥其功能。随着经济全球化的到来，企业不得不面对来自国际的竞争，企业要想进入国际市场，资信评估是必不可少的。如果企业想得到国际投资者的认可，提高知名度，就必须得到国际承认的资信等级认证，这已经成为国际融资的惯例。从宏观角度看，资信评估有利于提高资本市场的效率，使资金得到有效的配置。从微观角度看，投资者可以以专业的资信评估机构的信用评价作为投资的参考信息，从而有效地降低信用风险，提高投资的效率。

(3) 信用管理为金融机构的服务创新提供了新的思路。

信用管理为金融服务创新奠定了基础。所有的金融机构，都需要提高开发客户和关系营销的能力。充分利用征信数据库挖掘客户信息，向优质客户提供包括便利的信用结算方式等在内的全套服务，能够大大提高金融机构服务的针对性和吸引力。信用管理是金融服务创新的重要工具。

(4) 信用管理可以提高国民的生活质量。

个人良好的信用管理能够为自己带来良好的信用，为自己的借贷和投资带来各种便利。同时，通过良好的信用管理，合理安排自己的信用活动，积极拓宽投资渠道，有利于个人财富的积累，提高自己的消费水平和生活水平。如果每个人都能够进行积极的信用管理，那么国民的生活水平将会得到很大的提高，从而促进社会需求的增加，加速社会经济的发展。

（5）信用管理可以有效降低信用活动的风险。

信用活动有时间间隔性，即承诺在前、履约在后，这使得信用活动具有天然的风险，使得失信者有可乘之机。信用管理可以控制和减少信用风险，有利于信用活动的开展。信用管理是为信用活动服务的，其目的就在于提高信用活动的质量，保障授信人的利益，使信用活动的开展更有效率，从而促进信用活动的发展。

5. 信用管理的发展趋势

（1）国家信用管理体系逐步建立健全。

目前，我国的资信服务行业刚刚起步。资信服务的相对落后和不规范已经成为市场经济发展的障碍。我国在加入世界贸易组织（WTO）后，便面对来自国际的竞争，“一带一路”倡议的深入推进，又带来更多的国际合作机遇，所以，无论是国际竞争还是国际合作都需要实现征信数据的开放和征信数据商业化，再在此基础上发展社会信用服务。政府只有建设起规范的信用管理体系，加强对资信服务的监管，经济主体的信用行为才有法可依，才有法律保障，资信服务才能够规范运作，我国经济才能适应国际化需要，才能更好地发展。

（2）大量新的科技成果运用于信用管理。

现代高科技和数理统计手段运用于管理中，提高了信用管理的效率。例如，越来越多的机构利用网络收集信用信息，利用计算机软件对数据进行整理加工等。现代信用管理全部用计算机完成，信用管理流程多以计算机管理系统实现。

（3）企业设立专门的信用管理部门。

在传统的企业管理中，财务部门承担着信用管理的职能。但是，由于一般的财务人员不具备专业的信用管理知识，信用风险很难得到有效控制。信用活动的日益复杂化，要求企业建立专门的信用管理部门，将信用管理的职能单独分离出来，这样既可以减轻财务部门的负担，又可以提高信用管理的效率，达到降低企业信用风险的目的。

（4）运用数学模型量化管理。

无论是信用风险管理还是应收账款规模控制，都要求用数学模型对风险的大小或应收账款的规模是否合理进行精确的计算或预测，从而为提高信用管理的科学性提供决策依据。

第二节　信用活动的内容和特征

一、主要部门的信用活动

（一）公共部门的信用活动

公共部门的信用活动即政府部门的信用、国家信用，也可以称之为财政信用，它是以中央政府和地方政府为主体，按照信用原则进行的授信与受信的信用交易活动。

公共部门的受信信用是政府以债务人身份向社会筹集资金，用于国防、教育、交通、社会保障等经费支出。其活动方式主要分三种：一是政府部门向社会发行政府债券，主要是国库券、地方政府债券和国际债券；二是政府财政通过金融部门从社会各界以有偿方式吸收存款，主要包括邮政储蓄和社会保险基金；三是政府借款，主要包括政府职能部门之间的借款、各级政府之间的借款和外国借款。

公共部门的授信活动是政府以债权人的身份向社会提供财政有偿性支出，主要有三种：一是财政周转资金；二是各项财政有偿投资或贷款；三是各级政府的财政部门在金融部门的贷款。

公共部门信用活动的主体是国家财政部门，其实质是国家财政部门通过信用活动进行社会资金的再分配，以国家宏观经济目标为转移，不以营利为目的，具有鲜明的政策性。其宗旨是促进经济稳定增长，调节经济结构，促进产业升级，以保障国民经济的可持续发展，促进金融活动与物价的稳定，为社会经济运行创造良好的宏观环境。

政府的信用活动是采取授信活动还是受信活动，取决于政府财政的收支状况。在大多数国家中，政府在整个社会信用活动中一般是以负债的方式吸收信用而成为受信机构的。

（二）金融部门的信用活动

金融部门的信用机构分为银行金融机构与非银行金融机构两个层次。

1. 银行的信用活动

在现代经济活动中，银行承担着中介职能和创造职能，银行的授信活动对整个社会经济活动有着直接的影响。银行的中介职能是指银行作为社会信用活动的纽带，既扮演受信的角色，又扮演授信的角色。银行的受信活动主要是银行以债务人的身份与社会各界进行信用交易，在交易中形成银行的负债。银行的授信活动是指银行根据客户的需要，按照规定的操作流程给予客户资金的支持，在交易中形成银行的资产。在大多数的情况下，银行是作为授信机构的。银行的创造职能是指银行在吸收原始存款的基础上创造派生存款的活动。银行的大部分存款与贷款都是通过这一职能创造出来的。商业银行不仅可以吸收存款、发放贷款，还可以在存款不变的情况下创造存款、发放贷款，支持社会经济活动。

商业银行创造和收缩信用的功能，减少了在经济往来中货币与信用工具的发行与使用，节约了社会资本的流通费用，缩短了流通程序，有力地促进了社会生产的发展，提高了经济活动的效率。商业银行对信用的创造与收缩活动对社会发展做出了重大贡献，对人类经济的发展与进步产生了深远的影响。

2. 非银行金融机构的信用活动

非银行金融机构的交易主体包括保险公司、信托公司和各类基金、证券公司等，交易双方可以是一切自然人与法人，也可以是政府。交易工具包括保险单、信托协议与契约、可买卖的基金以及各种有价证券等。

非银行金融机构的信用活动是交易双方直接进行信用交易活动，是非中介的信用交易，必须在公开的金融市场完成。因此，非中介的信用交易的基本要求是要有一个比较发达的金融市场。

（三）企业的受信活动

企业受信活动的主要内容是向银行贷款、发行企业债券和签发商业票据，从而形成企业的负债。一般来说，大多数企业是作为受信机构的。

企业授信活动的主要内容是企业对客户授予信任并采取赊销、分期付款等信用方式进行商品销售的信用活动，其核心内容是信用销售。信用销售是指商品销售方通过向购买者提供信用来销售产品。常见的信用销售形式有银行支持的信用销售和生产厂商直接赊销。信用销售的实质是销售企业或支持企业的银行对产品买主直接或间接提供信贷的一种销售方式。信用销售是市场销售发展的最高形式。信用销售是现代企业信用活动的重要内容，是现代信用活动发达的标志。在现代企业经营过程中，企业不仅要关注产品、技术和服务，还要善于运用信用销售与资本运作，只有这样，企业才能更好地生存和发展。

二、信用活动的特征

新经济的产生与发展使现代信用活动有了新的内容。新经济是以信息技术为主导，以多门类高科技产业为支柱，在经济结构、组织、体制和运行上带有新特点的经济，它成为现代信用活动新特征形成的社会经济背景。

现代信用活动的四个特征表现为：经济活动与运行日益信用化、信用活动与运行日益非中介化、宏观信用活动发生变化和信用管理体系日益完善。

（一）经济活动与运行日益信用化

经济信用化主要是指信用活动日益增加，经济交易中可以用来衡量的部分所占比重越来越大。经济信用化程度提高主要表现在：信用总规模迅速增长，超过经济增长速度，信用在经济活动中迅速普及；经济主体都更普遍地采用信用方式与手段进行融资和支付结算；各种主要信用工具都与 GDP 有极强的相关性；信用对经济的作用与影响不断扩大。

经济信用化可以用经济信用化率表示。经济信用化率即信用总规模同经济规模的比率。该比率反映一国信用发展与经济发展的匹配程度。一般来说，经济信用化率越高，表明经济信用化程度越高，信用活动越活跃。

经济信用化程度的提高与新经济是紧密相连的。在新经济的条件下，各种新技术的广泛应用，尤其是计算机技术和网络技术的发展，使得信息更公开透明，传播得更快，信息不对称的问题得到了较好解决，从而增强了信用交易双方的信心，信用交易量大幅度增加。并且，在新经济条件下，由于交易方式的多样化，信用活动广泛存在于经济活动中，经济的信用化程度日益提高。

（二）信用活动与运行日益非中介化

新经济条件下的网络系统为经济主体提供了一个可以自由进出的巨大市场。这个巨大的市场可以使买卖双方在最短时间内找到理想的交易伙伴，提高交易的成功率，降低交易的成本。因此可以认为，新经济是信用非中介化的温床。

金融中介信用交易也称为间接信用交易，非金融中介信用交易称为直接信用交易。

信用中介率是指金融部门信用规模在信用净额中所占的比重。这一比率可以用以下公式表示：

信用中介率＝金融部门信用规模/信用净额

＝国内信贷/（政府部门负债+非金融企业部门负债+居民部门负债）

信用净额在数量和内容上可以用以下公式表示：

信用净额=非金融部门信用规模

=总信用-金融部门信用规模

=政府部门负债+非金融企业部门负债+居民部门负债

信用中介率指标反映的是作为信用中介的金融部门在整个社会信用活动中所处的地位及作用。信用中介率越高，说明整个社会的信用活动中通过金融部门中介的份额越大。

信用非中介率是指非金融部门信用规模减去金融部门信用规模的差在信用净额中所占的比重。这一比率可以用如下公式表示：

信用非中介率=（非金融部门信用规模-金融部门信用规模）/信用净额

信用非中介率指标反映的是作为非中介的信用活动在整个社会信用活动中所处的地位及作用。信用非中介率越高，说明社会信用活动对于金融中介部门的依赖性越低。

在新经济条件下，信用非中介率越来越高，而且，从国外的经验中可以看出，信用非中介率和经济增长之间存在一定正相关关系。也就是说，新经济下信用非中介率越高，经济增长越快。

（三）宏观信用活动发生变化

在新经济的影响下，传统的金融体系及信用活动正在发生一场历史性的变革，新的金融体系的新信用活动方式正在逐渐形成。

1. 金融体系结构发生变化

在传统的货币经济体系中，信用活动多以银行为中心进行，信用的分配职能主要是由银行来实现的。可以说，银行是社会信用活动的中介。

在新经济条件下，金融机构体系与机构发生了重大的变化。非银行金融机构迅速发展，逐渐成为社会资金的分配渠道与新的流向，多层次与多元化的金融体系正在形成，信用活动的新平衡也正在形成。这个新的金融体系打破了传统的金融体系对生产力的束缚，取代了传统的银行体系对金融的垄断。社会信用活动不是仅通过银行机构中介进行，而是越来越多地在金融市场，或者通过各种信用工具直接交易进行。在新经济条件下，信用的分配职能是通过银行机构与金融市场共同实现的。

2. 信用机构与信用活动虚拟化和现代化

随着高新技术广泛的应用于金融领域，金融的管理理念和经营模式发生了重大的变革，由传统的金融发展为网络金融。

传统金融阶段是指从早期金融机构产生开始一直到20世纪70年代末。其主要的特点是，金融服务大多采用手工操作，金融管理一般凭借经验。

网络金融阶段是指从20世纪90年代开始至今。其主要的特点是金融机构与服务均借助国际互联网的发展而越来越虚拟化。网络金融通过计算机和互联网可以实现全天候全方位的金融服务，这彻底改变了传统金融的弊端，极大地提高了效率。

在网络金融的影响下，金融服务环境与手段都虚拟化了，金融机构和非金融机构之间的界限也更加模糊，传统金融下的专业分工受到了强烈的冲击。

3. 信用货币发生了质的变化

在货币产生、发展的历史进程中，信用货币正在经历纸币、电子货币、网络货币三个阶段。

电子货币是指通过电子计算机系统存储和处理存款，是一种电子资金。它是现代商品经济高度发达和银行转账清算不断进步的产物，标志着货币未来发展的方向，是货币未来发展的基础。

网络货币是指采用一系列经过加密的数字、通过因特网使用、能够实现传统货币职能的网上交易媒介。电子货币是网络货币的重要基础，网络货币是货币未来发展的具体形式。网络货币的出现与发展促使经济活动更加趋向于虚拟化，标志着货币已经发展到了数字化阶段，不再有商品的实物形态，而是一种纯粹的价值符号，价值被完全抽象化了。

随着电子货币、虚拟货币和大量的金融工具的出现，传统的货币理论指导下的中央银行的职能及其货币政策面临着新的挑战。

4. 信用衍生工具数目增加，交易规模增大

在新经济条件下，随着信用活动的不断深化，信用工具及其衍生工具都得到了进一步的发展。

信用工具是信用活动与信用交易的载体。基本的信用工具包括信用协议、存单、商业票据、保单、债券、股票、投资基金等各种有价债券和契约。

信用衍生工具是指信用活动与信用交易的衍生载体，是在基本的、原生的信用工具基础上衍生而成的信用交易合约，主要包括资产证券化的有价证券交易合约、各种信用工具的期货交易与期权交易合约以及互换合约。信用衍生工具及其交易的主要作用在于可以投资，也可以为所从事的信用活动与信用工具进行保值，其投资获利或保值的来源是原生信用工具与衍生信用工具之间的短期价格波动带来的价格之差。因此，信用衍生工具及其交易是一种套利活动，带有很强的投机色彩，会使信用风险的概率增加。

随着经济社会全球化的不断发展，国际金融市场信用衍生工具的发展极为迅速。根据国际清算银行的统计，在全球交易量最大的10种期货与期权合约中，前9位均为金融衍生品种。

（四）信用管理体系日益完善

在新经济的条件下，传统的信用制度得到了创新和发展，其主要表现就是建立健全并有效运行了信用管理体系，确立了信用法律体系与基础，形成并发展了信用管理行业，创造了良好的社会信用环境，为市场经济健康有序发展提供了制度保障与社会基础。

第三节　征信的源起、理论基础和发展路径

一、征信的源起

征信是个既古老又现代的词汇。说它古老，是因为作为一种活动，早在2 000多年前的《左传·昭公八年》中，就有“君子之言，信而有征，故怨远与其身”的提法；说它现代，是因为作为一个专门的行业，征信产生的时间要远远落后于其他行业，19

世纪初，在欧洲才有征信业务的萌芽，1830 年，世界上才出现专门从事征信业务的公司，迄今才近 200 年的历史。

（一）国外征信的源起

1. 英国

1830 年，世界上第一家征信机构在英国伦敦成立，提供的征信服务就是企业类征信服务。18 世纪初，英国一些银行开始允许为特定客户办理小额透支业务。为了更好地鉴别有良好信用的客户，这些银行建立了内部客户档案，在银行有良好信用记录的客户很容易获得小额透支服务，这可以称为最早的个人征信。

2. 美国

1841 年 7 月，世界上第一家信用评估机构由刘易斯·大班在美国纽约成立，主要从事企业信用评估。当时，有一名蚕丝商人在纽约成立了一家商业公司，其目的是向贸易双方提供对方的背景和信用信息服务，以减少贸易交易中的不信任和欺诈行为，减少贸易摩擦，促进贸易的顺利进行。此后，在南北战争时期的棉花贸易中，出现了一些专门调查南、北方棉花贸易商人信用背景的机构。这些机构，都可以称为现代征信机构的雏形，同时也是最早的企业征信的雏形。

3. 日本

1892 年，第一家企业征信公司，即商业兴信所在日本成立，它实行的是会员制管理。

1944 年，日本银行以自己为主体，联合有关银行成立了日本信用调查公司，以协助银行开展征信业务。

特别日本帝国数据银行，目前拥有员工 3 000 多人，国内设有 80 多个分支机构，在美国和韩国设有分公司，拥有近 200 万家企业资料。平时除提供一次性的信用调查业务外，还提供追踪调查服务。每月出版刊物报道企业动向，每季出版刊物报道业界动向，每年汇总出版企业年鉴。作为信用调查的延伸，它还提供市场营销咨询，配合新型的电子商务提供网上认证服务等。

4. 荷兰

1888 年，格瑞顿公司成立，这是欧洲最著名的公司之一，目前它有能力提供世界上 130 多个国家和地区的企业征信报告。公司总部设在荷兰，主要分公司设在美国、英国和比利时。

5. 其他国家

法国在 1857 年成立第一家征信机构。德国在 1860 年成立第一家征信机构。

（二）国内征信的源起

中国现代意义上的征信从 20 世纪 80 年代开始，90 年代起步，21 世纪后快速发展，距今只有 30 多年的时间。在这短短 30 多年里，社会公众对征信从陌生到熟悉，从抵触到接受，从观望到参与。从最早的商业资信调查、企业信用评级到个人信用报告、企业信用报告，从信贷、债项和主权信用评级到个人和小微企业信用评分，征信已渗透到人们社会生活的方方面面。

自 1949 年中华人民共和国成立后，金融事业从无到有，从小到大，从分散到集中，并不断发展壮大。中国也开始建构自己的征信体系。2003 年开始整个市场的经济体系走上了征信平台，并对整个社会市场进行统一公开，从而保证公平的市场竞争。征信走上一个完善的平台，让社会体系能更好地验证每个人的信用。

二、征信的理论基础

（一）征信的定义

征信是指专业化的机构，依法采集、整理、保存、加工自然人、法人及其他组织的信用信息，并向在经济活动中有合法需求的信息使用者提供信息服务，帮助市场主体判断控制风险、进行信用管理的活动。

（二）诚信、信用和征信的区别和联系

1. 区别

诚信、信用和征信的概念经常被人们混淆或者相互替代使用，但其实三者存在着明显的区别。

诚信属于道德层面的概念，是人们对事物自律性的主观意识。它既是调整人们社会行为的一种道德规范，也是反映人们社会修养的一种道德品质。诚信与否，是一个人主观上的行为，只能进行道德层面上的定性判断，难以定量评估。

信用属于经济范畴，是商品生产、货币流通、市场交易发展到一定程度的体现，它可以进行定性分析和定量评估、预测。

征信的本质特征是专业第三方机构提供的决策参考意见，既不是诚信，也不是信用，仅仅是客观记录市场主体过去的信用信息并帮助预测其未来是否履约的一种信用信息服务活动。

2. 联系

诚信、信用和征信虽然分别隶属于不同的范畴，但是它们之间存在着非常紧密的联系，三者相互作用、相互影响。

诚信是一切信用形式的公共基础，没有诚信，信用交易难以发展。诚信是每个市场主体都应遵守的道德规范和行为原则，是社会文明、进步和发达的标志。市场主体之间的诚实守信和相互信任共同保障了社会信用环境的正常运行。

信用则是诚信原则在市场交易规则和交易秩序上的具体体现。

征信则是通过对市场主体信用活动和行为及时、真实、全面地记录，既帮助市场主体积累信用财富，也激励每个人养成诚实守信的行为习惯，进而促进整个社会信用环境的改善。总体来看，诚信是社会信用形成的基础，而社会信用水平的提高又离不开征信活动。诚信和信用是目的，征信是实现目的的重要手段。

（三）信息不对称理论

信息经济学、数理统计、计量分析等相关理论和学科，为征信提供了基础理论和分析工具。其中，信息不对称理论最具有代表性。

1. 信息不对称理论简介

传统经济学通常假定市场竞争是充分的，信息是共享的，但事实上交易双方的信息不对称问题是常态，而且会对市场运行产生着重要影响。信息不对称指在市场活动中，信息在交易双方之间的分布不均匀，掌握信息比较充分的一方，具有信息优势，往往处于比较有利的地位，掌握信息相对较少的一方，则处于相对不利的地位。信息

不对称理论是信息经济学的核心内容，用来说明信息在交易双方的不对称分布给市场带来的影响，以及产生的市场效率问题，包括逆向选择、道德风险等。

（1）逆向选择。

逆向选择是指掌握信息较多的一方利用对方对信息的不知情而隐瞒相关信息，获取额外利益，客观上导致不合理的市场分配的行为。

信息不对称是大多数交易市场的常态，这不仅是由信息收集手段的有限性决定的，也是由信息的隐私性决定的。每一个市场交易者都有很强的动机来隐藏对自己不利的信息，即使在技术水平大大提高后这一点依然是很难克服的。因此，当信息不对称成为市场的常态时，逆向选择问题难以避免。

（2）道德风险。

道德风险是指占有信息优势的一方为自身利益而故意隐藏相关信息，由此对交易对方造成损害的风险。道德风险分为隐藏行动的道德风险和隐藏信息的道德风险。

在信息不对称的情况下，道德风险的发生是难以避免的，其最主要的表现形式则是失信行为，即违约、不讲信用。道德风险这个词还是来源于保险行业，保险市场上的道德风险是指投保人在投保后，便降低对所投保标的的预防措施，从而使损失发生的概率上升，给保险公司带来损失的同时降低了保险市场的效率。

2. 信息不对称产生的原因

一是不同的经济个体获取信息的能力不均衡，在获取信息的质量和数量上存在较大的差异，使得信息在不同经济个体间呈不对称分布。

二是随着社会劳动分工的发展和专业化程度的提高，信息的数量、规模和复杂性不断增加，导致专业人员与非专业人员之间信息差别越来越大，不同经济个体的信息分布越来越不对称。

三是收集和加工信用信息是有成本的。假定交易者是理性的，只有在收集信息的边际收益超过边际成本的情况下，收集信息才是有利可图的。同时，收集到的信息在多数情况下是需要进行加工的，信息越多，对加工能力的要求则越高，而对信用信息的理解和掌握需要具备专门的知识，因此，加工和处理信息同样存在成本。

3. 减少信用信息不对称的途径

从信息不对称产生的原因可知，要减少信息不对称，就必须增加交易行为的透明度，健全交易中的信息传递机制和信息甄别机制，其核心是建立信息共享制度，提高可获取信息的数量和质量。

征信，作为市场经济不可或缺的专业服务，通过信用信息的共享和使用来解决信息不对称。从微观层面看，一方面，建立信息共享机制，增加信息供给量，可减少交易双方的信息不对称，降低授信人决策时所需的信息成本，提升对受信人的了解程度，降低逆向选择的概率；另一方面，征信使得交易双方的一次博弈变成了受信人与整个社会在未来的重复博弈，减轻了授信方的监督成本，约束了受信人的失信冲动，降低了道德风险。从宏观层面看，“守信激励、失信惩戒”机制的建立，让失信者“无利可图”，能够预防、约束人们失信冲动行为，降低交易成本和管理成本，优化整个社会的信用环境。

三、征信的发展路径

征信是缓解信息不对称、降低交易成本的重要手段，但是征信的发展必然伴随着一定的资源投入，这种投入及其相应收益的变化，以及信用信息这种准公共产品的性质，决定了在不同阶段征信的发展将呈现不同的特征，也决定了征信机构的类型和数量具有各自的特点。

（一）初期

如图 2-2 所示，在征信发展的初期，需要一定数量的收集、整合、发布、宣传等基础资源的投入，而此阶段信息收集数量有限、社会认可度不高，导致征信产品的使用率不高，收益尚不明显。因此，在初期阶段，大多数市场主体没有足够的积极性为征信的建立投入足够资源，由政府、公益组织等机构进行环境创造、制度制定以及征信平台建设等非常必要。

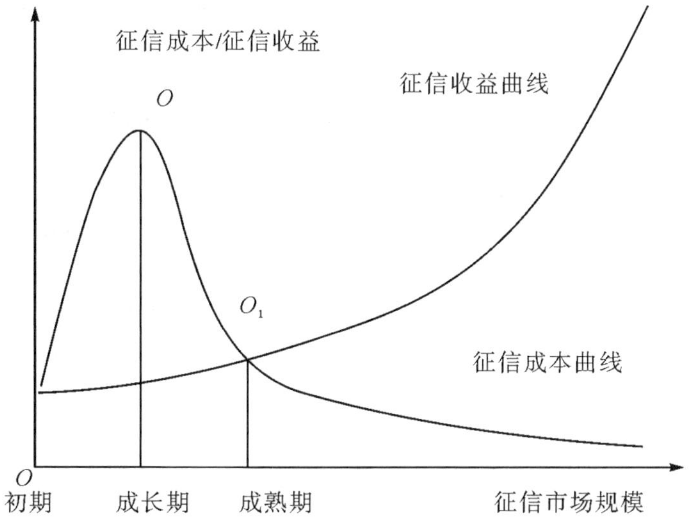

图 2-2　不同时期征信的成本和收益变化趋势

（二）成长期

在基础信用环境和征信平台的建立基本完成后，征信开始进入长期阶段，即图 2-2 中的 O 点，此时固定成本投入开始出现大幅下降，信用信息的收集数量、使用频率在逐渐上升，信用信息的收集和使用成本开始下降，收益开始增加。此阶段，大量的专业化征信机构逐步出现，征信机构开始由单一化向多元化发展。

（三）成熟期

在征信机构实现多元化、信用信息的收集和使用规模大幅增加，即征信市场扩张后，开始进入成熟阶段，也就是图 2-2 中的 O_1 后阶段。进入这一阶段后，征信活动的基础平台建设已经比较完备，信用信息收集、使用的数量和频率都实现了大规模的扩张，信用信息收集、使用成本进一步降低，社会信用行为习惯已经基本形成，特别是在外部性和规模经济的作用下，将出现规模报酬递增的特征，即规模报酬增量将超过征信的投入成本。此时，征信机构将从单一的政府主导型向多元主体并存型过渡。在政府征信机构完成社会基础征信平台建立的基础上，更多的专业化征信活动将由大量的市场化征信机构来完成。

复习思考题

1. 简述信用的内涵、特点和功能。
2. 简述信用风险的分类、产生的原因和主要特征。
3. 简述信用管理的基本内容、主要职能、基本类型和主要作用。
4. 简述主要部门的信用活动及信用活动的主要特征。
5. 简述诚信、信用和征信的相互关系。
6. 联系实际，谈谈你对信用管理发展趋势的理解。

第三章 征信数据

■内容提要

数据是决策的依据。征信数据是进行信用评价和征信管理的前提。征信数据的核心是确保征信数据的质量。征信数据的采集获取是金融行业基础设施建设的关键环节。本章介绍征信数据的概念、分类及征信数据的质量要求；从企业和个人两个维度分别阐述征信数据的内容、来源及采集方式；分析征信数据库的内涵、特点、分类和我国征信数据库的建构模式；探讨大数据对征信业发展趋势的影响。

第一节 征信数据概述

一、征信数据的概念

信用信息指经济主体在其社会活动中所产生的、与信用行为有关的记录以及有关评价其信用价值的各项信息。它有三个特点：一是与信用直接相关，二是具有客观性，三是具有文书上的可追溯性。

征信数据是经过甄别、筛选、分析等数据处理的信用信息。征信机构收到的信用信息，只有经过专业处理以后才能成为有参考价值的征信数据。征信数据是征信产品的基本组成要素，是交易主体了解利益相关方信用状况以及识别和控制信用风险的基础。

二、征信数据的分类

随着市场经济的发展，市场规模扩大、市场主体增加，信用信息呈现出数量多、种类复杂的特点。对征信数据进行分类有助于提高征信机构采集信用信息的工作效率、降低信用信息的采集成本以及更好地开发和利用信用信息源。常见的征信数据分类包括以下四种。

（一）按照信息的内容不同分类

一是金融信用信息，主要是信息主体从金融机构获得的授信及履约等信息，如贷款或信用卡额度和偿还记录、投保和理赔记录、证券买卖交易记录等。

二是商业信用信息，主要是信息主体与商业交易对手之间发生的信息，如商业授信额度和期限、商业合同履约信息等。

三是社会信用信息，主要是信息主体参与各种社会活动的信息，如政府机构的行政奖罚记录、法院的判决和裁定信息、公用事业单位记录的缴费信息以及信息主体的社会交往信息、行为偏好信息等。

（二）按照信息来源的主体不同分类

一是个人征信数据，信息来源主体为个人，主要包括借款人的收入情况、还款能力、历史信用等。

二是企业征信数据，信息来源主体为企业，主要包括企业的注册信息、财务报表、公共记录、雇员、进出口情况、银行往来情况、收付款情况、投资者履历、企业发展史，以及财务报表反映不出的经营情况、产品介绍及相关的市场宏观经济状况和行业发展状况等。

（三）按照信息的性质不同分类

一是正面信息，指能反映信息主体履约情况的信息，包括正常的基础信息，如贷款、赊销、支付等信用信息。

二是负面信息，指反映信息主体违约情况的信息，如欠款、破产、诉讼等信息。

（四）按照信息的形式不同分类

一是结构化数据，又称行数据，是指存储在数据库里，可以用二维表结构来逻辑表达的数据，如信贷数据、财务系统数据、信息管理系统数据、医疗系统数据等。

二是非结构化数据，即不方便用二维表结构来逻辑表达的数据，如视频、图片、音频等。

三、征信数据的质量要求

数据是征信最基本的组成要素，数据的质量是征信的生命力，高质量的数据是能充分满足用户使用要求的数据。保障征信数据质量是征信机构内部管理的重要工作，征信数据质量决定征信机构的服务质量，而征信服务质量的好坏则决定了征信机构能否树立权威性并长期保持竞争力。纵观历史，世界著名征信机构提供的征信服务能被市场广泛认可，这些优质服务都是以征信机构强大的征信数据库中良好的数据质量作为支撑。一般情况下，征信数据质量体现为数据的真实性、完整性和及时性。

1. 真实性

征信数据的真实性是指采集并最终反映在征信产品上的信息与信息主体的实际信息一致。征信数据一定是有记录、可查验的。只有征信数据真实无误，才能有效地反映被征信人的信用状况。

2. 完整性

征信数据的完整性是指采集的信息数据项要素齐全、内容明晰。征信机构采集的信用信息越全面、质量越高，对信息主体信用状况的描述和评估就越准确。征信数据的完整性还体现在这些数据既包括负面信息，也包括正面信息。同时，对于每一条信用信息，应详细描述来龙去脉，全面完整地反映对应信用交易的情况。

3. 及时性

征信数据的及时性是指对采集的数据实行实时跟踪、实时更新。经济业务活动中，信息主体的信用状况处于不断变化之中，因此征信数据必须做到实时更新，反映被征信人最新的信用状况，进而最终反映到征信产品上。

第二节 征信数据的采集

征信数据的采集是通过各种信息渠道完成收集、整理信息主体的信息资源的工作。征信业务以数据采集工作为起点。由于信息使用者对征信产品的不同需求，企业和个人征信在征信数据的采集内容、来源、方式等方面就各有侧重。

一、征信数据采集的内容

（一）企业征信数据的内容

1. 企业基本信息

企业基本信息的内容很多，包括企业的名称、注册地址、注册资本、主营业务、主要联系方式、主要出资人信息、高管人员信息、关联企业信息等。

（1）企业的身份信息。

企业的名称、注册地址、注册资本、主营业务、主要联系方式等属于企业的身份信息。企业的身份识别号码为统一社会信用代码，由工商部门颁发，且每个企业的号码是唯一的，能够与其他企业进行标识和区分。

（2）主要出资人信息。

它包括出资方名称、证件类型、证件号码、币种、出资金额、出资占比等。

（3）高管人员信息。

它包括董事、高级管理人员、核心技术人员的简历，即职务、姓名、证件类型、证件号码、性别、出生年月等。

（4）关联企业信息。

它包括与该企业存在关联关系的企业，如家族企业、母子公司、投资关联、担保关联、出资人关联、高管人员关联、担保人关联等。

2. 企业财务信息

企业财务信息指企业主要的财务数据，是企业经营状况的货币表现。通过财务状况可以对企业的营运能力、盈利能力、偿债能力、发展能力和现金流量等进行分析，从而对企业的财务能力进行比较客观的量化评估。

（1）反映资产管理能力的指标。

它包括主营业务利润率、总资产周转率、存货周转率、应收账款周转率。

（2）反映盈利能力的指标。

它包括销售净利润率、总资产利润率、上市公司的每股收益以及每股经营现金流。

（3）反映偿债能力的指标。

它包括资产负债率、流动比率、速动比率。

（4）反映发展能力和现金流量的指标。

它包括总资产增长率、净资产增长率、主营业务增长率、净利润增长率。

3. 企业信用信息

企业的信用信息形式多样、内容广泛，是评估企业信用风险中最核心的内容。企业经营发展过程中与金融机构和非金融机构发生的各类信用交易行为都可以作为信用信息进行采集。

（1）来自金融机构的信用信息。

它包括资产处置、担保代偿、贷款、贸易融资、票据贴现、信用证、保理等。

（2）来自非金融机构的信息。

它涉及赊购赊销、商业欺诈、账务往来、应收账款信息、应付账款信息、历史交易记录信息、合同履约信息等。

4. 公共信息

公共信息是指社会公共部门掌握的关于企业行为和表现的记录。公共信息包括企业的判决、诉讼、破产和强制执行信息，企业缴费信息，企业拖欠工资信息，企业在各个政府部门中的登记信息、行政许可、资质认证、行政处罚、行政奖励等信息。

（二）个人征信数据的内容

1. 个人基本信息

个人基本信息一般包括信息主体的姓名、身份识别号码、家庭及工作地址、电话号码等数据项。其中，身份识别号码是最为重要的数据项，通过身份识别号码或身份识别号码与其他数据项的组合，可以对信息主体进行唯一标识和定位。

2. 信用交易信息

信用交易信息主要指贷款、信用卡、支票账户、对外担保等信息。其中每一项信息又包含许多具体的数据项，如贷款信息又包括账号、账户类型、开户日期、销户日期、贷款金额、当前余额、付款方式、月付款额度以及历史还款记录等数据项。

3. 公共信息

公共信息主要包括缴费记录、个人破产记录、法院民事案件判决、行政处罚记录等。

二、征信数据采集的来源

征信机构本身不生产数据，征信机构主要从信息主体自身以及第三方机构采集企业或个人的信用信息，这些机构在与信息主体从事交易、实施行政或司法管理以及开展经营活动等过程中产生了企业或个人的信用信息，成为征信数据的主要信息来源。

（一）企业征信数据的来源

企业征信数据来源包括直接来源和间接来源。

1. 直接来源

企业征信数据的直接来源是被征信企业，主要通过现场调查、电话调查等方式获得企业概况、生产经营情况、人力资源管理情况、市场营销情况等信息。

2. 间接来源

企业征信数据间接途径源自行政和司法部门、金融机构、社团组织、公用事业单位、媒体传播机构、与被征信企业存在业务关系的合作企业、其他征信机构及被征信企业股东和附属机构等。

（1）行政和司法部门。

行政和司法部门的征信数据主要有市场监督管理、税务、统计、海关、卫生、环保、人社、公安、法院、房管等机关及其他承担行政管理职能的组织机构提供企业的公务信息。政府职能部门发布的相关政策、法规和行业总体运行情况都会在相应平台发布。这些部门能提供企业的相关信息，如市场监督部门掌握大量企业基本信息、财务信息；统计局定期形成的各种统计报表和经济普查报告，其中还包括企业的财务报表；海关掌握企业从事进出口活动的相关信息，定期形成报关单和各种进出口统计报表；法院会定期公布民事诉讼等公共记录；房管局提供不动产、动产抵押信息等。这些政府部门提供的企业信息都非常有价值。

（2）金融机构。

金融机构主要指央行、商业银行、证券公司、保险公司、信托投资公司、资产管理公司、金融租赁公司等。商业银行等金融机构掌握了大量企业的信用信息，如企业开户信息，贷款、担保和还款记录等信息，资金流入流出及去向等方面的信息。

（3）社团组织、公用事业单位。

行业协会、商会、贸促会等属于社团组织；水、电、煤气等属于公用事业单位。各行各业有着自己行业的信息积累，如业内主流机构、行业发展和从业人员变化等信息。这些信息可以反映行业当前的实际情况和行业发展趋势。行业协会掌握的信息有可能是与行业机构共享的，但一般只向自己的会员企业服务。很多商业协会都会编撰本行业的年鉴，它们有采集年鉴所需信息的渠道，这些信息渠道对企业征信机构是有价值的。例如，《中国电子信息产业年鉴》《中国汽车年鉴》《中国金融年鉴》等，对行业在过去一年的发展情况、产品情况、技术水平、企业发展情况、盈利水平、发展趋势、大事记等都做了详细的记录和说明，具有较高的参考价值。

公共事业单位产生了大量的用户付费信息，这对于了解和评价其用户的信用行为和财务能力是非常有用的。

（4）媒体传播机构。

合法设立的媒体传播机构，如在报纸、杂志、广播、电视、网络等公众媒体上，也有大量的企业信用信息在传导。互联网也成了重要的“信息集散地”，从各类媒体上获取所需的信用信息成为企业征信机构的一个重要渠道。大量网站对行业和企业的经济活动给予动态报道，它们是企业征信机构的重要信息来源。

（5）存在业务关系的合作企业。

被征信企业的国内外客户、国内外供应商等企业组织也是征信机构的信息来源之一。

（6）其他征信机构。

其他依法设立的征信机构。企业征信机构可以从数据供应商处采购数据，它们有能力提供符合企业征信机构要求的征信数据，而且数据的质量很高。除了数据供应商以外，企业征信机构还可以从其他的征信机构购买企业征信数据。

（7）股东和附属机构。

股东和附属机构主要指被征信企业的股东、被征信企业的子公司及参股公司。

（8）其他可依法获得的信息来源。

其他可依法获得的信息来源如电子商务交易平台等。电子商务交易平台利用自身交易记录掌握企业的相关信息；在必要的时候，还可以委托其他类型的机构帮助调查，取得一些特殊类别的企业信用信息，如委托律师事务所、会计师事务所、审计事务所进行调查等。

（二）个人征信信息数据的主要来源

1. 社会安全管理部门

这类机构提供借款者的基本信息，如个人姓名、身份证号码等。中国对于在本地居住的居民和非居民身份识别存在一定的差异。对于除军人以外的所有中国公民，使用公安部统一提供的个人身份证号码；在中国大陆地区，所有的军官可以使用军官证号码；外宾使用护照号码识别；来自中国台湾地区的人员则使用台胞证号码识别；来自中国香港地区的人员使用香港身份证号码识别；来自中国澳门地区的人员使用澳门身份证号码识别。征信机构可由公安部全国居民身份证号码查询服务中心提供的联网核查系统，核实个人提供的身份信息的真实性。

2. 商业银行等金融机构以及其他提供授信的机构

这类机构提供个人的信贷数据，如借款金额、还款信息、拖欠信息等。

3. 水电燃气等公共事业单位

这些部门掌握着个人的非金融负债数据，如个人缴纳水电燃气费用的数据由自来水公司、电力公司、天然气公司提供，网络通信费用的数据由相应电信公司提供。

4. 掌握公共记录的政府部门

这些部门掌握着个人遵纪守法的数据，如个人缴纳税款的数据由税务部门提供，个人的法院判决数据由法院提供，个人的行政处罚信息由相应政府部门提供等。

5. 各类商业机构

商业赊销零售机构以及各类金融创新形式的民间金融机构等，也存在大量个人信贷及信用交易记录，特别是随着互联网的发展，电商交易数据、社交数据、网贷机构数据等都成为新的数据来源。

三、征信数据采集的方式

（一）企业征信数据采集的方式

企业征信数据的采集方式通常包括现代征信作业方法和传统征信作业方法两种。现代征信作业方法是指借助大型征信数据库建立起海量数据的联合征信平台，采取主动征信的操作方法，为每个企业和个人建立信用档案。传统征信作业方法是指通过线下现场调查、观察或数据采购，取得被调查对象的全套信用信息，采取被动征信的操作方法，比较类似于经济侦探的作业方法。常见的征信数据采集方法如下：

1. 电话调查

电话调查是指征信调查人员通过电话向被调查企业进行问询，以了解企业情况的一种调查方法。由于调查过程彼此不直接接触，而是借助电话这一中介工具进行，因而是一种间接的调查方法。对于客户基本概况和一些可以公开的信息，电话调查是最便捷、成本最低的方法。通过直接给客户打电话，可以核实企业的注册信息、经营者信息、大致的销售和采购情况等信息。通过给企业的供应商打电话，可以核实客户对供应商的付款情况。

2. 现场调查

对于一些比较重要或难以通过二手资料了解的信息，需要采用实地调查的方法。书面资料的调查通常无法显现企业全部的运营状况，征信人员可以通过实地现场调查，一方面验证企业提供的书面资料是否正确，另一方面可掌握非书面资料所能显现的重要信用资讯。

3. 利用政府职能部门公开信息以及合作机构信息进行调查

有些政府部门会公开一些企业的信息，可充分利用这些免费的公务信息开放政策和渠道核实信用信息。一是利用政府管理部门及相关社会团体协会组织的网站（或其他方式）进行征信信息调查与核实；二是与相关服务机构合作进行信息收集与核实。

4. 委托第三方进行调查

征信机构出于人员、成本、时间等制约因素的考虑，也会采用委托第三方的方式来进行调查。如对于经营地在外地的企业，可以委托当地的专业征信机构、律师事务所对其进行调查。这种方法能在短期内完成企业调查，但费用支出较高。同时，调查人员的素质和能力对调查结果影响很大，所以，受委托的征信调查机构业务能力也是影响调查结果的因素之一。

5. 公共征信途径

我国最主要的公共征信系统是由人民银行征信中心管理的金融信用信息基础数据库。目前，接入央行征信系统的机构除了银行业金融机构外，还有部分证券业金融机构、保险业金融机构、融资担保机构和小额贷款公司等，基本是全国范围内持牌金融机构放贷业务的全覆盖。

央行征信系统通过法律强制要求金融机构按照统一的征信数据标准提供与其产生信贷业务关系的企业征信数据，并保证数据的真实性。

6. 商业企业内部风控采集

大数据技术的应用，使得原商业企业平台内部掌握的海量数据也成为判断信用主体信用状况的有价值数据，使得商业企业也成为征信数据的采集者，最典型的就是电子商务企业。以阿里巴巴集团为例，在其发展路径上，它不仅通过旗下的天猫网、淘宝网、支付宝等平台为商品销售者和消费者提供网上的交易便利，同时也向平台上的商铺、供应商，以及支付宝用户提供信贷支持和赊销支持。阿里巴巴集团主要通过大数据技术对自己内部平台上采集的数据进行内部评价。这些数据来源于在阿里巴巴旗下网络平台上注册的企业和个人用户留下各种痕迹数据，例如，用户的注册数据、购物数据、履约数据、评价数据；业务经营的信息流数据、物流数据、资金流数据等。

这些数据流在阿里巴巴体系内形成闭环，因而在一定程度上更加真实和客观。同时，因为参与放贷，阿里巴巴集团也汇集了大量的注册用户负债类信息数据，而阿里巴巴集团的负债用户可能受条件限制不在传统金融机构服务范围内，未被传统的央行征信系统所覆盖，其相关负债类数据不被央行征信系统所掌握。当前，互联网已经成为人们生活中的重要部分，电商平台采集数据面对的客户覆盖面非常广。

（二）个人征信数据采集的方式

对于征信机构而言，个人数据征集可以分成三种方式：同业征信、联合征信和金融联合征信。

1. 同业征信

同业征信是由征信机构在一个独立或封闭的系统内部进行征信和提供征信服务的征信工作方式，同业征信就是在本行业范围内定期采集用于评价客户的信息，一般由行业服务征信机构执行，该信息只能在本行业内进行流通和使用。同业征信的方式仅在特定的行业内收集信用信息，并只能使用于特定行业，通常信用信息的提供者就是后来制作信用报告的使用者。

2. 联合征信

联合征信是由征信机构根据协议，从一家以上的征信数据源单位采集征信数据的形式。联合征信允许向所有拥有征信数据的单位采集征信数据，并且通过征信机构，在提供征信数据的单位之间建立数据资源共享的关系。通过联合征信的方式，取得被征信个人的补充和核实信息，包括个人就职单位、金融机构、工商部门、税务部门、公安部门、电信公司、保险公司，以及公共服务部门（如水、电、气、暖供应商）的有关个人信息积累，通过建立信息甄别与校验机制，最大限度地保证信息的真实性和实效性，最终形成完整的个人信用档案库。

随着互联网及信息技术的飞速发展，独立的征信机构依托互联网技术和大数据技术，追求自身业务闭环，导致市场信息链被分割，信息覆盖范围受到限制，产品的有效性不足，不利于征信信息共享，降低了征信防范风险的效果。为了打通单个征信机构“数据孤岛”的状态，更好地实现互联网征信数据的采集与共享，人民银行牵头组织征信机构共同成立一个市场化征信机构。2018 年 2 月 22 日，人民银行正式向百行征信有限公司（简称“信联公司”）颁发了首张个人征信牌照。该公司由中国互联网金融协会牵头，组织其他 8 家在市场中有影响力的征信公司共同组成。信联公司有关服务对象为从事互联网金融个人借贷业务的机构，以及传统金融机构、金融监管相关部门及个人信息主体。信联的成立类似民间征信市场的“超级枢纽”，能够把传统的央行征信系统未能覆盖到的金融信用数据纳入，与传统央行征信系统形成互补。

3. 金融联合征信

金融联合征信是金融机构向指定的征信机构提供消费者的信贷记录、偿贷记录、信用卡消费记录、与银行往来情况记录等，由征信机构将征信数据处理后，生成调查报告，然后再向所有金融机构提供征信服务。我国金融信用信息数据库除了采集企业征信数据，还对个人的金融信用信息进行采集。

第三节　征信数据库

一、征信数据库概述

（一）征信数据库的概念

数据库是依照某种数据模型组织起来并存放在二级存储器中的数据集合。这种数据集合具有如下特点：尽可能不重复，以最优方式为某个特定组织的多种应用服务，其数据结构独立于使用它的应用程序，对数据的增、删、改、查由统一软件进行管理和控制。从数据库的发展历史来看，它是数据管理的高级阶段，是由文件管理系统发展起来的。简单来说，数据库本身可视为电子化的文件柜——存储电子文件的处所，用户可以对文件中的数据进行新增、截取、更新、删除等操作。它将数据以一定方式储存在一起，能为多个用户共享，具有尽可能小的冗余度的特点，是与应用程序彼此独立的数据集合。

征信数据库，就是针对社会各类信用主体的调查数据及其经过分类、整理之后的信用信息所建立的资源库，是信用信息搜集和信用记录的一种重要形式。征信数据库通常是由专业化的、独立的第三方机构为企业、个人、社会组织、事业单位等建立的信用档案和基础数据库。征信机构等通过依法征集、整合、交换、使用、管理和报告不同社会主体的信用信息，建立各类信用主体可实时更新的、动态的信用档案，依法对外提供各类信用主体的信用报告及相应的延伸服务。

（二）征信数据库的分类

1. 按信用主体不同进行分类

（1）企业征信数据库。

企业征信数据库是针对企业相关信息建立起来的资源库，包括基本信息数据库、企业信用（付款）记录数据库、坏账数据库（黑名单）、往来票据拒付数据库等。最具代表性的企业征信数据库是美国邓白氏公司，其全球商业数据库覆盖了超过 1 亿条企业信息，并通过邓白氏特有的 DUNSRight 流程，对每天收集的原始数据进行编辑及核实以保证其质量。

（2）个人征信数据库。

个人征信数据库，也称消费者征信数据库，是针对个人信用信息所建立起来的资源库。具有代表性的个人征信数据库如美国的艾奎法克斯公司（Equifax）、环联公司（TransUnion）、益百利公司（Experian），它们通过合法地收集消费者的个人信息，逐步形成了庞大的征信数据库。在我国，由中国人民银行负责组织商业银行建立个人信息信息基础数据库，我国首家个人征信数据库公司是 2018 年 5 月挂牌的“百行征信有限公司”。

2. 按照征信数据库建设主体的不同进行分类

（1）公共征信机构建立的公共征信数据库。

公共征信机构建立的公共征信数据库的信息采集通常带有强制性，数据来源一般限于金融信息，同时有少量的金融系统外的其他信用信息，向金融机构提供这些信息，主要用于监管。如德国德意志银行信贷登记中心数据库接受德国所有的信贷机构及其国内外分支机构、保险公司、风险投资公司报送的信贷信息，定期提供金融机构的偿债能力和流动性分析报表，为金融监管部门和信贷机构提供大量的实际案例和数据支持。

（2）私人征信机构建立的私人征信数据库。

私人征信机构建立的私人征信数据库的信息采集不具有强制性，信息采集内容相对广泛。例如美国三大消费者信用报告机构均采集个人的工龄、职务、居住地址、居住时间、公用事业记录等信息。

（三）我国征信数据库的类型

1. 公共征信系统建立的征信数据库

我国的公共征信系统建立的征信数据库是中国人民银行设立的中国人民银行征信中心，专门负责建设、运行和维护的金融信用信息基础数据库。其中包括企业和个人信用信息基础数据库。

2. 政府部门或行业建设的征信数据库

政府部门或行业建设的征信数据库是由政府各部门或行业在行政过程中建立的征信系统，如司法、质检、药监、环保、税务等。同时，我国不少地方政府部门积极推动地方信用体系建设，由地方政府直接出资，或设立政府独资或控股的征信公司，直接参与社会信用服务系统的管理和经营，基于接受各类政务信息或采集其他信用信息建立数据库，并向政府部门、企业和社会公众提供信用信息服务。如江苏省、广东省、上海市、深圳市等已陆续建立了地方性的征信数据库。

3. 第三方平台建立的征信数据库

第三方平台建立的征信数据库是由专业的、独立的第三方机构针对社会各信用主体建立的征信数据库。这类第三方机构多为社会（民营）征信机构。如我国的大公国际资信评估有限公司、上海新世纪资信评估投资服务有限公司等建立的信用数据库。

（四）征信数据库的功能

1. 利用征信数据库建立征信奖惩机制

征信奖惩机制是社会信用管理体系的重要组成部分，由信用市场各信息主体共同参与，以企业和个人征信数据库的记录为依据，通过信用记录和信用信息的公开为手段，降低市场交易中信息不对称的程度，约束社会各经济主体信用行为的社会机制。其作用是经济手段和道德谴责手段并用，惩罚市场经济活动中的失信者，提高违约成本，降低失信者的交易机会，甚至将有严重经济失信行为的企业和个人从交易市场中剔除出去。同时，守信用的企业和个人在数据库中将保持良好的信用记录，从而帮助其树立良好的社会形象，增大其市场交易中的无形资产，并由此使其得到更多的商业机会。

2. 依靠征信数据库提供征信服务

征信机构通过对征信数据进行大规模的加工，从而为各类授信人提供征信服务。包括征信机构向各类授信人提供的专业的“资信调查”或“信用调查”服务；向委托人提供的信用管理咨询服务，如信用保险、国际保险，信用担保、商账管理；还包括市场营销服务，帮助委托人更加快捷地识别、拓展、维护潜在客户等。

二、金融信用信息基础数据库

（一）金融信用信息基础数据库概述

金融信用信息基础数据库，是国家为防范金融风险、促进金融业发展，向被征信人提供相关信息服务而设立的，由中国人民银行征信中心建设、运行和维护的征信系统，中国人民银行征信中心是中国人民银行下属法人事业单位，是不以营利为目的的征信机构。

金融信用信息基础数据库的前身是由中国人民银行组织各类商业银行建立的全国统一的个人信用信息基础数据库和企业信用信息基础数据库。当前，金融信用信息基础数据库仍沿用该系统架构，分别设置了个人信用信息基础数据库和企业信用信息基础数据库两个部分。

根据《征信业管理条例》的规定，金融信用信息基础数据库接收从事信贷业务的机构按照规定提供的信贷信息，并为信息主体和取得信息主体本人书面同意的信息使用者提供查询服务。金融信用信息基础数据库的主要使用者是金融机构，通过专线与商业银行等金融机构总部相连，并通过商业银行的内联网系统将终端延伸到商业银行分支机构信贷人员的业务柜台，实现了企业和个人信用信息定期由各金融机构流入企业信用信息基础数据库和个人信用信息基础数据库，汇总后实时流向金融机构的功能。其中，前者表现为金融机构向企业和个人信用信息基础数据库报送数据，后者表现为金融机构根据有关规定向企业和个人信用信息基础数据库实时查询企业和个人信用报告，用于贷前调查、贷后管理等目的。

（二）金融信用信息基础数据库的特点

1. 全国统一建库，数据集中管理

我国金融信用信息基础数据库的建设参考了国际最佳征信模式，建立了政府主导型的集中数据库模式；利用中国人民银行征信数据库专线与商业银行等金融机构的信贷营业网点相连接，建立了覆盖全国的信用信息采集和服务网络。全面采集企业和个人信贷信息，按照统一系统、统一管理、统一标准的原则，实现企业和个人信用信息在全国各商业银行等金融机构的交换和全国共享。该系统运行效率高，能够实现征信报告查询“秒级”响应。

2. 报送信息机构类型丰富，数据覆盖面广

自 2006 年上线运行以来，金融信用信息基础数据库接入的机构类型不断丰富，数量也稳步增加。在机构类型上几乎涵盖了金融市场上所有的授信机构，在机构数量上几乎覆盖了全部的银行业金融机构。

从接入征信系统的机构类型看，金融信用信息基础数据库接入机构的用户类型除传统的全国性股份制银行、城市股份制商业银行和外资银行外，还包括各类信托公司、保险公司、财务公司、合作金融机构等非银行类金融机构，以及小额贷款公司、融资性担保公司、村镇银行、贷款公司、消费金融公司等小型金融机构。

3. 采集信贷信息为主，兼备非银行信息

征信机构一般会根据机构自身的定位、经营方向和市场需求的差异，有选择地收

集相应的信用信息。例如，美国的征信机构一般是以营利为目的，根据市场的需求有针对性地收集个人和企业的信贷交易记录，如信用卡额度、贷款余额、还款状况等。欧洲的征信机构主要以政府为主导，更多收集企业和个人的不良信用信息，特别是法国的公共征信系统主要以收集个人的负面信贷信息为主。为全面反映企业和个人信用状况，帮助更多的企业和个人与商业银行等金融机构建立信贷关系，金融信用信息基础数据库广泛整合企业和个人身份信息、非金融领域负债及遵纪守法等方面的信息。如企业和个人的社保信息、住房公积金信息、税收缴纳信息、法院判决和强制执行信息，以及行政许可和处罚信息等非银行信息。

4. 利用强制性手段采集信息，有效保障信用数据质量

公共征信机构通常可以利用行政手段强制要求所监管的金融机构上报企业和个人的信用信息，或利用法律强制要求信息提供者提供准确的信用信息。金融信用信息基础数据库属于公共征信系统，其信息数据采集的主要特点就是具有强制性。《征信业管理条例》第二十九条明确规定："从事信贷业务的机构应当按照规定向金融信用信息基础数据库提供信贷信息。"该规定与金融信用信息基础数据库主要采用被动接受信贷信息的采集方式相适应，从而有效地保障了金融信用信息基础数据库的信息来源、信息的持续更新以及信息的质量。

（三）建立金融信用信息基础数据库的意义

1. 提高金融机构控制风险能力，为信贷市场健康发展提供基础保障

随着金融信用信息基础数据库的广泛运用，商业银行等金融机构可以利用数据库查询借款人的历史贷款记录，通过对借款人信贷违约风险进行评估，并借助该系统的失信行为处罚制度进一步约束贷款人的还款行为，缓解金融机构信贷业务中 面临信息不对称和缺乏约束机制的问题，有效提高商业银行等金融机构防范信贷业务 风险的能力。当前，几乎所有的商业银行都把查询金融信用信息基础数据库作为审查贷款的必经环节。根据征信中心对 21 家全国性银行的问卷调查，2021 年全国性银行应用该数据库在贷前审查拒绝高风险客户申请 16 652 亿元，在贷后预警高风险存量贷款 13 876 亿元，清收不良贷款 2 077 亿元。

商业银行在不了解某企业或个人信用状况的情况下，为了防范风险、减少损失，一般会采取相对紧缩或保守的信贷政策。金融信用信息基础数据库减少了企业、个人和金融机构之间的信息不对称。当企业和个人向金融机构申请贷款的时候，金融机构可以通过查阅借款人的历史贷款记录或以前的信用记录来了解企业和个人的信用状况，并针对不同信用状况的客户采取相对灵活的信贷政策，从而有效防范金融风险。

2. 服务政府部门，提升执法效率

根据国际征信机构发展经验，各类征信机构在信息采集过程中除了采集商业银行信贷信息以外，一般还依据各国政府的政府信息公开法规采集大量的非银行信息，通常用于帮助授信机构防范风险，降低损失。在这种背景下，当各国政府部门在执法过程中需要征信机构提供数据或信息帮助时，可以依法查询征信机构的数据库或要求征信机构提供相应数据。金融信用信息基础数据库现已依法为部分政府部门、法院、公安、检察院等系统的业务和案件办理提供了相关信息查询服务。近年来，中国人民银行相继与环境保护部、国家质检总局、最高人民法院等部门合作，将环保、产品质量、

商业经营等方面的违规信息、行政处罚信息以及欠缴农民工工资等不良信息纳入金融信用信息基础数据库。对于环保违规或拖欠农民工工资的企业，商业银行通过查询系统一旦发现，将针对这些企业禁止提供贷款。这有利于政府部门执法力度的加强和相关企业及个人诚信意识的提高。

3. 增强大众信用意识，维护社会稳定

在现代化市场经济活动中，培养企业和个人良好的社会信用意识，有利于提升我国宏观经济运行效率。然而，良好的社会信用意识并不是仅仅依靠教育和道德的约束就能够建立的，必须在制度建设上具有完备的约束机制，将德治与法制相结合，充分利用法制的强制约束力。金融信用信息基础数据库恰恰缓解了我国社会信用约束不足的问题，发挥了"守信激励，失信惩戒"的作用，并逐渐增强了企业和个人的诚信意识。例如，一些拖欠贷款的企业和个人为了避免出现不良记录，防止金融机构停止发放贷款，会主动偿还拖欠的贷款，其按时履行偿还等合同义务的意识会稳步提高。

金融信用信息基础数据库在维护社会稳定方面也发挥着不可忽视的作用。实践经验表明，不少企业和个人具有过度负债的冲动，如果不加约束，可能会造成企业和个人债务负担过重，影响企业和个人的正常经营和活动，甚至引发社会问题。然而，金融信用信息基础数据库有助于金融机构全面了解企业和个人的整体负债情况，从制度上防止企业和个人过度负债。这有助于政府部门及时了解社会的信用变动状况，防范突发事件对国家造成重大影响，维护社会稳定。

三、政府部门信用信息数据库

（一）政府部门或行业建立的数据库

政府部门或行业的信用信息数据库是由政府各部门或行业在行政过程中建立的征信系统，如司法、质检、药监、环保、税务等。以下以我国为例进行说明。

1. 司法部门

为推进社会信用体系建设，对失信被执行人进行信用惩戒，促使其自动履行生效法律文书确定的义务，根据《中华人民共和国民事诉讼法》相关规定，最高人民法院审判委员会通过了《最高人民法院关于公布失信被执行人名单信息的若干规定》，自2003年1月24日起向社会开通"全国法院失信被执行人名单信息公布与查询"平台，社会各界可通过该平台查询全国法院（不包括军事法院）失信被执行人信息。

2. 国家质量监督检验检疫总局

国家质量监督检验检疫总局设立质检数据，包括产品质量、消费品产品质量、商品包装、进出口不合格产品等信息，对缺陷产品进行警示，对不合格产品及企业进行定期曝光，维护消费者合法权益；设立信息中心数据处，对食品、药品、医疗器械数据库进行管理和维护。通过该数据库，可对在药监局登记的、合法的食品、保健食品、药品、医疗器械、化妆品、相关广告等进行查询。

3. 环保部门

环境保护部设立企业信用信息数据库，积极推动环境保护领域的信用建设，建立企业环保守信激励、失信惩戒机制。将环保部做出的行政处罚决定和责令改正违法行为决定，在专栏予以展示，以引导全社会共同关心、支持环保领域的信用建设，共同营造“守信光荣、失信可耻”的环保诚信氛围。

4. 税务部门

国家税务总局设立纳税信用数据库，包括纳税信用A级纳税人和重大税收违法案件数据库，旨在提高纳税人依法纳税意识，惩戒严重税收违法行为，规范税务机关执法行为，推进社会信用体系建设。

5. 信息中心

在国家发展改革委、人民银行指导下，国家信息中心主办了“信用中国”，这是政府褒扬诚信、惩戒失信的窗口，主要承担信用宣传、信息发布等工作，使用社会信用体系建设部际联席会议成员单位提供的对社会公开的信用信息。

（二）国家企业信用信息公示系统

国家企业信用信息公示系统，又称全国企业信用信息公示系统，于2014年2月1日起运行，是由中华人民共和国国家工商行政管理总局依据《中华人民共和国政府信息公开条例》《企业信息公示暂行条例》等法律法规、规章的有关规定进行的信息公示。公示的主要内容包括：市场主体的注册登记、许可审批、年度报告、行政处罚、抽查结果、经营异常状态等信息。系统公示的信息来自市场监督管理部门、其他政府部门及市场主体，政府部门和市场主体分别对其公示信息的真实性负责。通过建立各级工商机关登记在册的所有商事主体的信用信息数据库，对其登记信息、备案信息、行政处罚信息进行公示。

（三）地方政府的征信数据库

地方政府建立的征信数据库是指由各个地方政府针对本地区的信用主体建立的征信数据库。自我国社会信用体系建设以来，除了政府部门建立的征信数据库之外，各地方政府也开始陆续颁布地方信用法规，设立地方信用监管部门，建立地方征信数据库。

1. 上海市征信数据库

上海市于2017年率先出台全国首部地方综合性信用法规《上海市社会信用条例》，市信息中心与市社会信用体系建设办公室合办上海诚信网，建立包括上海市各信用主体资质、行为、应用（日常监管、行政审批、行政处罚、政府采购、招标投标、表彰评优、资金支持、录用晋升）在内的征信数据库，并依法向社会提供征信服务。

截至2017年6月，上海市已有99家单位确认向市信用平台提供4.6万余项信息事项，可供查询信用数据3.15亿条。政府应用方面，在专项资金申请、行政审批、事中事后监管、公务员、律师等职业人员管理、道路交通治理、社区治理和新能源汽车补贴及牌照申请等场景中，信用应用事项超过700余项；市场应用方面，聚焦金融服务、互联网分享经济、供应链服务、生活消费、中小企业服务等场景创新应用信用产品和服务。市信用平台的“枢纽、窗口、载体”等功能不断巩固优化，上海市已建22个子平台和15个服务窗口，平台累计提供查询2 347万次。信用行业服务能力不断增强，市信用服务行业协会已有会员单位102家。社会各方信用应用意识提升，全市“重点领域联合、重点区域联动”的应用工作格局已经形成。

2. 江苏省征信数据库

江苏省经济和信息化委员会联合江苏省公共信用信息中心共同建立“信用江苏”

网站，建立社会法人、自然人信用数据库向社会提供信用咨询服务，并通过守信案例、失信案例公示，来达到守信激励、失信惩戒的目的。

3. 深圳市征信数据库

深圳市建立“深圳信用网”，在企业信用方面负责“依照规定归集、整合企业信用信息”。建立全国首个地方商事主体信用监管公共平台，实现填报、查询、异常名录等互动功能，日查询量 66 万人次，建成“一网、一微、一端”公共信用平台，征集 33 万商事主体的 6.3 亿条信息，成为华南地区最大的企业信用数据库。

4. 广东省征信数据库

“信用广东网”是广东省人民政府主办的广东省公共信用信息统一对外发布、接受外部查询和异议受理等的平台。网站按照统一的标准规范，全面整合广东省有关行业和部门记录的社会成员信用信息，建立企业、个人、事业单位和社会组织信用信息公共数据库；围绕信用公开、信用查询和信用建设三大功能定位，建设覆盖全省的公共联合征信系统。该系统实现了行业和部门间信用信息的互通共享，依法有序地向社会公众和信用服务机构公开信用信息；实现了省级行业、部门之间信用信息的互通共享，并向各地级以上市的公共信用信息管理系统开放。

四、第三方平台征信数据库

（一）第三方平台征信数据库的概念

第三方平台征信数据库是指专门的或独立的第三方机构针对社会信用主体（个人或企业）建立的旨在集中社会信用主体各类信用信息的征信数据库。

大数据、云计算等新技术的应用，为第三方平台征信机构提供了全新的技术支撑，进而提升了征信市场活力和总体水平。中国征信业的立体式发展，将使个人及中小企业特别是小微企业逐步获得更为完整的“信用身份证”，从而有效降低融资成本、助力普惠金融发展。

（二）第三方平台征信信息的构成

第三方平台在交易中产生的信息按照类型主要分为三个部分，分别是交易信息、账户信息和信用评价信息。其中，第三方平台信用评价信息又可以分为个人和企业信用评价信息。

1. 第三方平台交易信息

这部分信息包括用户缴费（水、电、煤等）、充值（电话卡、游戏卡等）、信用卡还款信息和其他支付信息（购物、代付等）。其中，水、电、煤的缴费信息和信用卡还款信息属于以偿还为条件的经济活动行为，能够反映客户的信用状况。2006 年，中国人民银行开展非银行信息采集，水、电、煤的缴费信息已经基本实现了纳入中国人民银行征信系统，并取得了良好的效果。信用卡还款信息直就被纳入中国人民银行个人征信系统，是个人信用报告重要的组成部分。充值及其他支付信息等反映了用户的资金流向和支付情况，有利于增进交易方对用户资金实力和消费能力等情况的了解。

2. 第三方平台账户信息

这部分信息包括账户基本信息及账户的转账、提现等信息。同时，第三方账户信息还记录了用户的资金结算、资金往来等状况，提供了客户的资金周转、资金使用等信息。

3. 第三方平台信用评价信息

这部分信息主要是具有担保功能的第三方支付公司与电子商务网站合作，建立信用评价体系，用户完成网上交易后对交易情况进行评价。这些信用评价信息有助于交易双方了解交易对象的信用状况，从而进一步降低交易风险。

4. 其他信息

其他信息主要包括客户恶意欺诈信息、投诉信息、诉讼纠纷信息等。反映客户失信、欺诈的负面信用信息，有助于其他用户了解客户的失信行为，达到“失信惩戒”的目的。

（三）第三方平台征信数据库的模式

第三方机构拥有大量的支付信息、现金流信息、信用评价信息，这些信息是客户交易情况及网络诚信的重要体现。

1. 传统的第三方征信数据库模式——社会征信模式

传统的第三方平台征信也叫社会征信，该类征信数据库是指专业的、独立的第三方机构针对社会信用主体建立的征信数据库，如中诚信、大公国际、新华信、鹏元资信等建立的自己的征信数据库。这些征信机构通过多年的发展，利用多种手段收集数据，其征信数据库也得到了进一步完善。

2. 以互联网为中介的第三方平台征信数据库模式

第三方平台在解决中小企业特有的商业信用信息共享难、财务信息不透明、财务制度执行不严、信用意识不强等因素引发的融资难问题方面大有可为。第三方平台通过自有渠道及系统优势可获取以 POS 机和网络支付接口付款为主要收款方式的中小企业的经营状况，依靠大数据和云计算等新技术建立中小企业分级信用评级指标体系和各类数据库，做到既重视企业成长，又突出现金流量分析和履约情况评价，着重做好中小企业和个人金融信息的补白工作。此外，第三方平台还以此为基础，向产业链中的各相关机构有偿提供以下产品。

（1）商业数据库服务。

第三方平台可通过跟踪中小企业的日常交易流水，结合公司商业信息、企业主或管理层的财务状况和历史支付记录，运用其自身开发的搜索和匹配系统及应用软件，向金融机构提供各种形式的信用报告，使金融机构放贷时做到信息对称。

（2）信用风险解决方案类服务。

信用信息是第三方平台从事信用业务的基础，提供信用风险解决方案则是该类机构通过咨询研究分析、开发软件和建立系统等手段挖掘数据资源，将原始数据转变为商业情报信息，为金融机构在信贷风险、反欺诈和账户管理方面制订参考方案的关键业务。

（3）营销信息服务。

营销成功的关键在于深刻了解潜在客户、客户需求、客户生活习惯和行为方式，以及所有影响客户对于营销活动反映的因素。该类数据库可包括营销数据库、车辆数据库以及保险数据库等第三方平台，掌握了海量 B 端和 C 端资源，以及基于客户交易行为形成的大数据，所以能够测算客户交易行为特征并匹配交易双方的需求，最终形成相关金融信息数据库。

（4）为金融机构提供外包业务。

第三方平台可承继传统收单业务优势，通过为金融机构提供支付管理、账户与文件处理、电子交易等外包业务来扩充信用数据库，并为其提供风险防控服务。

（四）第三方平台征信数据库与央行征信数据库的比较

1. 数据来源不同

央行征信数据库的数据主要来源于信贷信息，而第三方平台征信数据库的数据除了来源于信贷机构外，还包括人们的日常生活、政府部门以及互联网企业，这弥补了央行征信数据来源单一的不足。

2. 覆盖对象不同

央行征信数据库记录覆盖的群体很狭窄，许多个体工商户、个人，通过各类互联网平台交易产生了征信数据，由第三方征信机构采集。

3. 应用的场景不同

央行征信数据库的应用场景大都是金融企业，当人们去商业银行贷款时，征信评估结果可以告诉商业银行是否给他贷款，从而使商业银行的贷款风险降到最低。第三方平台征信数据库的应用场景则非常广泛，并且已经接入民间信贷机构。以芝麻信用为例，芝麻信用和许多商家已经洽谈成功，其应用场景体现在衣食住行的各个方面。芝麻信用分大于600分，可在招联“好期贷”申请最高20万元的现金，日利息率低至0.03%；携程旅游可先游后付，全场免息。芝麻信用分大于650分，可在神州租车免押金等。

第三方征信机构数据库利用互联网支付服务中自然形成的数据优势，专门针对中小微企业、个人、涉农及流动人口等建立信息档案、形成信用报告，做到既深入挖掘新兴业务的发展潜力，又同银行业金融机构实现信息的互联互通，及时填补人民银行现有信用信息基础数据库的缺失和空白，必将在信息服务中形成新的竞争力，从而加速自身发展的转型升级。

第四节　大数据征信

一、大数据概述

根据维基百科的定义，大数据是指根据常用软件工具捕获、管理和处理数据所耗时间超过可容忍时间的数据集。

大数据的特征主要表现在五个方面：容量大（volume）、多样性（variety）、速度快（velocity）、价值高（value）、真实性（veracity）。

1. 容量大

传统征信技术条件下，数据处理一般以GB为单位，大数据时代，数据存储量往往以TB、PB，甚至ZB来衡量（1ZB等于1万亿GB），传统的信息处理单位已不能满足实际需求。

2. 多样性

数据多样性可分为格式多样性和来源多样性。格式多样性是指数据不限于传统的结构化数据，还包括音频、视频、微博、邮件等半结构化和非结构化的文本和行为数据；来源多样性是指数据来源的渠道大大拓宽，可来自电子商务、网络点击、社交网络、卫星定位系统等。

3. 高速性

数据的产生和更新频率很快，大数据技术对数据创新、处理和分析的速度也持续加快，数据的实时性特征凸显。大数据技术可以以极快的速度获取、存储数据，并且能够实时处理、分析数据。

4. 真实性

数据的重要性在于对决策的支持，数据的规模大小并不能完全决定其能否为决策提供帮助，数据的真实性和数据的质量才是最为关键的。追求高数据质量对大数据而言本身就是一个二元悖论，我们必须承认大数据中存在的不确定性，但是可以通过数据融合、模糊等多种处理手段，并结合多个可靠性较低的数据进行相互验证，从中发现数据规律，寻找大数据中的真实性。

5. 价值性

大数据的价值主要体现在两个方面：价值总量高、单位价值低。挖掘大数据的价值犹如沙里淘金，从海量数据中挖掘出稀疏但极具价值的信息，需要通过强大的机器算法才能迅速地完成大数据的价值提取。

人类社会正迈向崭新的数字化时代，存储信息量快速增长，计算机数据处理能力也在大幅提升。过去不可计量、存储、分析和共享的很多东西现在都被数据化了，数据成为一项重要的商业资本，被用来激发产品和服务的创新，进而创造新的经济利益。各行各业的业务触角都延伸至大数据产业，大数据被应用于经济、金融、电商等各个领域。大数据对社会经济的影响也不限于技术层面，从本质上讲，它为我们科学决策提供了一种全新的方法，即决策行为将日益基于数据分析做出，而不是像过去更多凭经验和直觉做出，应广泛地使用数据、统计及定量分析方法，利用预测模型，从而保证决策和行动的准确性。

二、大数据征信的特征

征信是高度依赖数据的，大数据征信是指依靠大数据技术构建信用评估模型，通过多维度信用评估，形成对个人、企业和组织的信用评价。其信息源大致包括互联网非保密信息、个体提供信息、其他合作机构提供信息等。大数据征信相比传统意义征信而言，从获得数据的渠道来说，传统征信主要是通过线下渠道获得，并以金融机构的数据为处理范围，变量的可选性相对较小；而大数据则是通过互联网获取，有多维度、多变量、综合性的考量。大数据征信的特征主要体现在以下几个方面：

1. 依托互联网，扩大覆盖范围

收入情况、社保缴纳、信用卡消费等，与银行直接发生过这些借贷关系的人群，可以通过全国个人征信数据库查询到信用记录，从而进行相应的风险评估，但这一主要数据库牵涉面十分有限。而在互联网上，只要个体有登记注册、开立银行账户、进行纳税，甚至社交等活动，便能依据这些网络的痕迹，采取数据的深层挖掘与有效分析，同样有可能获得有价值的信用信息。这使征信人群辐射范围扩大，并得到延展。

2. 获取广谱数据源，多方渗透

传统征信主要使用传统结构化数据，其主要来源为借贷范畴。而大数据征信不仅限于目前这些形式，除了现金流等财务数据外，根据互联网的活动痕迹，还可获知客户的交易行为、社会关系等半结构化的数据。通过对这些半结构化数据甚至非结构化数据进行不同维度、不同层次的挖掘与分析，可以得到关于心理、行为、性格等根本的和有价值的数据，使之成为新数据的来源之一，继而纳入征信体系。由此可见，大数据提供的广泛而复杂的信息源对征信业务的信用评估渗透力与影响力十分强大。

3. 横向时间展开，实现数据实时性

离线的事后分析数据，让传统征信评价模式陷入了数据少、时效差的泥潭。在飞速发展的“互联网+”金融时代，只关注、分析考察对象的历史信息早已不够，大数据已将重点转移至数据的相关性方面。依靠大数据所具备的存量和热数据的典型特征，数据已成为一种在线实时更新的状态。在大数据征信的分析对象中，不仅包括考察目标的历史记录，还在时间的横向维度上加入当前信息。当数据的纵向挖掘与横向扩宽相结合时，信用评价的处理速度与决策效率将更加高效。

4. 多元变量，量化全面而精确

科技的持续前进，让使用海量数据有了新的可能，大数据征信中信用评价模型可容纳发展更多的变值，这为量化信用评价结果提供了全面而精确的保障，更适应快速更迭的信息时代。

5. 人性化思路，适用多场景

大数据征信的数据来源、内容模型思路等，主要来自借贷场景外的生活，例如，预订机票、酒店、租车等需要预授权支付或缴纳押金的场合，其得出的信用评价也更接近于人的本性的判断。基于人性化思路发展大数据征信有着可持续的发展前景。

三、大数据时代征信业发展面临的机遇与挑战

（一）大数据时代征信业发展面临的机遇

大数据不仅为征信业发展提供了极为丰富的数据信息资源，而且也改变了征信产品设计和生产理念，未来的征信机构的发展方向是大数据、信息技术与征信业务深度融合。大数据已经成为未来征信业发展最重要的基石，伴随着云计算、搜索引擎等新兴互联网技术的发展，征信业也必将获得革命性的发展。

1. 极大地拓宽了行业发展空间

在大数据时代，征信机构通过搜索引擎、云计算等先进信息技术可以获取海量的数据，为开发征信产品提供了丰富的资源，能够提供满足社会发展需求的各种各样的征信产品。在大数据的支持下，将有越来越多的征信信息服务模式得以建立，造就征信业发展的黄金时代，并促进经济和社会各个领域的健康发展。

2. 增强征信的预测能力

大数据技术在征信领域的应用，有利于收集比传统数据模式更加多维、更加全面、更加及时的数据，从而形成更加科学的预测模型，支持征信行业更精准地预测企业和

自然人的信用行为，提高征信产品使用者的决策能力。

3. 促进行业差异化竞争

基于大数据的征信信息服务，针对不同的客户，各个征信机构可通过采取不同的数据来源和不同的数据处理方法的市场需求，实现差异化竞争，也可开发出不同的产品，满足不同层次客户的市场需求，实现差异化竞争。

（二）大数据时代征信业发展面临的挑战

大数据给人们的数据理念带来了前所未有的挑战，主要包括以下几方面：

1. 数据处理技术和能力不足

有效处理大数据，是大数据发挥作用的重要环节。大数据处理专业性非常强，对数据处理设备和人员要求非常高，数据收集、数据存储、数据云计算处理等各个环节都涉及当今世界上最先进的信息技术，征信业在这些方面的技术能力和技术储备有待提高。

2. 征信机构人才储备不足

在大数据时代，征信业发展涉及海量数据的存储、加工、处理、分析，需要大量的经济学、数学、计算机、互联网等各类型高技术人才，这给征信机构人才队伍建设带来巨大的挑战。

3. 征信管理面临新课题

随着数据的进一步集中和数据量的剧增，对海量数据进行安全防护变得更加困难，数据的分布式处理也加大了数据泄露的风险，隐私保护和数据安全成为制约大数据发展的“瓶颈”。如何建立相应的征信业务规则、完善监管框架是当前面临的迫切问题。

（1）信息主体的权益保障不足。

根据2013年国务院颁布实施的《征信业管理条例》规定，征信信息主体享有个人信息被采集使用的同意权、个人信息的知情权、异议权、更正权、救济权、重建信用记录权等。2016年，中国人民银行征信管理局下发了《征信业务管理办法（草案）》征求意见稿，进一步提出征信机构不得过度采集个人信息，采集网络公开信息应取得信息主体本人同意，并应明确告知信息主体采集信息的来源、范围和目的。从政策层面看，监管层对征信信息主体的信息保护意识有所增强，但实践中这些权益保障落实难度较大。首先，我国法律既未明确信息采集的合法边界，也未明确个人隐私的范畴。征信机构利用数据挖掘和抓取技术来采集信息主体的海量信息，可能侵犯信息主体的隐私权。这主要归因于数据挖掘技术的隐蔽性和信息不对称性。因此，即使征信机构以信息采集授权、隐私条款设置等方式告知或获取信息主体的同意，信息主体仍然无法充分掌握个人数据的被采集和运用情况，征信机构的数据保护责任也可能在客观上被弱化。其次，大数据时代的数据挖掘使得信息主体的原始信息数据被加工衍生为新的数据，且数据处理运用涉及多方主体，一旦信息泄露，信息主体往往难以追溯、举证和维权，其个人信息的异议权、投诉权等难以得到保障。最后，按规定征信机构对所保存的超过5年的个人不良信用记录应予以删除，但网络数据易于传播便于存储，数字足迹难以磨灭，信息主体的重建信用记录权亦难获保障。

（2）征信数据的有效性尚需提升。

首先，征信数据共享性不足。我国大数据征信业务中“数据孤岛”现象突出，一方面，大数据征信机构尚未接入央行征信系统，其他外部数据渠道也十分有限，征信机构更多的是基于自有数据渠道来开展征信业务。在缺乏利益激励机制的情况下，机构之间共享数据的动力不足，征信数据维度受限，从而影响数据效用；另一方面，征信机构按照各自的标准来采集和运用征信数据，数据标准各异也影响了全行业的大数据共享。其次，征信数据准确性不足。大数据为征信提供了海量数据基础，但这些数据质量参差不齐，其中不乏错误信息，一些网络社交数据还可能被人为操纵，数据的准确性难以保证。最后，社交数据的有效性存在争议。社交数据缺乏金融属性，与行为主体的还款能力和还款意愿之间的相关性较弱，对信用评估模型预测能力的作用缺乏验证，其数据价值尚被质疑。

（3）征信机构的独立性有待强化。

传统征信机构一般遵循“独立第三方”原则，即坚持“数据从第三方来，给第三方用”，征信机构不与任何一家服务对象的具体业务有关系，征信服务不具有诱导性。而目前我国多数大数据征信机构则突破了“独立第三方”的边界，其数据采集和使用均与自身有着千丝万缕的联系。如腾讯征信收集微信、QQ 等社交数据，同时服务于腾讯的放贷业务；芝麻信用使用阿里电商金融服务生态圈的数据，同时也为阿里巴巴集团和蚂蚁金服集团旗下的企业、商户服务。这可能会使征信机构无形中获取一定的市场影响力，从而扭曲信息提供者和信息使用者的行为。如个人可能为提高自身的信用分而有意使用与征信因素有关的服务。在此情况下，征信产品的有效性缺乏保障，其公信力亦受质疑。

（4）征信市场的监管亟待完善。

大数据征信的发展对传统监管体系提出了挑战：首先，征信法律法规的建设滞后于大数据征信实践的发展。我国现有法律法规对于大数据征信的准入条件及业务规范缺乏明确的规定，对于大数据征信中涉及的信息主体权益保障缺乏全面的制度安排及具体的细节要求。其次，监管方式和手段不适应大数据征信特点。大数据征信情境下，数据维度丰富、体量巨大、分析模型复杂，传统征信监管以现场检查及征信机构定期呈送资料的非现场监管为主，监管方式缺乏全面性和动态性，监管效果不足。最后，监管人员的业务素质有待提升。大数据征信监管需要具备大数据知识和分析能力的专业人员，但现有监管队伍缺乏熟谙大数据征信的人员，难以适应监管新要求。

四、大数据时代征信业的发展方向

大数据时代对人类的数据驾驭能力提出了新的挑战，也为人们获得更为深刻、全面的洞察能力提供了前所未有的空间与潜力。大数据时代的到来可以从以下几个方面促进征信业健康发展。

1. 促进大数据与征信业的双向融合

一是促进传统征信业利用大数据技术和手段开发产品和服务，大数据的出现，解决了传统征信业信息渠道来源狭窄、技术手段单一的问题，传统征信业可以运用互联网技术和大数据分析能力，提升自身的服务能力；二是引进大数据公司加入征信业，大数据公司将征信技术与自己掌握的海量数据相结合，开发出更加丰富的征信产品和服务，以满足各方面的需要，同时也提升征信业的整体发展水平。

2. 建立与大数据特征相匹配的征信业务规则

在征信业务开展过程中，大数据的收集使用可能涉及国家信息安全、企业商业秘密、公民隐私等，因此，需要在征信立法层面明确大数据采集、整理、加工、分析、使用的规则，充分体现大数据、互联网等相关条件和环境的要求。

3. 推动征信产品供给，满足大数据时代社会需求

拥有海量数据的征信机构，通过深度挖掘和使用这些数据，可以对外提供包括宏观、中观和微观等不同层面的征信产品。在宏观层面，征信机构通过大数据分析可以对系统性、全局性的风险信息进行预测。在中观层面，征信机构的海量数据包含大量时效性和政策含义都很强的信息，可以灵活多样地进行多维度组合分析，如区域、产品、客户、资产分类、行业分布等。把这些信息整理和挖掘出来，建立对应的指数体系，有助于行业监管。在微观层面，在信用主体同意的前提下，征信机构可以提供每一个信用主体的信用报告、信用评分、身份验证、欺诈检测等多种数据服务。

4. 提高征信管理水平

对于大数据时代的征信业，在注重市场培育的同时，要加强对行业的监督管理，防范信用风险。监督部门要不断提高水平，使监管手段和措施与征信行业发展水平相适应；制定并实施符合大数据时代征信业发展的监管措施，建立跨部门合作监管机制，引导和推动行业自律，以行业自律促进大数据时代下征信业的有序发展。

5. 建立基于大数据的信息主体权益保护机制

大数据时代，征信信息主体权益既要从制度设计上进行保护，也要从技术保障上进行保护。在制度上，要规定信息提供者、征信机构、信息使用者的权利、义务、责任，确保信息主体的信息依法使用。在技术上，要研究并采用最先进的网络信息安全技术，在信息的存储、传递、使用、销毁等环节进行全流程信息保护。

复习思考题

1. 简述征信数据的定义、分类。
2. 简述保障征信数据质量的重要意义。
3. 试述信息采集的方式及主要内容。
4. 金融信用信息基础数据库有什么特点？
5. 大数据时代如何促进征信业健康发展？

第四章 征信机构

■内容提要

征信机构是征信市场的支柱。在现代市场经济环境下，面对信息不对称，征信机构是扩大市场交易规模的必要前提。没有征信机构承担的社会职能，社会信用就很难充分发挥作用。本章介绍信用机构的含义、特征、分类及信用机构的发展历程；概述公共征信机构与社会征信机构的含义、特征、产生背景和发展现状；分析中国征信机构的历史沿革，探讨中国征信机构的未来发展趋势。

第一节 征信机构概述

一、征信机构的含义及特征

征信机构是指按照国家法律规定的条件设立，独立于信息交易双方的第三方机构，主要从事对个人、企业及其他组织的信用信息进行采集、整理、保存、加工和分析，并向信息使用者提供服务的机构。征信机构出具信用报告，提供多样化征信服务，帮助客户判断和控制信用风险，在现代市场经济条件下，征信机构扮演着至关重要的角色，是征信市场的支柱，是信息不对称情况下扩大市场交易规模的必要前提。没有征信机构承担的社会功能，社会信用很难充分发挥作用。

从世界各国征信系统的发展状况来看，各国由于国情和立法传统等方面的差异，建立的征信机构各具特色，如美国是典型的私营征信机构国家，其征信机构包括消费者信用报告机构、商业信用调查机构、评级机构三类。消费者信用报告机构又称为个人征信机构，是指任何出于收费、产生应收账款或合作性的非营利目的而经常性从事消费者信息收集或评估的机构，它利用州际商务手段或设施来准备或向第三方提供消费者信用报告，其中最具市场代表性和影响力的当属艾奎法克斯、环联两家。商业信用调查机构又称为企业征信机构，其中最具代表性的是邓白氏公司。美国的信用评级机构包括主权评级、非金融企业评级、银行评级、结构融资评级等主要业务评级类型，比较出名的评级机构有标准普尔、穆迪和惠誉三大评级机构，在全球110个国家开展业务，在全球评级市场居于垄断地位。德国将公共征信系统和从事个人信用信息服务的舒发公司界定为征信机构。其中，德国公共征信系统是德意志联邦银行信贷登记中心，它成立于1934年，是世界上最早建立的公共征信系统；舒发公司成立于1927年，最早从事监督电力、燃气等消费，后来业务逐渐扩大到金融、融资租赁、能源化工、电讯通信、催债、贸易与邮购等业务，当时为德国最大的个人征信机构，主要从事个人信用信息服务。韩国将“取得行政许可，从事信用查询业务及其附属业务、信用调查业务及其附属业务、信用评估业务及其附属业务、债权追究业务及其附属业务四种业务中的任一或全部业务的机构”统称为征信机构。中国的《征信业管理条例》规定“征信机构是指依法设立，主要经营征信业务的机构”，如征集个人信用信息，向商业银行及其他个人信用信息使用人提供个人信用信息咨询及评级服务等。

根据征信机构的含义及国内外征信机构的比较，征信机构一般具有以下特征：

1. 主要经营征信业务

征信机构是从事信用信息服务的社会中介机构，对信息使用者所需要的信息，即信息主体的信用信息进行采集、整理、加工和分析，征信机构的主要业务范围都是针对信息主体的信用信息开展的，对其信用信息需要者提供所开发的信用信息产品和服务，这是征信机构的核心业务。

2. 信用信息来源于外部

征信机构主要从银行、保险公司、其他工商业企业、公共事业单位、政府部门、法院等第三方机构，以及个人甚至信息主体自身等采集企业或个人信用信息，这些信息主体在从事交易、实施行政或司法管理以及开展经营活动等过程中产生了单位或个人信用信息，这是征信信息的主要来源。

3. 信用信息为第三方提供

征信机构在对信用信息主体采集的信息进行整理、加工和分析后向第三方提供使用，便于信用信息使用者研判信息主体的信用风险状况，如是否进行银行放贷、交易伙伴选择及个人信用风险管理等，征信机构自身不使用信用信息。

二、征信机构的主要分类

从全球实践来看，征信机构一般分为三类：个人征信机构（credit bureau）、信贷登记系统（credit registry）和企业征信机构（commercial credit reporting company），三类机构的经营模式和目标服务市场各有差异。

1. 个人征信机构

个人征信机构通常是私营的，是按照现代企业制度建立、完全市场化运作的征信机构，主要为商业银行、保险公司、贸易和邮购公司等信息使用者提供服务。美国是典型的私营征信机构模式，商业化征信机构拥有全面的信用信息系统。

个人征信机构主要为信贷机构提供个人借款人以及微型、中小型企业的信用信息。它们从银行、信用卡发行机构和其他非银行金融机构等各类信贷机构采集标准化的信息，同时还采集各类公共信息，如法院判决、破产信息、电话簿信息，或担保物权登记系统等第三方数据库的信息。此外，它们也会采集一些非传统信用数据，如零售商对消费者的赊销信息，以及煤气、水、电等公共事业缴费信息，有线电视、电话、网络等其他先使用服务后付费服务的缴费数据，以便提供更好、更完善的信用报告。对从未与银行发生过信贷关系的个人以及微型、中小型企业而言，不断拓宽信息来源非常有益，可以帮助它们在没有银行信贷记录的情况下建立起信用档案，从而有效解决因为没有信用档案而无法获得银行贷款的难题。

一直以来，个人征信机构主要采集个人信息。近年来，随着微型以及中小企业信贷业务的发展、信息技术的进步，越来越多的个人征信机构开始采集微型以及中小企业的信用信息，并提供其信用报告。根据世界银行《2012 年全球营商环境报告》对全球 100 家个人征信机构的调查，超过 80% 的机构都或多或少地采集了企业信息。这样做的好处是可以把对企业与业主的信用评估结合起来，因为微型和中小企业的业主经常把个人财务和企业财务混在一起，所以企业业主的信用记录是评估小企业信用风险的重要参考因素。个人征信机构通常采取数据提供者自愿报数（通过签署数据共享互惠协议）的模式，广泛采集各类信用数据，并提供多样化的征信产品和服务，帮助信贷机构做出信贷决策。在一些国家和地区，通常是在征信业的发展初期，法律会强制要求有关各方进行数据共享，并使用征信机构的服务，此外，还会赋予监管机构相应的权利，以督促信贷机构加入征信系统并监控其加入情况。

2. 信贷登记系统

信贷登记系统起源于欧洲。从历史上看，信贷登记系统的建立目的与个人征信机构不同。大多数信贷登记系统最初是作为中央银行的内部数据库而设立的，而且目前仍然有很多信贷登记系统用于中央银行的宏观金融监管。根据世界银行的调查，越来越多的国家政府鼓励成立信贷登记系统来监督商业银行的信贷活动。因此，这些数据库通常采集贷款额度在一定金额以上的大额信贷业务数据。最初，信贷登记系统的信息仅限于央行内部使用。但随着时间的推移，信贷登记系统也开始向受监管的信贷机构提供信用报告。而且，随着消费信贷的发展，信贷登记系统普遍降低或取消了数据采集门槛。在许多国家，如法国、阿根廷、西班牙、秘鲁、意大利、比利时等，信贷登记系统已经开始提供与个人征信机构类似的产品和服务。通常，法律要求所有受监管的金融机构都要向信贷登记系统报送数据。

信贷登记系统既采集个人信息，也采集企业信息。个人信息通常包括个人的身份验证信息、贷款类型和贷款特征信息、负面信息、担保和保证类信息以及还款记录信息。企业信息通常包括企业的身份标识信息、企业主的信息、贷款类型和贷款特征信息、负面信息和还款记录。

3. 企业征信机构

企业征信机构提供关于企业的信息，这些企业包含个人独资企业、合伙企业和公司制企业，并通过公共渠道、直接调查、供货商和贸易债权人提供的付款历史来获取信息。企业征信机构所覆盖的企业在规模和经营收入上都小于信用评级机构所覆盖的企业，其采集的信息一般用于信用风险评估或信用评分，或是用于贸易信用展期等其他用途。

企业征信机构与个人征信机构的差异体现在企业征信机构采集的信息不包括个人敏感信息，所覆盖的交易的规模也大得多。与个人征信相比，企业征信往往需要采集更多的有关企业借款人的支付信息和财务信息。为了保护个人数据主体的权利，个人征信机构会披露数据提供者的身份，但企业征信机构并不会让企业数据主体知道其数据来源或用户的身份。

企业征信机构也可能会采集小企业的信息，但由于其报告的数据项并不适合小企业，所以采集的信息往往有限。正如前面提到的，小企业往往不会公开自身的财务信息，因此其企业主的信用记录对评估小企业的信用情况非常有用。但企业征信机构并不采集个人数据。此外，由于微型或小型企业的信用信息采集成本往往较高，与企业征信机构相比，个人征信机构往往能更好地满足对微型和中小型企业的征信需求。

除以上征信机构外，现实中，很多发展中国家的征信机构以欧洲模式为基础，在发展过程中又向美国模式靠拢，呈现出混合模式的特点。

国际上征信系统的建设和运行越来越呈现出多元化特别是运行市场化的特点，很难说某个征信机构是公共的还是纯商业性的。机构的性质不只是两个极端，即便政府出资举办的事业或投资的机构，很多也是在不同程度上进行市场化运作的。目前新兴市场经济国家尤其是亚洲地区的征信机构都是运用市场的力量来建设和运行公共征信系统，针对为金融机构和社会提供的服务收费，实现征信机构的可持续发展。

按照信息主体、业务方式、所有权或经营主体的不同，征信机构主要有以下三种分类方式：一是按照信息主体的不同，可以分为企业征信机构和个人征信机构；二是按照业务方式的不同，分为信用登记机构、信用调查机构、信用评级机构等；三是按照所有权或经营者性质的不同，分为公共征信系统和私营征信机构。

三、征信机构的发展历程

（一）征信机构的起源

随着市场经济的深入发展，工商业迅速发展壮大，经济交易区域的逐渐扩大，使商品交易主体有效的信用信息难以在市场活动范围内及时传播，导致商业欺诈行为时有发生。在市场经济这只“无形手”的作用下，一些商人为了保护自身利益不受损失，自发组织成立社团，专门用于搜集信用信息，以降低交易过程中的信息不对称带来的风险。早在 1830 年，英国就出现了对资信状况和评价信誉进行贸易调查的征信机构。到 1841 年，美国成立了以刘易斯·大班（Lewis Tappan）为代表的第一家商业信用调查机构即邓氏征信所；1849 年，美国人约翰·白来登（John M. Bradstreet）在辛辛那提注册了白来登征信所；1933 年，随着美国商业经济的发展，商业信用调查成为美国商业经济中工商业降低风险的重要手段，两家公司随着业务的趋同性合并为一家征信公司即邓白氏公司。1860 年是美国个人征信机构的起步阶段，在纽约布鲁克林成立了最早的个人征信机构，到 1899 年又成立以评估消费者信用的个人征信机构艾奎法克斯（Equifax），它是美国三大个人征信机构之一，具有悠久的历史。1909 年穆迪公司成立并发布第一份铁路债券评级报告，这标志着现代信用评级的诞生。

（二）外国征信机构的发展

1. 20 世纪 30 年代“经济大萧条”及后续发生的国内经济危机促进了欧洲公共征信

机构的产生和发展

“经济大萧条”的爆发对欧洲各国的经济造成严重的破坏，大量工商企业、银行破产倒闭，失业率飙升，欧洲大陆各国基于加强政府对经济萧条的影响而全面干预以防控经济风险的思想，要求中央银行、金融监管部门主导建立公共征信系统，用于防范监测系统性金融风险，要求境内所有商业银行、信用合作社等放贷机构向公共征信系统报送数据。1934—1962 年，德国、法国、意大利和西班牙分别建立公共征信系统，由此公共征信系统在欧洲市场占据主导地位。

2. “第二次世界大战”后的经济复苏繁荣促进了发达国家的私营征信机构的快速发展

“第二次世界大战”以后，以美国、西欧为代表的国家随着经济的高速增长，私营征信机构得到快速发展，在美国不断有新型投资主体进入征信市场设立私营征信机构、开展征信业务，征信机构的数量得到快速增长，其中环联、益百利和艾奎法克斯是当时美国最具有实力的三大消费者信用报告机构，随着征信市场竞争日趋激烈，经过优胜劣汰积累了明显的技术优势和服务能力，以穆迪、标准普尔和惠誉为代表的三家公司的“声誉资本”赢得了投资者的广泛认可，在 1975 年获得美国证券交易委员会（SEC）颁发的“国家认可的统计评级组织资格的评级机构”进一步促进了信用评级行业的快速发展。

欧洲国家是征信业发达的地区之一，与美国的私营征信机构发展模式不同，欧洲国家在经历的一百多年的征信发展历程中，逐渐形成了以德国为代表的公共征信系统（德意志联邦银行信贷登记中心）和私营征信机构（舒发公司）并存、以法国为代表的公共征信系统（信贷登记服务中心）和以英国为代表的私营征信机构（如益百利公司）三种模式，意大利在 1988 年成立科锐富公司，是欧洲大陆市场银行信贷信息服务领域的领先企业。

3. 20 世纪后期亚美拉国家金融危机促进了发展中国家公共征信系统和私营征信机构的快速发展

20 世纪最后 20 年，金融危机在拉美及亚洲相继爆发，这刺激了拉美及亚洲国家征信机构的快速发展，其中以巴西为代表的拉美国家在 1998 年建立了信用信息登记系统，随后有更多拉美国家建立了公共征信机构，据统计，在短时间内拉美地区建立公共征信系统的国家就达 40 余个。

亚洲国家征信发展程度差异很大，日本征信业发展相对成熟，1900 年成立的日本帝国征信公司（TDB）是最大的私营征信机构，也是日本最大的企业征信机构，其前身是东京的一家私家侦探社，经过多次转型后，建立了企业财务信息数据库和企业概况信息数据库，到 1981 年正式更名为日本帝国征信公司。之后，日本先后成立了株式会社信用信息中心（CIC）、日本全国银行个人信用信息中心、日本全国个人信用信息中心，并称为日本三大个人征信机构，其中，株式会社信用信息中心是日本业务量最大的个人征信机构，实行会员制管理，截至 2013 年共有 998 家会员单位，CIC 在系统内部多次优化和调整内部架构，同时加强与其他信用机构间的信息共享和信用信息保护工作，把业务范围拓展到为会员单位报送消费信贷相关的个人信用信息，仅 2012 年一年，采用个人信用信息数据就达 6 亿多条，查询量达 1 600 万条。在 1997 年，韩国的银行联合会就开始承担中央信用信息集中登记职责，依法收集企业和个人的信用信息，从事企业和个人信用信息服务，到2005年，韩国成立了征信所，它是一家私营征信机构，由19家金融机构组建成立，是韩国最大的消费者信用市场研究机构。印度财政部和印度储备银行在2000年发起成立了印度第一家银行信贷信息共享机构即印度信用信息公司，从事企业和个人征信业务，主要采集和发布商业信贷和个人消费信贷数据。

（三）征信机构的未来趋势

1. 征信机构的全球覆盖面进一步扩大

在现代经济发展趋势下，信用经济成为保障实体经济的重要手段，征信机构在防范风险、减少信息不对称等方面发挥重要的作用，征信机构提供的信用信息服务为金融基础设施和融资渠道提供了选择标准，世界各国纷纷加大对征信机构建设的重视程度。世界银行对全球189个国家进行统计，已经有153个国家成立了征信机构，覆盖率达到81%。

2. 各国公共征信系统信息交流更为密切

随着全球经济一体化的进程不断加快，国际合作更为密切，公共征信系统跨越国界限制，打破了信息藩篱实现了信息共享，用于政府监管、内部研究、风险评估等。2003年，德、法、意、比利时、西班牙、奥地利和葡萄牙等七国签订了公共征信系统信息交流备忘录，成立了征信工作小组，每月定期交换借款人的负债总量。

3. 私营征信机构的国际化

受全球经济的相互影响，许多国家的经营业务向国外延伸，在国外设立分支机构、子公司或办事处等，由此带来的信用风险不断增大，各个国家的私营征信机构看准国际市场的经营业务，纷纷向国外区域延伸业务，形成了私营征信机构由在本国区域内经营向跨国、跨区域转变。一些国家的私营征信机构采用多种形式不断向海外扩张，发展成为完全国家化的征信机构，占据了世界征信市场的重要份额，如美国的艾奎法克斯、益百利、环联、邓白氏等私营征信机构就在海外设立了子公司、办事处以及合作、参股等方式进行经营。私营征信机构间逐步实现数据交换和共享，通过开展跨境服务合同谈判加强信息交换，进一步丰富了信用信息的来源，如德国的舒发公司与意大利科锐富公司、荷兰信用登记中心和爱尔兰信用信息公司等四家公司之间实现了信息共享。业务高度集中是私营征信机构的重要特征，私营征信机构在国际上一些国家和地区出现了垄断性的机构，使评级结果变成了国家性服务产品，成为全球金融体系中风险管理和定价机制的重要基准，如穆迪、标准普尔和惠誉三大评级机构在全球范围内占据了垄断地位。

第二节　公共征信机构与社会征信机构

从世界经济和金融发展的水平和趋势来看，各国的征信机构发展各具特色，总体呈现多元化、国际化，对征信机构的分类也具有不同的标准。但从实践来看，最具有普遍性的按照所有权与经营权主体的不同将征信机构分为公共征信机构和社会征信机构，但是二者没有绝对的业务界限，业务和经营范围是相互融合、逐渐交叉的，如对于从事中小企业信用信息服务，既可以是社会（民营）征信机构也可以是公共征信机构。

一、公共征信机构

（一）公共征信机构的含义及特征

公共征信机构是指中央银行或银行监管机关设立的公共部门或直接管理从受监管的金融机构收集借款人（个人和公司）的信用信息，旨在向商业银行、中央银行和其他银行监督机构提供该信息的数据库。公共征信机构主要是国家管理机构，主要目的是监管，具有以下的特征：

1. 信息来源一般限于金融信息

公共征信系统的信息来源通常只包括银行、财务公司、保险公司等金融监管对象，主要收集分析借款人在金融机构的信用信息数据，同时有少量的金融系统外的其他信用信息。此外，不少公共征信机构只收集一定起点以上的贷款信息，如德意志联邦银行信贷登记中心只收集金额 150 万欧元以上的贷款信息，法国信贷登记服务中心只收集金额 2.5 万欧元以上的贷款信息。

2. 政府主管和运营征信机构

一般由中央银行等政府监管部门设立并具体负责运行管理，其设立经费来源于政府预算支出，是政府金融监管的重要组成部分，不以营利为目的，通常以免费或以较低的成本提供信用报告。例如，德国公共征信机构所需费用全部由德意志联邦银行承担，法国公共征信机构的运行费用绝大部分列入法兰西银行的预算管理。

3. 信息采集通常带有强制性

公共征信机构严格按照法律规定的形式，强制要求所监管的包括银行、保险公司、财务公司在内的所有金融机构必须参加，并定期向公共征信机构报送信息数据，如德国所有的信贷机构及其国内外分支机构、保险公司、风险投资公司都必须按季向德国公共征信机构报送信贷数据。

4. 主要作用是防范金融风险

公共征信机构代表国家、政府意志，服务于监管当局的金融监管和宏观调控，直接目的是维护金融稳定，如定期提供金融机构的偿债能力和流动性分析报表，为监管部门和信贷机构提供大量的实际案例和数据支持。在德国德意志联邦银行信贷登记中心开发的 BAKIS-M 系统主要供德意志联邦银行等银行监管当局使用，此系统为德国央行加强审慎监管和信贷投放发挥了重要作用。

（二）公共征信机构的产生背景

1. 建立公共征信机构的必要性

在经济发展过程中，银行主导型金融体系在整个市场经济体系中起主导作用，但是银行主导型金融体系的市场信息透明度明显低于市场主导型金融体系，在银行主导型的金融体系中，银行最易引发整个金融系统风险，因为银行主导型金融体系中企业（尤其是小微企业）融资的主渠道是银行，况且在银行主导型金融体系中，资金成本一般由借贷双方基于长期信贷关系决定，能够比较完整地提供企业信用历史记录，为银行确定信贷成本提供信息支持的是公共征信机构，基于上述原因建立公共征信机构为银行主导型金融体系提供保障，是防范银行主导型金融体系系统风险的必要手段。

2. 建立公共征信机构的助推器

纵观历史重大的经济金融事件，每次发生经济衰退和金融危机的时候都推动了公共征信机构的发展，公共征信机构能使信贷资源配置到“完全”的借款者手中，具有遴选优质借款者的功能，能降低金融运行风险，金融管理部门在银行主导型的金融体系发生的重大经济、金融危机中得到教训，建立了公共征信机构作为防范系统性金融风险的主要措施。如德国受 1929 年金融危机的影响，德国金融系统几乎崩溃，于是在 1934 年建立公共征信机构；法国受战争影响，造成国际收支逆差严重，工业资本严重短缺等，在 1946 年建立了公共征信机构；葡萄牙在 1975 年通货膨胀率高达 25%，直到 1980 年都是西欧通货膨胀率最高的国家，在 1978 年建立了公共征信机构。其他部分国家和地区建立公共征信机构时面临的重大经济金融问题见表 4-1。

表 4-1　部分国家和地区建立公共征信机构时面临的重大经济金融问题

国家/地区	建立公共征信机构之前遇到重大经济金融问题	建立公共征信机构的年份
西班牙	20 世纪 40—70 年代初，面临巨大的金融危机压力	1962
以色列	20 世纪 70 年代后经济增速减缓，商业银行经营风险日渐暴露，货币频繁贬值	1975
中国台湾	信贷风险加大，通货膨胀加剧	1975
乌拉圭	受债务危机的影响，平均通货膨胀率高达 22. 75%	1982
玻利维亚	1986 年发生金融危机，平均通货膨胀率高达 1 434. 98%	1989
哥伦比亚	平均通货膨胀率 25. 5%	1990
阿根廷	1995 年爆发金融危机，平均通货膨胀率高达 68. 85%	1991
越南	平均通货膨胀率达 148. 83%	1991
韩国	1997 年爆发金融危机，平均通货膨胀率达 7. 28%	1995
白俄罗斯	1997 年爆发金融危机，平均通货膨胀率高达 928. 43%	1996
巴西	平均通货膨胀率高达 592. 48%	1997
哈萨克斯坦	平均通货膨胀率高达 2 497. 5%	1996
罗马尼亚	1990 年曾爆发金融危机，平均通货膨胀率达 73. 65%	2000
新加坡	平均通货膨胀率 -1. 53%	2002

3. 建立公共征信机构的基础

德国和法国是最早建立公共征信机构的欧洲国家，体现了政府干预的主导性，政府干预经济是建立公共征信机构的基础。在 1932 年，德国为了集中建设重工业和军备产业，确保信贷资源配置服务于政府政策，政府开始全面控制投资和消费，并于 1934 年建立了公共征信系统。“第二次世界大战”后，法国政府为了恢复经济和继续推进工业化，对宏观经济实行全面管理，集中使用有限的资金，在 1946 年实施《莫内计划》，政府全面干预经济并建立公共征信机构，强调政府对经济生活的全面干预。欧洲其他国家如西班牙、意大利、比利时、葡萄牙等国家也开始模仿德、法两国，建立了公共征信机构，在亚洲、拉丁美洲以及一些转型国家，政府为刺激本国经济，制定各种政策，加强市场干预，逐步建立公共征信机构。部分国家建立公共征信机构的大事件见表 4-2。

表 4-2　部分国家建立公共征信机构的大事件

地区	国家/地区	建立公共征信机构的年份	建立公共征信机构前的大事件	建立征信机构的目的
欧洲	西班牙	1962	1959 年实施《稳定计划》	强调政府对经济生活的全面干预
	意大利	1962	1950—1973 年意大利经历“经济奇迹”	
	奥地利	1986	1973 年后经济迅速发展	
	葡萄牙	1978	1974 年，对全部金融保险机构和 60%的工业企业实行国有化	
中东	土耳其	1951	进口替代政策	在政教合一、族教混同的体制下，政府对经济有很强的干预性
	以色列	1975	通过发展为石油经济服务的相关产业，伴随着沙特阿拉伯、科威特等国的“石油繁荣”而迈入上等收入国家行列	
东亚	印度尼西亚	1973	在苏哈托政权下，从 1969 年起经济进入高速增长阶段	政府通过贸易壁垒、信用、投资和竞争等手段不断对市场加以干预
	马来西亚	1958	1966 年实施第一个五年计划，经济开始高速增长	
	韩国	1995	1962—1992 年历经 6 个五年计划，经济高速发展	
	新加坡	2002	1976 年后经济起飞	
拉丁美洲	智利	1950	拉美国家传统上重视国有企业在国民经济中的地位和作用。20 世纪五六十年代，为实施进口替代战略，拉美国家开展了声势浩大的国有化运动；20 世纪 90 年代，拉美各国再次加强政府对经济的干预	在强调民族主义的基础上，加强政府干预，实行企业国有化
	墨西哥	1964		
	巴拉圭	1977		
	阿根廷	1991		
	巴西	1997		
转型国家	越南	1991	渐进或者激进地引入市场机制，不同程度地提高私有经济的比重	引入市场经济，以私有制和混合所有制为基础，以市场机制和国家干预相结合
	捷克	1994		
	白俄罗斯	1996		
	保加利亚	2000		

（三）公共征信机构发展现状

近年来全球公共征信机构得到快速增长，通过对全球 189 国家进行调查统计，其中 89 个国家建立了公共征信机构，欧洲和中亚地区公共征信机构占比较高，达到了 17%，领先于所有地区，而南亚地区占比为 4.3%，公共征信机构覆盖率相对较低，公共征信机构能够得到快速的发展的主要动因有三个。首先，国际金融危机以来促成了更为广泛的改革。2007—2008 年，在发达国家和新兴市场国家金融危机的爆发推动了国家层面的广泛改革，政府意识到加强和提高金融基础设施建设，尤其是公共征信机构建设势在必行。其次，零售信贷市场的快速发展。在 1996—2011 年根据 2012 年 7 月确定的世界发展指标统计数据显示：私营部门的信贷占国内生产总值的比值从 46%增长到 74%，增幅 28%，表明新兴市场零售信贷得到高速增长，这对信用信息和精简放贷流程旺盛需求，促成了公共征信机构的发展，从此公共征信机构逐渐涉足零售信贷市场。最后，信息技术的日新月异。近年来数据库管理软件的进步、数据存储和处理成本的降低、硬件成本的下降等因素降低了公共征信机构的创建成本。

二、社会征信机构

（一）社会征信机构的含义及特征

社会征信机构又称私营征信机构，是指市场化运作、主要为各类商业机构和消费者提供服务的征信机构。社会征信机构是市场经济的产物，通常业务范围广泛，运作灵活多样，信息容量和规模都非常庞大，与公共征信机构相比较而言，社会征信机构具有以下特点。

1. 设立和运营管理的主体为私人

社会征信机构与公共征信机构一样，都具有完善的治理体系，通过治理结构能够有效开展各项业务，满足征信信息的使用者的需求，不过社会征信机构采取商业化运作方式，以追求盈利为目的、以市场需求为导向，向不同征信信息使用者提供信用信息服务从而收取一定的费用。美国的邓白氏公司是全球最大的商业信用调查机构，业务遍及北美、亚太、欧洲三大区域，主要为企业提供两大类产品和服务；德国的舒发公司为德国最大的社会征信机构，主要从事个人信用信息服务，业务内容涉及金融、贸易、信用消费、电信通讯、能源供应等多个领域，它们都是上市公司，通过股东会、董事会和经理层组成公司的治理结构对公司进行全面领导和管理。

2. 信息采集灵活多样不具有强制性

相对于公共征信机构主要出于政府对经济的干预而对信用信息进行监管的目的而言，社会征信机构不能强制金融机构或其他机构向其报送信息，数据提供商通常自愿决定是否提供或者按照合同约定或协议要求提供数据的范围、类型等，各类金融机构等信用信息提供者以及信用信息使用者有权自愿选择社会征信机构并与其开展合作。

3. 信息采集涉及领域多、内容较广泛

社会征信机构信息来源涉及的行业领域众多，有商业银行、保险公司、电信公司、融资担保公司、邮电运输公司和一般工商企业等，社会征信机构采集的信息包括贷款的各种信息数据以及消费者和公司本身的具体信息。如美国的三大消费者信用报告机构代表益百利公司、环联公司和艾奎法克斯公司均采集个人的工龄、职务、居住地址、时间和公用事业记录等相关详细信息。

4. 主要用于满足商业活动的信用信息需求

社会征信机构服务目的更为明确，其主要作用是规范商业行为，提高经济透明度，促进形成更为和谐、公平的商业营商环境，有利于各信用信息使用主体进行风险评估和金融、商业交易。

（二）社会征信机构的产生背景

在工业革命以后，工商业得到突飞猛进的发展，经济交易的地区范围逐渐扩大，市场主体的活动范围由国内发展到国外，远远超出传统的地理区域，商业交易主体很难及时获取双方的信用信息，商业欺诈行为层出不穷，在这种背景下产生了征信机构。在1830年，英国最早出现了专门从事征信业务的社会征信机构，帮助贸易商调查交易对方的资信状况和评价贸易商信誉；在美国，1841年刘易斯·大班（Lewis Tappan）在纽约成立了第一家社会征信机构后更名邓氏征信所，1933年合并成为商业信用调查领域中规模最大、历史最悠久且最具有影响力的企业——邓白氏公司；德国在1952年成立了第一家社会征信机构舒发（SCHUFA）公司，现已成为德国社会征信领域最大的机构；1988年，意大利成立社会征信机构——科锐富（CRIF）公司，是欧洲大陆市场银行信贷信息服务领域的领先企业。纵观上述发达国家社会征信机构得到蓬勃的发展，可以归于以下五个方面进行分析。

1. 建立社会征信机构符合市场主体需求

市场主体是多元化的，在多元化的商业贸易中信用信息服务缺一不可，对交易双方评估风险、减少交易损失必不可少，站在市场主体角度有两方面的需求因素：一是个性化的信息产品需求为征信机构留下了市场空间，公共征信机构通常以格式化信用报告为主要征信产品，不能全面满足市场主体的多元化信息需求；二是高质量的信息需求服务驱动社会征信机构发展。社会征信机构能够有效避免公共征信机构不能及时根据市场变化提供准确、完整的信息，且社会征信机构灵活，能够为市场主体量身打造套餐化的信用服务，满足市场主体实时的信息需求。

2. 建立社会征信机构是保持国民经济持续、稳定增长的需要

（1）企业的经济活动需要信用来保障。

企业是社会信用活动中最活跃的群体，是巨大的信用需求者和供给者。企业进行转产改制和科技创新，需要通过银行信贷、证券市场操作和债券的发行等方式筹集大量的生产发展和技术改造资金。但由于信用缺失行为大量存在，银行不敢轻易放贷，企业难以通过正常的信用渠道获取生产发展资金。

（2）扩大消费市场需要信用来启动。

在买方市场条件下，依靠扩大本国信用交易总额来扩大市场规模、拉动经济增长是许多发达国家的成功经验。在良好的市场信用环境下，一国的市场规模会因信用交易的增长而成倍增长，从而拉动经济、增加就业。因此，要扩大市场消费需求，拉动经济增长，就必须加快建立社会信用体系。

3. 建立社会征信机构是防范金融风险和深化金融改革的需要

（1）防范金融风险。

防范金融风险必须加强信用制度建设。金融安全是国家经济安全的核心，金融风险危及金融安全，而信用风险是目前最大的金融风险。我国的金融风险主要是在经济转型过程中，银行信用规模快速扩张，信用制度不规范、不健全造成的。加强信用制度建设，通过增强借款人偿还能力和提高偿还意愿，促进借款人提高履约水平，能够降低银行业信用风险，从而维护金融安全，保证国家经济安全。

（2）深化金融改革，促进金融发展。

加强信用制度建设金融是现代经济的核心，深化金融改革是经济发展的必由之路。当前，国际金融形势出现新的变化，国内改革开放和经济建设面临新的任务，都要求进一步深化金融改革，提高我国金融竞争力。

4. 建立社会征信机构是应对所面临的挑战的需要

建立社会征信机构是应对全球经济一体化和我国加入 WTO 后所面临的挑战的需要。进入 21 世纪，全球经济一体化日益成为一种新的世界经济秩序，对世界各国经济、政治、文化等各方面都造成越来越大的冲击。全球化时代的各经济主体都必须按统一的国际市场规则进行经济活动，这就需要有全球统一的信用体系来约束和支撑。在我国，信用服务业发展初期相对缓慢，加入 WTO 后，我国信用服务市场对外开放的国民待遇，可能使国外信用服务公司依托其国际知名度、全球化的市场、完备的人才及成熟的技术等优势，对我国的信用服务机构产生巨大威胁，甚至垄断某个领域、某个地域的信用服务市场。因此，必须大力加强我国信用服务行业的建设，以应对国外信用服务公司的挑战。

5. 建立社会征信机构是改变当前信用秩序紊乱状况的需要

建立社会征信机构是培育新的信用文化，改变当前信用秩序紊乱状况的需要，发展市场经济必须培育新的、与市场经济相适应的信用文化，使信用不仅仅是一种美德，更是一种实际的管理手段，与企业的发展和个人的创业、生活、工作、就业等直接挂钩，让守信者获得种种收益，让失信者遭到市场的淘汰。这样一种意识和文化的形成与确立，不能仅靠简单的教化来解决，还必须要依靠规范的信用制度来实现。

（三）社会征信机构发展现状

根据世界银行 2011 年对全球 189 个国家进行统计，其中有 98 个国家建立了社会征信机构，占比约 52%。其中，经济合作与发展组织（OECD）国家有约 65 个，占比 66.3%，这些国家的社会征信机构覆盖率领先于所有地区；而南亚地区仅有约 7 个国家设有社会征信机构，占比约 7.1%，社会征信机构覆盖率落后于所有地区。

三、公共征信机构和私营征信机构的异同

（一）公共征信机构与社会征信机构的区别

公共征信机构和社会征信机构都是服务国家经济发展，都是经济不断发展完善过程中形成的产物，对维护金融经济秩序、化解风险、促进商业贸易交易等起到推动和提供保障作用，但是二者在结构、数据来源和服务对象上还是有较大的区别的。第一，机构属性不同。公共征信机构一般由政府部门设立，较大的体现了监管者的意志和需要；而社会征信机构是由私人资本发起设立，公司治理结构相对完善，采用商业化、市场化的运作方式。第二，取得数据的手段不同。公共征信机构的数据一般由法律强制规定信贷机构报送，信息范围较窄，主要收集、分析借款人在金融机构的信用信息数据；社会征信机构的数据来源更自由、灵活和宽泛，没有强制性，除了银行数据还包括商业、贸易等方面的信用信息，会收集关于消费者和公司本身的各类信用信息。第三，服务对象的范围不同。公共征信机构提供的信用信息不会考虑商业化需求，主要服务于金融监管部门的信用监管服务；社会征信机构服务对象的范围更为广泛，为

社会提供更全面的信用信息，提供的服务更周到且更有品质。第四，服务的目的不同。公共征信机构不以营利为目的，主要为金融监管部门提供服务，一般对外只提供基础的征信产品；社会征信机构主要是以盈利为目的，市场竞争异常激烈，社会征信机构生存压力加大，需要不断提高自身服务水平，提高产品品质和不断开发新型产品等获得更多的市场占有率和更丰厚的利润。第五，所有者构成不同。公共征信机构一般是由国家的中央银行或其他监管机构构成的；社会征信机构一般由私人或商业机构构成。第六，功能定位不同。公共征信机构一般是银行监管，防止借款人过度负债，促进信贷机构审慎管理；社会征信机构主要用于信用评估，满足商业信用发放者、企业和政府部门等对信用信息的需求。此外，二者在运作基础、信息来源、参与方式、产品定价、盈利目标、服务意识、产品开发等方面也存在一定的区别。

（二）公共征信机构与社会征信机构的联系

公共征信机构和社会征信机构虽然在结构、数据来源、服务对象、功能定位、所有者构成等许多方面存在区别，但是从大多数国家的征信服务实践来看，两者是完全能够共存发展的。这表明两者之间的联系也是非常紧密的，在发挥功能作用上是可以相互补充的，主要表现在以下两个方面。第一，两者在信息采集范围、信息来源、更新频率以及传播渠道等方面都各有侧重，可以发挥业务运作上的互补；第二，公共征信机构主要为国家金融监管机构服务，发挥金融监管的作用，社会征信机构更注重提高信贷质量，都具有较强的市场主体风险辨识能力，两者能发挥较好的互补作用。

第三节　中国征信机构

一、中国征信机构发展的历史沿革

（一）近代征信机构的发展历史

20 世纪初，中国上海商业银行开展了信用调查业务，标志着中国征信机构的起步，在当时的环境中，征信业务的规模和调查范围都很小，主要是对内部押汇客户开展信用调查和对有关信用函件进行答复，后来逐渐发展到接受客户委托开展公司商号的营业状况调查或个人资产信用状况调查。到了 20 世纪 30 年代初，外国资本涌入上海，上海的商业经济发展繁荣向好，为了降低商业贸易交易的金融风险，外国资本在上海设立了专门的信用调查机构保护外商资本，其中最具影响力的有五家，分别是美商办的商务征信所和中国商务信托总局，日商办的上海兴信所、帝国兴信所和东京兴信所。

1932 年 3 月，浙江实业银行的章乃器等人策划建立了中国兴信社，到 1932 年 6 月正式成立中国征信所，这是中国国内第一个专业征信机构，它的主要业务为“报告市场实况；受外界或会员委托，调查工厂商店及个人身家事业之财产信用状况，在最短期限内将调查报告内容交付给委托者”。中国征信所的会员较多，除了重要的官方控股银行和华商银行外，还有众多的普通会员，会员数量居上海信用机构之首。中国征信所在上海发展迅速，在短短的一年左右的时间会员总数近 100 家，其中基本会员 29 家，普通会员 67 家，承载业务较多且范围较广，到 1936 年年底，服务公司客户业务 3 万户，个人客户1万多户，在1949年8月由于受到日本侵华战争带来的影响，中国征信所被迫关闭。

1945年3月由重庆联合票据承兑所联络四联总处（当时国民政府设立的管理中央银行、中国银行、交通银行、中国农民银行四大行的专设机构）和中国银行、中央银行、交通银行、农民银行四个国家银行及重庆市银钱业工会筹建的联合征信所是中国第一家官方建立的征信所。联合征信所实行所员制，所员分为基本所员和普通所员，基本所员除可派代表参与决定一切事务外，还在委托办理信用调查案件、获取征信资料等方面享有特权，普通所员没有资格限制，缴费即可加入。联合征信所的业务范围主要是开展经常调查、专业调查和特种调查，服务面和调查范围均较窄。1946年1月重庆联合征信所总部迁往上海，1946年4月设立汉口分所，同年9月设立南京分所，1947年4月设立平津分所，联合征信所业务得到扩大，在经济紊乱时期提供了市场动态报告以及为1948年币制改革后将上海的市场反应做成专题，在国家金融管理过程中发挥了重要的作用，联合征信所在此期间平均月调查量高达600件左右。1949年5月，由于全面经济危机，联合征信所不能正常开展业务而被迫关闭。

（二）现代征信机构的发展历史

中国在计划经济时代，经济不景气，市场约束机制较强，不能很好地发挥市场能动作用，征信机构失去生存的价值。党的十一届三中全会以后，改革开放的浪潮席卷全国，中国大力发展市场经济，凸显市场的自我调节作用，计划经济逐步过渡到市场经济，征信机构又开始活跃在市场经济中并得到发展和壮大。考察新中国成立以来的征信机构发展变化的历程，可以把我国征信机构分为四个不同的发展阶段。

1. 征信机构的缺失阶段（1949—1977年）

从新中国成立以后至改革开放以前，我国照搬了苏联的经济模式，实行高度集中统一的计划经济体制，否定商品经济和市场机制，经济发展水平落后。在这种经济体制背景下，经济主体之间的经济联系是依靠国家指令性计划体现的政府信用来维持的，无论是商品交易者之间、工商企业之间、银行与企业之间，商品交易规则和资金融通规则都不是通过信用契约关系来维系，取而代之的是“计划观念”和“政策观念”，各经济单位及各种经济活动，都以符合计划和政策为标尺，以实际计划指标和体现政策规定为行为目标和行为准则，大家都对国家计划和国家政策负责，以行政约束取代信用关系，即使当事人之间签订了商品交易合同和借款合同，也完全可以用“计划调整免责”“政策变化免责”“主管部门权力免责”等来拒绝履行信用的权利和义务。在这种制度安排下，计划和行政的约束力很强，整个社会的资源配置方式集中体现为严格的“供给制”和“分配制”，这为滋生制售假冒伪劣产品和赖账、逃债现象提供了制度基础。这时的个人、企业等经济主体很少产生机会主义动机，因此，社会经济效率虽低，但经济秩序相对较好，缺乏对信用的客观需求，当然也不具备建设征信机构的制度基础和发展环境，因而并不存在真正意义的信用制度。

2. 征信机构的萌芽阶段（1978—1991年）

1986年8月，国家工商行政管理局在辽宁省抚顺市召开了开展“重合同守信用”活动座谈会，总结推广了统一部署、统一标准、统一考核验收程序、统一命名的“重合同守信用”活动的经验。“重合同守信用”活动是根据《中华人民共和国民法通则》

和《中华人民共和国合同法》中规定的诚实信用原则，倡导企业诚信守约，经过严格考核验收，对合同信用程度达到规定标准的企业授予“重合同守信用”荣誉称号的一项社会性活动。

1987 年 3 月 27 日，国务院发布《企业债券管理暂行条例》，从这时起，资信评级机构在各省纷纷建立，但多为中国人民银行各地分行下属的公司。直到 1987 年 7 月，外经贸部计算中心与美国邓白氏商业资料有限公司签订了合作协议，双方互相提供商业资信调查服务，标志着我国第一家资信调查机构诞生。此后，我国的征信管理工作有了一定的发展。1991 年 3 月，国务院生产办组织“清理企业‘三角债’”“质量、品种、效益年活动”，力图解决制约企业发展的经营行为和经济秩序问题。各级政府按照国务院的统一部署采取了一系列措施解决企业拖欠债务、产品质量低下等问题。由此开始，我们逐渐从财务会计制度、市场规则的角度认识到征信观念、征信制度和征信机构等我国经济体制存在的深层次问题。

3. 征信制度的起步阶段（1992—1999 年）

随着经济体制改革的全面开展和向纵深方向的推进，市场在经济生活中的作用越来越突出。尤其是党的十四大确立的市场经济体制在我国启动以后，传统体制下的征信制度与市场经济之间的摩擦与矛盾日趋突出，成为市场经济进一步发展的桎梏。伴随着传统经济体制的不断裂变和市场经济体制的不断“聚合”，我国宏观经济环境和运行机制发生了根本性的变化。

1993 年财政部印发了《企业财务通则》和《企业会计准则》，1994 年实施了《中华人民共和国公司法》，1995 年施行了《中华人民共和国商业银行法》《中华人民共和国担保法》和《中华人民共和国仲裁法》，1999 年统一并出台了《中华人民共和国合同法》，我国社会主义市场经济体制的法律体系初步形成，使市场经济由无序竞争走向有序竞争有了可能。

1995 年前后，国内的追账公司由于运作不规范，扰乱市场秩序，损害了债权人和债务人的权益，1995 年 12 月和 2000 年 8 月国家工商总局、公安部、国家经贸委等部委两次发布通知，禁止我国成立和开展商账追收业务，理由是社会上各种黑社会性质组织和某些地方执法部门，公开利用非法手段追收欠款，给社会安定带来了巨大的隐患。1998 年以来，国家经贸委会同财政部、中国人民银行共同推动中小企业信用担保体系建设，中小企业信用担保体系的建设和试点工作，不仅有效推动了中小企业融资难、贷款难状况的缓解，还大大提高了获得担保的中小企业的信用观念和信用能力。

在这一阶段，我国证券市场开始发展，为适应经济金融发展的客观需要，我国涌现出中国诚信、大公、远东等一批与企业发债和资本市场发展相适应的信用评估机构，从此，信用观念开始逐步被企业和投资者接受。

4. 征信机构建设稳步推进阶段（2000—2011 年）

随着政府信用全面从企业中退出，国有大中型企业的债务负担转化为企业与金融机构之间的银行信用风险，中小企业经营资金亦高度依赖商业信用和银行信用。这种局面的出现：一方面推动着企业逐步增强信用意识；另一方面，由于征信制度和征信机构建设未及时跟进和建立，占企业总数 99%以上的中小企业普遍面临融资难、担保难问题，企业之间“三角债”、企业逃废银行债务、商业欺诈等失信现象十分突出。因此建立社会征信机构，整治失信行为，维护市场经济秩序就日益成为全社会关注的热点问题。

在2000年3月召开的全国“两会”上，十多位全国政协委员联名递交的“关于建立国家征信机构”的提案，以及其他五项有关提案，其中的主提案被评为优秀提案。在2001年和2002年的全国“两会”上，在全国范围内建立征信机构和建立地方征信机构问题成为会议的最热门话题之一。人大代表和政协委员纷纷就建立我国的征信机构献计献策。许多地方的人大代表和政协委员都在当地的“两会”提出建立地方征信机构的提案和建议，不少省级地方政府已经开始规划部署建设本地区征信工程，有的已开始试点工作。

2000年9月我国实施新的《中华人民共和国产品质量法》，加大了对产品质量违法行为的法律制裁力度，增强了对质量违法行为的处罚措施，但制裁力度仍然不够。在《中华人民共和国民法通则》《中华人民共和国合同法》和《中华人民共和国反不正当竞争法》《中华人民共和国刑法》《中华人民共和国产品质量法》《中华人民共和国消费者权益保护法》中虽然都有诚实守信的法律原则，但并未形成强有力的法律规范和约束。

自党的十六大以来，中央就征信机构的建设问题多次提出意见和要求，在这样的背景下，现代征信机构建设工作循着两条路径稳步推进：一是以信用担保为代表的信用中介机构的快速发展。20世纪90年代末期，在原国家经贸委、财政部和中国人民银行等部门的大力推动下，在江苏、山东、深圳、重庆、山西、河南等省市涌现出一大批面向中小企业服务的信用担保机构，同时民间资本也开始涉足信用担保行业。信用担保机构的发展不仅缓解了中小企业贷款难状况，也有利于提升企业特别是中小企业的信用意识。二是以政府部门为主题的信用信息披露系统和以社会中介为主体的信用联合征集机构的起步和推进。由于中小企业征信问题比较突出，2001年，原国家经贸委、国家工商总局等十个部委联合下发了《关于加强中小企业信用管理工作的若干意见》，提出了依法披露、合法征集、信用服务、失信惩戒、征信管理等推动以中小企业为主体的社会征信机构建设的指导意见，并在上海、北京、甘肃、江苏、浙江等地启动了社会征信机构建设试点，加快了社会征信机构建设的实践步伐。

5. 征信机构建设发展壮大阶段（2012年至今）

2013年12月9日，中国人民银行正式发布《征信机构管理办法》。2012年12月26日国务院第228次常务会议通过《征信业管理条例》，2013年3月15日起施行。2016年9月印发了《企业征信机构备案管理办法》。以上法规明确征信机构是指主要采集企业和事业单位等组织的信用信息，并进行整理、保存、加工和向信息使用者提供的机构。对设立个人征信机构的条件进行了明确的界定。中国人民银行及其派出机构是征信业务的监督管理部门，对社会信用体系建设、征信市场培育、征信业发展履行监督责任。对社会征信机构、个人征信机构的设立条件进行审查批准。人民银行制定企业征信机构备案管理规则，人民银行省会（首府）城市中心支行以上分支机构具体负责辖区内企业征信机构备案工作。

征信机构采集个人信息应当经信息主体本人同意，未经本人同意不得采集。但是，依照法律、行政法规规定公布的信息除外。禁止征信机构采集个人的宗教信仰、基因、指纹、血型、疾病和病史信息以及法律、行政法规规定禁止采集的其他个人信息。征信机构不得采集个人的收入、存款、有价证券、商业保险、不动产的信息和纳税数额信息。但是，征信机构明确告知信息主体提供该信息可能产生的不利后果，并取得其书面同意的除外。

随着互联网大数据的挖掘和分析技术的发展，我国的征信机构得到快速的发展，目前国内主要的征信体系由两部分构成，一个是央行征信体系，一个是商业征信体系。央行征信体系即中国人民银行征信中心，商业征信体系即社会征信机构，包括企业征信机构和个人征信机构。据中国人民银行官网显示，截至 2020 年 12 月末，全国共有 23 个省（市）的 131 家企业征信机构在人民银行分支行完成备案。其中，北京注册公司最多，有 34 家，其次是上海 26 家、广东 10 家，3 个区域合计占比 53.4%。目前百行征信和上海资信有限公司是发展较好的商业征信机构，百行征信由央行主导，8 个机构股东投资成立。上海资信有限公司是全国首家从事个人征信业务的机构，2009 年，央行征信中心正式成为上海资信的控股股东。公司建设了网络金融征信系统（NFCS），主要收集全国的网络借贷、小额贷款、消费金融、融资租赁等互联网金融即非银金融信用信息。截至 2020 年 1 月 31 日，NFCS 已累计签约接入机构 1 396 家。至 2021 年，我国征信系统接入机构种类更加齐全，基本覆盖各类正规放贷机构，企业和个人征信系统分别接入各类机构 3 752 家和 4 007 家。

二、中国现代主要的征信机构

（一）金融信用信息基础数据库

金融信用信息基础数据库简称“金融数据库”，其前身是中国人民银行组织建设的两个数据库，包括全国统一的企业信用信息基础数据库和个人信用信息基础数据库，是中国重要的金融基础设施。这两个数据库都是由中国人民银行征信中心负责建设、运行和维护。金融信用信息基础数据库以从事信贷业务的机构（包括银行业金融机构和非金融机构等）为收集信息的对象，主要收集企业和个人的身份信息、银行信贷信息等。这些信息主要用于贷前审查、贷后管理等目的。

金融数据库在经济社会中发挥的作用较广泛。一是为信贷市场健康发展提供了基础保障。金融数据库在发展信用卡、消费信贷、降低不良贷款率和稳定金融体系等方面发挥了基础性作用。二是促进金融机构提高信用风险管理水平，提升审批效率。金融数据库促进了金融机构实现信贷决策从简单的定性分析向定量分析转化，有效提高了风险管理能力，同时在推动解决小微企业融资难问题方面成效显著。三是支持社会信用体系建设，特别是部分政府部门在财政贴息项目审查、小微企业扶持计划资质认定、企业信用分类管理、集中采购、项目招投标、招商引资、公务员录用等活动中利用金融数据库甄别信用状况，有效促进征信失信惩戒机制作用的发挥。

（二）政府主导的征信系统

2014 年 1 月 15 日，李克强主持召开国务院常务会议，部署加快建设社会信用体系、构筑诚实守信的经济社会环境。会议通过《社会信用体系建设规划纲要（2014—2020 年）》，并要求：

一是全面推进包括政务诚信、商务诚信、社会诚信、司法公信等在内的社会信用体系建设。政府要以身作则，带头推进政务公开，依法公开在行政管理中掌握的信用信息，提高决策透明度，以政务诚信示范引领全社会诚信建设。

二是加强基础建设。制定全国统一的信用信息采集和分类管理标准，推动地方、行业信用信息系统建设及互联互通，逐步消除“信息孤岛”，构建信息共享机制，在保护涉及公共安全、商业秘密、个人隐私等信用信息的基础上，依法使各类社会主体的信用状况透明、可核查，让失信行为无处藏身。

三是用好社会力量。企业要把诚信经营作为安身立命之本，切实做到重合同、守信用。发挥行业组织自律和市场机制作用，培育和规范信用服务市场，形成全社会共同参与、推进信用体系建设的合力。

四是加快推动立法。把健全相关法律法规和标准体系作为重要基础性工作，列入立法规划尽快推进实施，使信用体系建设有法可依。目前不少地方政府部门积极推动地方信用体系建设，由地方政府直接出资，或设立政府独资或控股的征信公司，直接参与社会信用服务系统的建设和经营管理。

（三）社会（民营）征信机构

我国的社会（民营）征信机构发展起步相对较晚，规模相对较小，各机构之间发展不平衡，机构的分布与区域经济发展程度息息相关，大量的业务收入和人员主要集中在几家大的征信机构上，中国的社会（民营）征信机构主要包括个人和企业征信机构、信用评级机构。

1. 个人和企业征信机构

在我国出台了《征信业管理条例》后，企业征信机构数量逐渐增加，主要从事个人征信业务，在当时比较早的一些社会（民营）征信机构有阿里小微金融服务集团下设的芝麻信用有限公司、腾讯集团下属的腾讯征信有限公司、平安集团下属的深圳前海征信中心股份有限公司、鹏元征信有限公司、中诚信征信有限公司等机构。

2. 信用评级机构

我国的信用评级机构业务范围主要包括企业债券评级、金融债券评级、非金融企业债务融资工具评级、结构化融资产品评级，还包括借款企业、担保公司、小额贷款公司信用评级等，目前我国主要有九家机构从事债券市场评级业务。上海新世纪资信评估投资服务有限公司成立于 1992 年，2008 年开始于标准普尔开展评级技术合作；中诚信国际信用评级有限公司成立于 1999 年，2006 年其中 49%的股份被穆迪收购，从此成为穆迪的成员；联合资信评估有限公司成立于 2000 年，2005 年开始与开展评级项目合作，2007 年惠誉持有联合资信 49%的股份；中债资信评估有限责任公司成立于 2010 年 8 月，由中国银行间市场交易商协会代表全体会员出资设立，是国内首家以采用投资人付费营运模式为主的新型信用评级公司，除了上述四家外另外的五家分别是大公国际资信评估有限公司、联合信用评级有限公司、中诚信证券评估有限公司、鹏元资信评估有限公司和东方金诚国际信用评估有限公司等。

三、中国征信机构的未来发展

（一）中国征信机构发展应坚持市场化道路

目前，全国统一的企业和个人征信机构已经奠定了中国征信发展的基础。在繁荣征信市场发展方面，需要依靠市场化征信机构，坚持市场导向，使市场在资源配置中起决定性作用，发展各类征信机构，通过市场机制，引导创新征信产品和服务，为社会提供多样化的征信服务，满足社会多层次、全方位、专业化的征信需求。

坚持市场化道路，也意味着要允许各类征信机构充分发挥自己的相对竞争优势，进行差异化发展，不要期望由政府出面建立能够包罗万象、囊括各类信息的大一统的信息系统，这不符合市场经济规律，将会遇到管理瓶颈的约束，也会阻碍征信市场的发展，影响征信效率的提升。国外实践也已证明，无所不包的全面征信只是一个理想状态，而差异化发展的道路才是征信业发展的常态。

（二）中国征信机构应完善信息基础与制度环境

公共信息具有重大的商业价值，是征信机构的重要信息来源。公共部门在推动公共信息公开中应有底线思维，每个公共部门应依法推动信息公开，要求是全面、及时、准确，信息可获得的便捷性高，公平对待所有主体。对数据的深加工并用于商业目的，不是公共部门职责所在，应交给市场，实现公共信息的商业化应用。

推动各个公共部门之间的信息系统互联互通是另一项重大工作。国外在这方面主要的经验是建立统一的门户网站，与所有需要信息公开的数据库相连，统一对外提供服务，如美国、英国等。中国征信机构建设方向应是在各个部门建立好自身信息系统的基础上，建立统一的门户网站，与各个部门的数据库进行衔接，统一对外提供信息公开服务。

应进一步推动商业信用信息的共享。目前，随着贸易领域信用活动的日益频繁和互联网信用活动的高速发展，除金融领域之外的商业信用信息数量已经成为另一类重要的信用信息来源。在中国征信体系建设中，应充分认识这一趋势，鼓励此类信息通过共享、核查等方式，在依法的前提下对外应用，帮助一些没有金融信用信息的信息主体开展信用活动，进入正规金融体系。

适应新形势要求，完善信息主体权益保护。当今社会，随着互联网大数据征信的崛起，信息主体权益保护问题变得非常突出，需要我们适应新形势要求，跟上技术和业务实践发展步伐，深入研究信息主体权益保护问题，尤其是要加快个人隐私保护立法工作，在信息流通与隐私保护之间寻求合适的平衡点，防止个人信息滥用。另外，要依法加强监管，规范征信机构业务活动，确保信息主体权益不受侵犯。全国集中统一的企业和个人征信机构作为国家一项战略性制度安排，需要进一步完善，包括进一步拓展金融信用信息，实现对金融领域授信活动的全覆盖；根据金融机构的授信需求，按照重要性原则、信息质量原则，稳定丰富数据源；进一步开展多元化征信服务，丰富征信产品系列，满足市场需要，做好服务渠道建设，改善用户体验，提升服务效率等。

（三）我国征信市场应差异化发展

全面征信固然可喜，但是，征信市场发展更多的是呈现一种差异化发展的局面，集中精力在具有相对竞争优势、相对薄弱的征信领域实现全面征信，从而形成相互补充、有序竞争的市场格局是一种现实的选择。我国征信市场的发展同样如此，这取决于全面征信的相对性与差异化发展的绝对性，是全面征信与差异化发展的对立统一。

1. 我国具备征信差异化发展的独特优势

征信行业是一个讲求规模经济的行业。如果一国空间较小、人口不多、行业较少，则很难在征信领域展开大的布局，往往只有极少数的征信机构；但是，如果一国地域辽阔、人口众多、行业齐备、经济规模和容量足够大，则是可以支撑起一个复杂、多样的征信市场体系的。综观全球，具备这样基础的国家很少，而我国应该算其中一个。

一是我国地域辽阔、人口众多，为征信行业发展提供了独特的发展优势。我国的国土面积有 960 万平方千米，我国的人口数量截至 2020 年为 141 178 万人，15~59 岁人口数量为 89 438 万人，因此，我国金融深化、贸易信用深化的潜力巨大，可以被征信的人口潜在基数非常大，这是我国征信业差异化发展的人口基础。二是我国行业齐备，经济基础良好。我国三大产业齐备，行业门类齐全。仅以工业为例，我国拥有 39 个工业大类、191 个中类、525 个小类，是全世界唯一拥有联合国产业分类中全部工业门类的国家。从经济基础看，我国作为一个经济大国，三大产业均保持稳步增长。这些行业均要开展金融信用、贸易信用等活动，并且行业规模庞大，信用活动需求庞大，足以支持我国征信行业的差异化发展。三是我国的新技术应用走在全球前列，新兴经济高速成长。当前，国际新技术转移速度加快，新技术在我国经济、社会和日常生活中的应用越来越广泛。例如，互联网的广泛普及对零售行业的冲击、物联网的应用使得生产经营管理更加精细化，可穿戴设备的逐步推广应用带来了巨大的商机，社交网络平台的发展推动了人们交流习惯的改变等。这一切在我国发展之快，已经超出了人们的想象。在这一基础上，大量的信息沉淀下来，为征信市场的差异化发展提供了坚实的数据基础。四是我国的贸易信用行业正在快速发展，为征信市场发展提供了丰富的想象空间。随着我国实体经济的发展，除了信贷信用外，贸易信用已经成为支持实体经济发展的另一重要手段。从美国的情况来看，美国市场贸易信用非常发达，在规模上已经与信贷信用不相上下，近年来，我国贸易信用迅速发展，正在成为除了信贷信用之外我国信用经济的另一大支柱。但是，在这一领域，我国的征信机构还没能发挥足够的作用。可以预计，未来的发展空间一定很大，这也为差异化发展的征信市场的未来成长提供了潜在的基础。

2. 我国征信市场差异化发展的现实

从我国征信市场的发展历程与现状可以看出，在一段较长的时间内，我国征信市场一直处于自发发展的状态，征信市场规模较小。我国主要的征信机构有中国人民银行征信中心，以及一些社会化征信机构，分别在不同的领域发挥着作用，不同征信机构之间在征信方式、业务侧重点上也存在不同。总体看来，社会化征信机构发展比较慢，没有出现一些大型的，具有客观独立性的征信机构，均衡的差异化发展格局还没有形成。2015 年年初，国家金融公司的专家在《南华早报》上接受采访时指出，我国需要增加真正按照征信市场客观规律设立的征信机构的数据，推动真正意义上的征信业发展。

目前，我国征信机构的征信理念也发生了新的变化，这一变化可能会对传统理念构成挑战。从传统的理念来看，征信是从第三方数据源机构征集数据，汇集起来面向社会提供服务。但是，当前，也有一种理念认为，征信活动可以依靠数据源机构自身沉淀的数据开展，并且在现实业态中，已经出现了这种模式。这是市场选择的结果，“存在即合理”，数据源机构愿意将自己的信息拿出来做征信，这是其自身的商业模式选择，关键是看其从征信活动中得到的收益是否多于不将客户信息拿出来面向社会提供服务获得的收益。因此，如果一些沉淀大量数据的机构愿意将自己的客户信息拿出来与全社会分享，只要依法合规，从促进信息流动的角度看，是没有任何问题的，但是，从国际征信市场发展的规律来看，这条道路也可能比较难走，因为这条道路很难解决利益冲突和公信力问题。

复习思考题

1. 简述信用机构的含义、特征和分类。
2. 简述公共征信机构含义、特征、产生背景和发展现状。
3. 简述社会征信机构的含义、特征、产生背景和发展现状。
4. 简述公共征信机构与社会征信机构的相互关系。
5. 联系实际，谈谈你如何看待中国征信机构的未来发展趋势。

第五章　征信业务

■内容提要

征信业务又称信用信息服务业务，是征信机构的主要业务活动，也是征信机构的职能和职责所在。本章概要介绍征信业务的内涵、特点和分类，介绍征信业务产品开发的原则和征信业务产品分类，探索征信业务未来发展趋势；分析信用登记和信用调查的重要性、流程和相关产品；阐述信用评分和信用评级的重要性、操作流程和主要产品；从数据类、工具类、解决方案类、外包类几个维度剖析其他征信业务。

第一节　征信业务概述

一、征信业务定义、特点及分类

（一）征信业务的定义

征信业务是指专业化的征信机构依法对个人、企业等经济组织的信用信息进行采集、整理、保存、加工，并向信息使用者提供服务的活动。征信业务不仅包括信用登记、信用调查、信用评分和信用评级等主要业务，还包括一些新的征信业务，如信用风险咨询、身份认证、防欺诈服务等。

（二）征信业务的特点

征信业务具有信息性、全面性、客观性和前瞻性四个明显的特征。

1. 信息性

征信业务本质是信用信息服务，而征信业务的各个环节都是围绕信用信息开展的，因此信用信息是征信业务的基础，没有信用信息，就无法开展征信业务。这是征信业务信息性的主要体现。

2. 全面性

在征信业务的信用信息收集环节，征信机构应尽可能全面、完整地收集信息主体的相关资料，以便更加真实准确地反映和评估信息主体的信用状况。此外，不同征信业务所需要的信用信息也不尽相同，比如：信用登记业务要收集信息主体信贷、行政处罚、公共事业缴费、法律诉讼、法院判决等方面的信息；信用调查除信息主体提供的信息外，还需要对信息主体开展调查获得其更加全面的信息，以提高调查报告的价值效用。由此看出，征信业务产品确实能够体现信息主体全面、完整的信用信息。

3. 客观性

征信业务是围绕信息主体的信用信息开展的，是以信息说话，而非主观判断，要遵循客观原则。此外，征信业务所采集的信息主要是两方面：其一是通过专业机构采集到的信息主体的历史信用行为数据，是真实客观的数据；其二是信息主体主动提供的信息和专业机构从各种渠道调查所得到的信息，这部分信息可能存在一定的不真实性，但专业机构会对收集到的信息进行验证和审核，通过各种技术手段来去伪存真。因此征信业务的产品具有很强的客观性和公信力。

4. 前瞻性

征信业务是基于信息主体的既有历史信用信息进行客观的分析，并以此对信息主体的信用水平进行评估，其目的是直接预测或帮助预测信息主体未来的信用风险状况，是对信息主体违约可能性的前瞻判断。

（三）征信业务的分类

1. 信用登记

信用登记是指征信机构依法通过特定标准与方法采集、整理、加工个人和企业的各类信用信息，建立数据信息库，并提供查询服务的业务。信用登记业务具有基础性、批量化和标准化三大特点。基础性，是指信用登记业务是最常见、最基础的征信业务，是通过对信息主体的原始信用数据加工整理，客观真实地反映信息主体的历史信用记录，由此得到的信用报告具有广泛的适用性。批量化，是指一般而言，信用登记所采集的数据是由商业银行或其他信息提供者依法或协议约定，主动、定期向征信机构批量报送。标准化，主要指两方面内容：一是在信息采集时，对数据内容和格式上有统一的标准要求；二是信用登记机构提供的信用报告具有标准化的内容和格式。

2. 信用调查

信用调查是指征信机构接受客户委托，依法通过信息查询、访谈和实地考察等方式，了解和评价被调查对象信用状况，并提供调查报告的活动。信用调查业务具有四个特点。一是受委托开展业务。信用调查是一项被动业务，是由客户主动提出委托请求，受托专业机构通过各种渠道采集所需信用信息。二是调查结果仅向委托方公开。因为信用调查业务是委托开展的，所以调查结果一般只提供给委托方使用。调查机构要特别注意保密。三是调查结果具有主观性。信用调查除开对事实进行客观记录、分析和总结外，还会通过问卷调查、访谈等方式去了解其他人对调查对象的主观看法。此外，调查员在撰写调查报告时偶尔也会带有主观观点看法。四是应用广泛。信用调查业务的应用领域广泛，比如制定授信政策，对客户进行风险监控，保险公司确定保费等。

3. 信用评分

信用评分是信息所有者运用数学和统计方法，对信息主体的现有信用信息进行分析，对信息主体未来的信用风险进行预测的活动。信用评分业务具有三大特点。一是结果简单直观。一般而言，信用评分的结果是一个分数，简单直观，且可作为客户信用评估的一个综合展现，具有一定的可比性。二是客观性。信用评分是基于大量数据，通过科学的方法计算得到的，避免了人员干预而导致的主观误差，因此能够客观反映信息主体的信用行为。三是动态性。信用评分的结果并不是一成不变的，随着信息主体信用行为数据的变化，计算结果也会随之改变。

4. 信用评级

信用评级是指独立的信用评级机构对评级对象开展定量和定性的分析研究，就其偿还账务的能力及其偿债意愿进行综合评价，并用简单、直观的符号进行标识的活动。信用评级业务具有三大特点。一是结果简单直观。信用评级结果通常是以字母、数字等符号表示的，而每个符号代表一个风险等级。投资者通过评级符号能够直观地了解评级对象的信用等级和风险水平。二是定量分析结合定性分析。信用评级业务会运用科学方法去分析评级对象的各类变量信息，计算得到评级对象的定量分析结果。同时，结合评级人员和专家的经验判断，对评级对象的违约风险等级进行调整。三是风险的相对性。信用评级结果是评级机构对评级对象在未来可能出现违约风险的判断，并不等同于评级对象出现违约的概率，是一种相对关系。此外，不同的评级机构的评级结果不尽相同，符号使用也不统一。

5. 几类征信业务的特点

最早的征信业务是信用调查业务，随着信用调查机构积累的数据越来越多，有了固定的信息供给渠道，加之科技的发展，开始建立信用数据库，信用登记业务由此形成。再后来信用登记业务快速发展成熟，满足了大部分信息使用者的需求，但是一些特殊的需求并不能由信用登记业务直接满足。后来就形成了利用信用登记业务和信用调查业务数据，建立评分模型，提供评分产品和服务的信用评分业务。而信用评级业务则是从信用调查业务中演变分离出来的。

如表 5-1 所示，信用登记、信用调查、信用评分和信用评级业务之间有相似之处，也有许多不同的地方。从业务对象来看，信用登记和信用调查业务对象都是所有个人和企业，信用评分业务对象是个人和小企业，而信用评级业务对象比较广泛，包括企业、金融机构和主权国家，但不包含个人。从业务开展方式来看，信用登记和信用评分都是通过主动和批量的方式，而信用调查和信用评级都是通过信息主体委托办理。从业务复杂程度来看，信用登记、信用调查、信用评分和信用评级的业务复杂程度逐渐提高。从产品功效来看，四大征信业务各不相同，信用报告客观反映信息主体的历史信用信息，调查报告主要反映信息主体当前和过去的信用状况，并带有简单的分析和评价，信用评分分数则用于评价和预测信息主体未来的信用状况，信用评级和评级报告用于预测信息主体未来的违约风险，并进行了综合评述。从服务对象来看，信用登记、信用调查、信用评分三项业务的服务对象都是信息主体和第三方，其中第三方包括商业银行、企业、监管部门等，主要应用场景是信贷市场；而信用评级的服务对象是投资者和监管部门，其中投资者主要应用于资本市场；监管部门主要应用于信贷市场。从监管要求来看，前三个业务的监管要求都强调保护信息主体的合法权益，而信用评级的监管要求更多的是强调信息的公开透明。

表 5-1 几类征信业务的特点

对比指标	信用登记	信用调查	信用评分	信用评级
业务对象	个人、企业	个人、企业	个人、小企业	企业、金融机构、主权国家
业务开展方式	主动、批量	受托	主动、批量	受托
数据来源	掌握信息主体信息的部门和机构	信息主体及其周边、公共渠道	信用登记、调查业务积累的信息	信息主体及其周边、公共渠道
数据处理	简单加工和整理	根据目的进行必要的整理分析	运用模型进行自动化处理和计算	综合运用定量、定性、静态、动态等多种方法进行分析和评价
产品	信用报告	调查报告	信用评分分数	信用等级、评级报告
服务对象	信息主体和第三方	信息主体和第三方	信息主体和第三方	投资者和监管部门
监管要求	强调信息主体权益保护	强调信息主体权益保护	强调信息主体权益保护	强调信息的公开透明

二、征信业务产品

（一）征信产品开发的原则

征信产品在开发时非常注重业务需求，注重产品之间的替代和互补关系，这与其他行业的产品研发并无明显差别。但是鉴于征信行业的特殊性，征信产品在开发时仍带有自己的特点。征信产品的开发原则是一般性和特殊性的综合表现，主要包括需求导向、公平对待、最优产品体系、供给创造需求四个。

1. 需求导向原则

从市场化的征信机构来看，该类征信机构依然是追求利润最大化，这决定了其征信服务必须以需求为导向。因此，该类征信机构会根据市场上的征信服务需求来灵活配置资源，推动征信服务的发展，并根据需求来建立整个征信产品体系和定价体系。从公共征信机构来看，虽然该类征信机构的产品体系不如市场化征信机构丰富，主要服务大众的普适性征信服务需求，但也是市场的需求导向。国际上，许多国家的公共征信机构已经在服务模式上进行了创新，开始面向授信机构；随着科技的发展，很多国家和地区进一步拓宽了征信服务的渠道，提供包括电话、人工、柜台自助、互联网服务在内的多种服务方式，这也体现了需求导向的原则。

2. 公平对待原则

与一般的加工企业不同，征信产品的原材料来源于信息主体、金融机构、其他信息来源机构，它们既是信息的提供者，也是产品的使用者，具有双重身份，特别是对商业银行等授信机构而言，提供的信息是其客户的信息，服务也是提供给其客户的。

在这种情况下，如果征信机构不能公平对待所有的授信机构，那么一些授信机构会在竞争中获得优势，这在一定程度上会降低其他授信机构同业竞争力，进而可能导致弱势授信机构退出或少报、瞒报客户信用信息，使得征信机构的产品不能完整地反映信息主体的真实信用状况，产品的权威性和公正性会削弱，形成恶性循环。因此，公平对待原则在征信产品开发中非常重要，一旦出现问题，容易导致整个征信体系的崩塌。

3. 最优产品体系原则

在开发产品时，征信机构应充分结合各方需求，在综合考量各种产品开发成本、市场竞争情况、产品之间的可替代性和互补关系的基础上，再确定产品体系。由此而来的征信产品体系并不是什么需求都能满足，而是多种因素综合、兼顾多方利益条件下的自身利益最大化的产品体系。因此，不同征信机构的产品体系有很多的相似之处，但仍有自己的特点，这就是各家征信机构的最优产品体系。

4. 供给创造需求原则

征信产品的需求在不同国家和地区的差异巨大。在一些发达国家各种产品都能得到应用，而发展中国家的征信产品开发相对落后。在这种情况下，征信机构可以主动作为，借鉴国际先进经验，结合当地实际情况，主动研发征信产品，以此来推进需求的增长。此外，征信机构的业务发展也可带动信息使用机构的业务转型、流程再改造和系统升级，并由此带来更多的业务需求。

（二）征信产品分类

1. 基础产品

征信基础服务的产品包括信用报告和通用信用评分。其中，信用报告是征信基础服务的核心产品，其核心作用是对信息主体的信用状况进行全面反映，其核心服务对象是授信机构；通用信用评分是在信用报告的基础上发展而来的，是将信息主体信用报告进行数字解读，生产的一个具有高度预测性的风险衡量指标。目前，信用报告和通用信用评分在国内外得到了广泛的应用和发展。

（1）信用报告。

信用报告能全面、准确、及时、客观地反映信息主体的信用状况，帮助授信机构进行准确的信用风险评估，合理确定利率，确保风险调整后的收益在合理水平。在此基础上，授信机构还可以根据自己的风险偏好，实行差别化的风险管理政策，将授信服务覆盖不同类型的人群。基于其功能定位，信用报告已广泛地应用于贷前审批、贷后管理、模型开发、产品创新、风控政策制定等多个领域。

基于信用报告的功能定位，其在信息选择上有一定要求。一是需要满足授信机构的风险评估需求。因此信用报告的核心信息是金融信用信息和贸易信用信息，这两类信息最能直接、客观、准确地反映信息主体的信用状况。二是广泛包含与信息主体信用状况有直接或间接关系的信息。如公共信息、司法判决信息、水电煤气通信等缴费信息。三是信息选择应坚持重要性、可持续性、数据质量原则。信用报告的信息内容一般应满足上述三个原则，才是比较理想的信息，才能给授信机构带来真正的效用。

数据是一种具有生命周期的资源。随着时间的推移，新数据不断产生，历史数据使用频率不断下降，其使用价值也就不断降低。在信用报告中，一些信息的产生时间距今较长，对于预测信息主体未来的信用状况和违约概率的帮助不大，这类信息可以从信用报告中剔除，以便提升信用报告的阅读和使用效率。因此，信用报告中的信息应在其生命周期的不同阶段，根据其价值的不同，采取不同的管理策略，对展示期限和保存期限进行控制。

各家征信机构的信用报告展示方式不尽相同，却也存在共性。所有征信机构都会考虑服务对象的需求，对不同的服务对象，提供不同版本的信用报告。比如，对于普通大众，信用报告呈现内容就简单易懂；对于商业银行，信用报告展示的内容就比较详细，且设计要求易机读，便于批量处理。

（2）通用信用评分。

通用信用评分基于整个信贷行业的数据，使用科学统计方法对信息主体的信用行为特征进行分析，进而用一个单一数据来反映信息主体履行还款可能性的大小，其本质就是信用报告的数字化解读。其在信用卡生命周期管理、住房抵押贷款管理、消费信贷管理等重要领域有着广泛的应用。通常成熟科学的通用信用评分具有通用性、相对稳定性、可调整性和容易理解等特点。

通用性是指通用信用评分用的数据是由征信机构收集到的各信息来源机构的信用信息。因此，其评分结果能够比较全面地反映信息主体的信贷情况，能适用于各类预测群体，普适于所有信贷机构，也适用于贷前、贷中、贷后管理的各个环节。正是因为通用信用评分的通用性，其常作为公共的风险标尺。

相对稳定性是指通用信用评分结果应保持相对稳定，对经济波动的抗干扰能力较强，不受金融产品种类的影响。因此，通用信用评分模型在开发时要进行模型验证和有效性监控。

可调整性是通用信用评分生命周期的重要体现。在某些时候，需要在原有信用评分基础上，根据最新数据和经济形势进行调整，以确保评分结果的有效性。比如发生重大经济波动，信贷数据发生巨大变化等。

容易理解是指通用信用评分结果直观，简单易懂。这不仅有利于消费者认知和理解，进而督促其保证良好的信贷行为，还有利于监管机构准确把握市场动态，进行实时治理和监控。

2. 增值产品

征信增值服务是指专业机构在原始信息的基础上通过数据处理、运用分析技术、综合经验判断，提供的一系列经过加工的信息服务。其目的是提供更为及时便捷的服务，帮助客户更为客观地了解信息主体信用状况，同时降低客户使用成本。目前，征信增值产品主要包括数据类产品服务、工具类产品服务、解决方案类产品服务和外包类产品服务。

数据类产品服务是指征信机构根据客户的要求，对征信机构数据库的数据进行简单搜索和处理，并将结果反馈给客户的服务。该类产品主要包括信贷特征变量、风险预警服务、信贷市场结构数据等产品服务。

工具类产品服务是指征信机构根据客户需求开发出评分模型、数据分析工具等应用程序，对征信数据库的数据进行较高层次的处理和分析，并将结果提供给客户的服务。该类产品主要包括各类非通用评分、资产组合管理等工具产品服务。

解决方案类产品服务是指征信机构将自己开发征信产品的经验，通过适当调整，直接嫁接到客户内部管理流程的多个工具类产品和数据类产品的有机组合，从而帮助客户解决某些征信问题，提高其风险管理水平。该类产品属于高端、定制服务，具有较高的门槛。

外包类产品服务是指征信机构利用自身的技术、经验和程序，为客户提供内部信息化技术和整个业务流程管理的托管服务。

从上述的定义不难看出，上述四种产品体现了开发技术的难度由易到难，也符合征信机构由低到高的发展脉络。其中，数据类和工具类征信产品依托于征信机构的数据库而开发，且工具类产品的技术难度要高于数据类产品；而解决方案类产品的基础是数据类和工具类产品，是征信机构综合运用两种产品的技术和经验的能力体现；外包类产品服务更是对征信机构的技术要求很高，需要其综合运用征信机构的各方面的能力，去解决本应客户自己解决的业务难题。

三、征信业务未来发展趋势

随着科学技术的进步，以及 5G 技术的成熟、互联网的全面普及、移动互联的广泛应用，征信业务的领域也在不断创新。征信业务未来发展的总体趋势是：大数据时代为征信服务提供可靠信息支持，信息采集突破约束全覆盖信息主体的资产负债信息，征信服务技术进步支撑征信业务创新。

1. 征信业务引用大数据严监管

随着信息主体维权的提升，我国对公民和企业信息保护方面的力度将会越来越大，这是必然趋势，而大数据征信涉及众多的个人隐私，包括资产负债类信息、行为类信息等，一旦操作不慎，会对信息主体权利造成严重侵犯。因此，大数据征信业务必将被纳入更严格的法律监管框架之下，提升对信息主体权益的保护力度。

2. 征信业务信息共享创新探索

征信业务一直在积极探索信息共享创新，寻找新的信息源，努力扩大征信业务覆盖范围，逐步跨越传统信贷信息和公共信息采集范围，将信息采集的触角延伸向资产负债类信息和其他形式的负债信息，努力形成对一个企业或个人全面的资产负债分析，又努力实现对影子银行覆盖，实现金融征信业务的全面化。在信息共享方面，主要包括企业债券信息、民间融资信息、支付结算流水信息、担保承诺信息等。

3. 征信业务信息开放与利用

征信业务信息开放与利用实际上并不局限于政府部门和司法部门的公共信息，这些信息可以被重复使用，基本上是免费的或成本很低、便于机读。人们利用征信业务开放信息，可帮助政府、企业和个人确立新的投资方向、寻找新的合作伙伴、发现新趋势、防范信用风险、解决面临的复杂问题等；也可推动民主进程，让政府公开信息，以便纳税人了解他们税赋的去向，才能真正推动经济社会发展，充分利用市场经济的机制来推动征信信息的利用。

第二节　信用登记和信用调查

一、信用登记

（一）信用登记流程

信用登记业务主要包括数据采集、数据处理、产品生成、后续服务四个阶段。

1. 数据采集阶段

数据采集是信用登记业务的第一步，也是最重要的一个阶段。当前，我国信用登记机构采集信息主体信用信息的方式分为批量接入和手工录入。批量接入方式是指商业银行等第三方机构通过日常业务采集到信息主体的信用信息后，按照与征信机构约定的数据采集标准，对采集到的信用信息进行标准化处理，形成符合标准的信用信息数据文件，并通过专用的计算机网络接口批量导入征信机构。手工录入方式是指对于部分信息化水平达不到要求的信息来源机构，征信机构开通了手工录入通道，将非电子化征信数据通过手工录入的形式，形成数据文件导入征信数据库。

2. 数据处理阶段

在征信机构采集到原始信用数据后，征信机构需要对基础数据进行系列加工处理，以符合征信数据库系统的入库要求。数据处理通常包括数据转换、数据清洗、数据加载、数据校验四个环节。

数据转换是征信机构的原始数据多来自不同的信息来源机构，而不同机构的原始数据通常在数据类型、数据格式、货币单位等方面存有一定出入。因此，要在将数据载入征信数据库系统之前，对这些原始数据按照统一的标准要求进行数据转换。此外，一些原始数据并不能被直接运用，而需要通过数据转换进行加工处理才能得到目标数据，以符合信息标准和使用需要。

数据清洗是在对原始数据进行数据转换后，为保证数据的准确性，征信机构会对需要加载到征信数据库系统中的数据进行全面细致的检查，找出缺失的数据、有错误的数据、不一致的数据，并对其进行处理，以减少和解决数据中的错误。

数据加载是在对原始数据进行数据转换和清洗之后，将数据载入征信数据库系统中。在加载过程中，系统会自动将新的数据和数据库中已有数据进行匹配，对归属于同一信息主体的信用数据归集在一起，并进行数据更新。

数据校验是贯穿于数据加载的过程中和过程后的。在数据加载过程中，征信数据库系统会对数据类型、数据精度等进行校验；在数据加载完成后，系统还会对数据的逻辑性进行校验，以排除逻辑错误。当数据校验过程发现数据错误和异常时，系统会进行提示。

3. 产品生成阶段

产品生成是征信业务的输出阶段。在收到查询申请后，征信数据库系统会通过主检索键与系统中的信用信息进行关联，将关联的信用信息全部提取，并按照特定格式进行展示，得到信用报告，即信用登记业务的产品。主检索键是指用于检索和提取信息主体的数据特征项，可能是一项或多项的组合，不同信息主体的主检索键是不同的。在我国，个人信用报告中的主检索键通常是个人的姓名和身份证号码。金融机构、信息主体以及其他信息使用者可通过专线、互联网、电话、邮寄等方式获取信用报告。

4. 后续服务阶段

当信息主体发现自己的信用报告与真实情况不符时，怎么办？这就涉及信用登记业务的后续服务——征信异议的处理。这是征信机构对信息主体合法权益保护的重要措施。信息主体在发现信用报告错误后，可以直接向数据报送机构提出异议申请，由其进行调查核实，并根据调查核实结果，进行修改并将相关信息传输给征信机构；也可以向征信机构提出异议申请，由征信机构督促数据报送机构进行调查核实和修正。

（二）信用登记产品

信用登记业务的产品主要是信用报告。信用报告的主要功能是全面客观地反映信息主体的历史信用状况，为授信机构等产品使用者提供信息支持服务。按照信息主体的不同，又可分为个人信用报告和企业信用报告。

1. 个人信用报告

征信机构开发了多个版本的个人信用报告，不同版本的信用报告展示的内容也有所不同，但是无论哪个版本的信用报告，都是从反映信息主体的信用状况角度出发的，比较有共性的内容主要包括个人基本信息、信用交易信息、公共记录、查询记录、异议标注与个人声明五个栏目的信息。

个人基本信息记载了信息主体的姓名、身份识别号码、性别、出生日期、婚姻状况、学历、学位、家庭住址、工作地址、职业、电话号码、配偶等信息。其中，身份识别号码是个人基本信息中最为重要的信息项，因为它可以单独或者与其他信息项组合成为主检索键，作为区分不同信息主体的唯一标识，而信用报告就是通过该主检索键来匹配不同信息来源机构的同一个信息主体的信用信息。一般情况下，身份识别号码可以是个人身份证号码、社会保险号、税号、选民号、驾驶证号码等，在中国身份识别号码通常为身份证号码。

信用交易信息主要包括信息主体的贷款、信用卡、支票账户、对外担保等信息项。而每一个信息项又包含了许多具体的数据项。如贷款信息包括账号、账号类型、账户状态、开户日期、闭户日期、贷款金额、当前余额、付款方式、还款日期、月付款额度以及历史还款记录等信息。再如信用卡信息主要包括账号、账户状态、账户币种、授信额度、已用额度、透支余额、账单日、历史交易记录等信息。历史交易记录是信息主体某个时间段中管理账户和授信额度的情况，能够客观地反映信息主体历史的消费习惯、消费能力和支付能力。

公共记录主要包括缴费记录、欠税记录、个人破产记录、法院民事案件判决、强制执行记录、行政处罚记录等信息。这些记录可作为判断和评估信息主体信用状况的辅助参考。在中国的信用报告中只保留信息主体五年内的公共记录相关信息。

查询记录主要包括查询日期、查询操作员、查询原因。查询记录主要反映信息主体的个人信用报告被查询的历史记录，显示何机构或个人在何时以何种理由查询过信息主体的信用报告。这可作为判断和评估信息主体信用状况的重要依据。当非常缺乏资金时，信息主体可能会向不同的授信机构提出贷款咨询和申请，也就会在一段时间内出现多次个人信用报告的查询记录。一般而言，短时间内查询记录越多，表示该信息主体的贷款需求越迫切，债务偿还能力就越弱，风险等级随之提高，被授信机构拒绝的可能性也越大。

异议标注是指信息主体认为其个人信用报告的信息中存在错误，向数据报送机构或者征信机构提出异议申请，数据报送机构或征信机构对处于异议处理期的信息予以标注而产生的信息。

个人声明是指数据报送机构或征信机构在经过调查核实后，仍不能确认该项记录是否存在错误时，信息主体可以要求在个人信用报告中对有关异议信息添加一段说明。

2. 企业信用报告

企业信用报告是全面记录企业各类经济活动，能够客观、准确、及时地反映企业信用状况，是信用登记业务的基础产品。与个人信用报告一样，不同版本的企业信用报告所展示的内容不尽相同。从共性的角度出发，企业信用报告主要包含企业基本信息、财务状况、信用信息、公共信息、声明信息五个部分的内容。

企业基本信息记载了企业信息主体的身份信息、主要联系方式、主要出资人信息、高管人员信息和关联企业信息等。每个信息板块中又有很多具体信息。其中，身份信息中包含企业名称、登记注册类型、登记注册号、登记注册日期、有效截止日期、组织机构代码、国税登记号、地税登记号等；主要联系方式包括通信地址、联系电话等；主要出资人信息包括出资方姓名、证件类型、证件号码、出资占比；高管人员信息包括法定代表人、总经理和财务负责人的姓名、证件类型、证件号码、性别、出生年月等信息；关联企业信息包括企业名称、关联关系等信息。主要出资人、高管人员以及关联企业信息可以作为评估企业信用状况的辅助参考，特别是对小企业而言，企业的信用状况与企业主的信用状况关系紧密。

财务信息包括企业主要的财务指标数据，是企业经营状况的体现。通过对企业财务信息的分析，可以比较客观地反映企业的运营能力、盈利能力、偿债能力、发展能力和现金流量情况，进而判断企业的信用状况水平。

信用信息是信用报告的核心内容，能够客观、全面反映企业借贷和还贷的历史信用信息，可作为评价企业信用状况的重要依据。信用信息主要包括企业贷款信息、偿债信息、对外担保信息等。其中，企业贷款信息包括授信机构、币种、贷款金额、放款日期、到期日期、业务种类、贷款形式、有无担保等信息。企业偿债信息包括企业现有债务的处置机构、币种、原始金额、当前余额、还款方式、历史交易信息，对已结清的债务，还应有结清时间、还款方式。对外担保信息包括担保类型、被担保人、被担保人证件类型、被担保人证件号码、担保币种、担保金额、担保形式等信息。

公共信息囊括了许多负面信息和正面信息，主要包括缴费记录、欠税记录、法院民事案件判决记录、强制执行记录、行政处罚记录、社会保险参保缴费记录、住房公积金缴费记录、获得许可记录、获得认证记录、获得资质记录、获得奖励记录、拥有专利记录、出入境检验检疫绿色通道记录、进出口商品免检记录、进出口商品检验分类监管记录、上市公司或有关事项记录等信息。这可作为评估企业信息主体经营能力和偿债能力的参考项。

声明信息主要包括报数机构说明、征信中心标注和信息主体声明等信息。其中，报数机构说明是报数机构对企业信用报告中的信息记录或对信息主体所做的补充说明；征信中心标注是征信中心对企业信用报告中的信息记录或对信息主体所做的说明；信息主体声明是信息主体对报数机构提供的信息记录所做的简要说明。三类声明信息都包含声明内容和添加日期两个具体内容。

二、信用调查

（一）信用调查的流程

信用调查的业务包括接受调查委托、制订调查计划、实施调查计划、撰写调查报告四个步骤。

1. 接受调查委托

征信机构在收到委托人的调查委托后，首先应当审核调查项目的合法性与可行性，对于不合法或不可行的委托，或者服务费用无法达到调查目的的委托，不予接受。在确定委托可以接受后，征信机构会根据委托人的调查目的，就调查项目与调查方式与委托人进行沟通协商，提供专业建议，以帮助委托人能够准确实现调查目的。最后征信机构会就调查目的、调查项目、调查方式、收费额、收费方式等情况与委托人进行再次沟通交流，进而双方达成一致。在完成上述三步之后，征信机构与委托人签订正式委托合同，形成委托关系。

2. 制订调查计划

在开始实施调查之前，征信机构会根据合同确定的调查目的、调查项目、调查方式，制订详细、可行的调查计划。一般地，调查计划应包含调查时间、调查地点、调查对象、调查方式、调查内容等信息。

调查时间是指根据不同调查对象的相关情况，征信机构研究确定开展调查的具体时间，确保调查时间的合理和充裕，以便采集到准确和完整的信息。调查地点是指调查走访的实际场所，当对企业开展调查时，合适的调查地点对了解企业的真实信用状况非常重要。因此，征信机构应认真研究，罗列出需要调查的具体场所名单，一般至少应包含企业的办公场所、生产场所、仓库等重要场所。调查对象是指根据调查内容的不同，选择合适的调查对象。如走访财务经理了解企业的财务状况，访谈库房负责人调查企业的产品库存信息。调查方式是指征信机构对不同的调查对象，应研究确定不同的调查方式，以达到调查效果最优。主要的调查方式包括通知调查、实地调查和面谈。调查内容是指根据本次调查目的、调查对象、调查地点等具体情况，征信机构研究制定调查信息清单和调查问题清单，做到有的放矢，避免出现遗漏。

3. 实施调查计划

按照调查计划，征信机构安排调查人员实施调查，主要包括收集资料、进行实地调查、分析资料。其中，收集资料应遵循可用性的原则，从客户提供、已公开资料、以前征信机构保有的资料等渠道广泛收集有用信息；实地调查也是为了收集更多的资料，并且由此得到的相关信息能够更加准确的反映信息主体的真实信用状况；分析资料是对收集到的各种信息进行验证分析，去伪存真，然后综合运用统计学模型和对比分析、趋势分析、同业比较等方法对信息进行深入分析，得出初步判断。

4. 撰写调查报告

征信机构根据收集的材料、实地调查的情况、分析的结论等信息，撰写调查报告，对调查对象的信用状况进行评价，最后形成完整的信用调查报告，供委托方使用。这里需要注意的是：第一，对于秘密信息，要明确告知委托方该类信息的使用范围与注意事项；第二，要根据被调查方在通知调查中的配合程度与提供资料的诚信度，对被调查方的主观诚信度给予客观的评价；第三，对于履约能力的评价，要谨慎、客观；第四，除信息来源方要求保密外，应将信息来源告知委托方。

（二）信用调查产品

1. 个人信用调查报告

根据调查内容和目的的不同，个人信用调查报告可以分为租房购房信贷信用调查、聘雇信用调查报告。目前，国内的个人信用调查业务需求较少，而国际上该项业务开展相对广泛。

租房购房信贷信用调查是指房屋出租人（出卖人）和物业管理方对准租户（准房主）的历史信用信息和经济现状进行分析，以此来对其支付能力进行评估。

聘雇信用调查是指雇主对特殊岗位求职者和现有员工进行的调查，特别是对与儿童、老年人等弱势人群相关的工作岗位，或者可以接触到财务、授信等机密信息的重要岗位。在调查过程中，专业机构侧重于使用被调查人的身份信息、学历信息、职业资格信息、工作经历信息、信用信息、驾驶记录、法院民事和刑事诉讼信息等，综合考虑给出合理的用人决策，从而降低工作场所员工带来的各种风险隐患。值得注意的是，这类信用调查须征得当事人的同意后才能进行。

2. 企业信用调查报告

企业信用调查报告应用比较广泛，市场需求较为旺盛，在授信、商业推销、其他商业活动中都有不同程度的应用。通常，企业信用调查报告主要包括企业基本信息、企业管理信息、财务信息、信用信息、经营情况信息、公共记录、核实信息、量化指标和综合分析等内容。

企业基本信息主要包括企业名称、企业类型、行业分类、工商注册信息、联系方式、企业历史等。

企业管理信息主要包括企业的组织结构、关联企业的相关信息，还包括主要股东与管理团队的出生背景、年龄、健康状况、个人经营企业经历和理念、社会评价及信用记录、企业营运和财务管理能力等。

财务信息主要包括近三年的财务报表、主要财务指标等。

信用信息主要包括供应商反映的付款信息、企业账户的开户信息、银行信贷、历史还款记录、企业提供担保品的种类、品质、估值、变现能力。据此来了解企业的支付习惯、商业信用和银行信用情况。

经营情况信息主要包括企业的业务规模、主要产品、生产许可信息、企业所在行业的景气展望、企业自身发展潜力、进出口信息、重大合作、工程、并购等特殊项目。

公共记录主要包括经济纠纷的法院裁决、政府行政处罚的相关信息。

核实信息是指调查人员实地走访所收集到的信息。

量化指标主要包括企业信用评价和风险指数。

综合分析是指对被调查企业的信用状况的分析和评价，并给予授信策略或授信额度的建议。

三、信用登记和信用调查的重要性

（一）信用登记的意义

信用登记是对原始数据经过加工整理，客观反映信息主体的历史信用记录，所提供的信用报告具有广泛应用的意义，它有利于全面反映信息主体的信用状况、公共信息状况、合法权益保护，从而使不同信息主体的信用报告具有可用性。

1. 有利于全面反映信息主体的信用状况

为了全面反映企业和个人的信用状况，征信机构不仅全面采集企业和个人的正面信息和负面信息，还尽量从不同种类的机构采集，反映其信用状况的金融信息，以衡量其整体负债水平，实现全面主体信息的目标，防止企业和个人多头借贷和高负债发生。

2. 有利于全面反映信息主体的公共信息状况

公共信息揭示了信息主体在金融领域之外的其他领域的信用状况，是全面展示信息主体信用状况的另一类重要信息。公共信息应用具有全面性、时间跨度长、真实性的属性，进而全面反映信息主体在经济、社会管理和公共服务等领域的状况；全面反映信息主体在经济周期的信用风险评估等征信产品的开发价值；全面反映信息主体不存在篡改数据、弄虚作假等情况，信息主体数据的真实性能够得到保证。

3. 有利于全面反映信息主体的合法权益保护

因征信机构收集、整理、加工个人和企业信用信息，征信机构要依法负责保护个人隐私和企业商业秘密，建立健全信息主体合法权益维护机制，切实保障信息知情权、同意权、异议权、重建信用记录权和救济权。在本国法律框架许可的范围内，合法合规采集、加工、提供数据产品；保障个人和企业数据保存、加工、对外提供是安全的、有保障的，避免信息被泄露或非法使用。

（二）信用调查的意义

信用调查是通过信息查询、访谈和实地考察等方式采集所需信用信息，所涉及领域较为广泛，目的多样、意义重大，它有利于信用投资者开展决策和节约社会资源、企业提高信誉和规范市场经济秩序，从而使信用调查报告内容具有主观性、应用范围广泛性。

1. 有利于信用投资者开展决策和节约社会资源

在市场经济环境下，无论是银行的银行信用，还是民间借贷的民间信用，或者是企业的商业信用，都存在不同程度的风险，即存在信用投资不能全部或部分收回，或者预期收益不能实现的可能性。一般而言，银行信用的风险相对较低。如何降低风险？在向资金需求方提供信用资金之前，投资者综合评价资金需求方信用状况，估计其违约风险，然后据此判断是否给予资金支持，决定收益定位多少可以覆盖风险损失。这整个分析的过程不仅费时费力，还需要非常专业的知识。这正是信用调查的最初的业务需求。如果企业等资金投资者就能够将对资金需求方的信用调查交给专门的信用评估机构来进行，那么资金投资者能够根据专业机构的调查结果做决策，可靠性有保障，而且由专业机构统一开展信用调查，能更加高效地利用社会资源，避免由每个信用投资者各自开展调查而导致的社会资源浪费。

2. 有利于企业提高信誉和规范市场经济秩序

在普遍开展信用评估的背景下，那些履约能力强、可信任程度高的企业，一般会委托专业机构对自身信用状况进行评估。因为通过信用评估他们能够获得好的市场信誉，从而进一步提高自身知名度，有利于其业务持续发展。而那些履约能力差、可信任程度低的企业，一般不会委托专业机构对其开展信用评估。当下，信用评估是对企业的一种鞭策，这既有利于企业自强不息，提高自身市场信誉，又有利于规范市场主体的自身行为和市场经济秩序。

任何事物都有一个不断完善和发展的过程，信用调查业务也不例外。理论和实践总是相辅相成的，如果从来就没有实际开展过信用调查业务，那么信用调查的理论和方法就会长时间地停留在研究层面，而得不到提升。因此，广泛而深入地开展信用调查业务，在实践中发现问题、总结经验，能够助推信用调查的理论和方法不断充实和完善。

第三节　信用评分和信用评级

一、信用评分

（一）信用评分模型开发流程

信用评分模型的开发流程不仅需要大量的数据处理和统计分析技术，还需要有丰富的业务经验。一般来说，模型开发主要包括总体构想、建立数据集、确定变量、创建评分模型、监控和调整模型五个步骤。

1. 总体构想

信用评分模型的开发，首先要明确信用评分模型的开发目标。信用评分的主要目的是通过模型计算，准确反映客户风险等级，使审批流程自动化，缩短审批时间，减少人工成本，提高贷款发放效率。然后，根据目标需要和数据情况，选择合适的建模方法。建模方式一般可分为三类：一是基于历史数据，运用统计分析方法，通过科学严密的分析流程建立模型，主要分析方法包括多元线性回归分析、逻辑回归分析、随机森林、神经网络、支撑向量机等；二是由专家判断和专业机构的经验形成的模型，该类模型主要依靠信用评分人员的经验判断；三是由统计分析方法和专家经验判断结合运用而得到的模型，该模型的好处在于能综合前两类模型的优势，使模型的准备性更高，效用性更强。

2. 建立数据集

首先要确定样本总数量，即选取授信机构近几年所有贷款申请人，其中包括正常客户、逾期客户和被拒客户。其次，从授信机构的数据库和各个业务系统中，提取目标客户的历史数据。再次，根据业务情况、数据结构，对提取到的历史数据的类型、格式、单位等进行统一，形成标准数据。最后，根据业务内在联系、逻辑性等，对数据进行去重、补缺、逻辑验证等数据清洗过程，并归纳、合并、分组形成最终的数据集。

3. 确定变量

对整理后得到的数据集进行分析，找出数据间的内在关联，并对样本变量进行调整，从而确定具有较强预测能力的变量。不论预测变量是连续型变量还是离散型变量，都要将变量取值分成几个区间，使得各区间的预测结果差异最为明显，从而让预测变量的效用最大化。在确定了预测变量后，要从整个数据集的指标体系中通过经验判断、统计分析等方式筛选出最终用于建模的解释变量。常用的筛选统计方法有单变量回归、双因素回归等。

4. 创建评分模型

使用总体构想中确定的建模方法，通过筛选出来的变量，对数据集进行建模，得到初始模型。整个建模过程非常繁杂，需要多次的比较分析，多次的调整，从中筛选出效果最好的评分卡模型。一般地，最优模型都不是某一种建模方法得到的，它往往是多个方法的模型和专家经验模型的综合结果。模型建立之后，需要对模型的预测能力、稳定性进行必要的验证。只有通过了检验的模型，才能被运用到实际业务中去。评分模型的检验方法和标准通常有 K-S 指标、交换曲线、区分度、拟合度曲线等。

5. 监控和调整模型

在模型运行后，要对模型的稳定性和有效性进行监测，通常通过稳定性监测报表来对模型的稳定性进行分析和监测，特征分析报表可用于对模型有效性的监控。当外部经济环境、市场情况、申请者结构出现较大变化时，信用评分模型的预测能力可能会出现较大的弱化，需要对评分模型进行调整。此外，当授信机构的经营策略和信贷政策发生改变时，也需要对评分模型进行适当的调整，甚至是重建。

（二）信用评分产品

1. 评分产品介绍

通用信用评分已普遍应用于包括美国、英国、加拿大等在内的国家和地区，应用领域涵盖了信用卡生命周期管理、汽车贷款管理、住房递延管理以及消费信贷管理等业务领域，在信贷风险控制的各个环节发挥了重要作用。目前，国际上比较常见的通用信用评分产品是个人通用信用评分和小企业信用评分。

个人通用信用评分在国际上应用最广泛的是费埃哲评分（FICO score）。该产品是由美国 Fair Isaac 公司开发的各种评分的统称。该公司基于 Equifax、Experian 与 TransUnion三大个人征信机构的数据开发的评分产品，广泛地应用于商业银行信贷决策以及保险、通信、公用事业、房屋租赁、消费信贷等领域。评分模型重点关注客户的历史偿还情况、信用账户情况、使用信用的年限、正在使用的信用类型、新开立的信用账户等信息，并据此建立评分规则。其中历史偿还情况约占总影响因素的 35%，信用账户情况占 30%左右，使用信用的年限约占 15%，正在使用的信用类型和新开立的信用账户分别占 10%。

小企业信用评分是基于小企业的历史信用信息，将小企业主个人的月收入、债务余额、财产、就业情况、住宅所有权、历史信用信息，通过建模得到的，它具有效率高、成本低、客观性强的特点。小企业主个人的消费行为通常与小企业的经营管理有非常高的关联性，故而需要加入小企业主的相关信用信息。小企业信用评分在美国市场较大，且已逐渐在日本、英国、法国等国家发展起来。

2. 通用信用评分应用

通用信用评分是对客户信用风险的客观反映和量化评价，可以用于授信机构的业务拓展、风险控制、提升收益等方面。按照使用功能来看，通用信用评分可分为三类：一是将评分结果直接用于评估客户的信用风险；二是将评分结果和授信机构内部评分结合使用，建立评分矩阵，对客户进行多角度的信用风险评估；三是作为授信机构内部评分模型的一个变量参与建模，丰富授信机构内部评分模型的信息，提升模型实效性。按照使用领域来看，通用信用评分有三个应用领域，即信贷审批、风险定价、贷后管理。

在信贷审批环节中，通用信用评分结果既可单独使用，也可与其他信贷审批手段结合使用，对客户在信贷产品申请时进行审批决策。当单独使用时，授信机构可根据评分结果对批准人数和坏账率进行把握，在保证批准人数一定的基础上，将坏账率降到最低，在控制坏账率的前提下增加批准人数。当结合使用时，通常将评分结果作为一个变量嵌入授信机构内部申请评分模型，进而提升信贷审批决策的准确性。

在风险定价环节中，授信机构在制定利率时，可以参考客户的通用信用评分结果。根据评估结果去实施差异化的利率策略。目前，国际上很多国家的授信机构都在这么做。

在贷后管理环节中，通用信用评分可作为对传统贷后管理手段的补充，应用于额度管理、质量监测、催收管理等方面。具体来说，额度管理将通用信用评分与其他信用额度管理工作结合使用，使得额度调整工作更加的精细化。风险监测是通过对借款人的通用信用评分结果的持续监测，及时了解其信用状况的变化情况，并在信贷资产质量恶化到触发条件时发出预警提示。催收管理是在催收之前，利用通用信用评分对客户进行评估，并按照还款可能性的高低进行排序，然后针对不同风险等级的客户采用差异化的催收手段，将更多的资源集中于那些最具风险的客户，进而提升催收效果。

二、信用评级

（一）信用评级流程

1. 信用评级分类

信用评级有多种分类方式，主要分类方式包括按对象、按评级期限、按业务开展方式等。

按照评级对象可分为债项评级和主体评级。债项评级是对发行的债务融资工具或金融产品进行信用评级，对象包括各种债券和票据等。主体评级是对经济主体进行的信用评级，常见的经济主体包括工商企业、金融机构、主权国家等。

按照评级期限可分为短期评级和长期评级。短期评级是指对期限在一年（含）以内的债项进行的信用评级，主要业务品种包括短期融资券、商业票据、短期存款评级等。长期评级是指对期限在一年以上的债项进行的信用评级，这是评级机构的主要信用评级业务，主要业务品种包括中长期债券、长期存款、股票评级等。

按业务开展方式可分为主动评级和委托评级。主动评级是指评级机构根据公开信息，主动对评级对象进行信用评级，无须评级对象申请。委托评级是指评级机构接受委托而开展的信用评级，委托者可以是评级对象，也可以是评级报告使用者。

2. 信用评级方法

信用评级的方法种类繁多。这里主要介绍要素分析法、加权评分法和隶属函数评估法三类。

要素分析法是根据对评级对象的信用形成要素进行定性分析，必要时结合定量分析。该类方法是以定性分析为主，虽会辅之以定量分析，但仍主要考虑定性指标，依靠信用分析人员的经验进行判断。按照分析要素的不同，可分为5C要素分析法、5P要素分析法、5W要素分析法、4F要素分析法等。其中，5C要素是借款人品德（character）、经营能力（capacity）、资本（capital）、资产抵押（collateral）、经济环境（condition）；5P要素是个人因素（personal factor）、资金用途因素（purpose factor）、还款财源因素（payment factor）、债权保障因素（protection factor）、企业前景因素（perspective factor）；5W要素包括借款人（who）、借款用途（why）、还款期限（when）、担保物（what）及如何还款（how）；4F要素包括组织要素（organization factor）、经济要素（economic factor）、财务要素（financial factor）、管理要素（management factor）。

加权评分法是根据各具体指标在评级总目标中的地位不同，设定对应的权重，同时确定各具体指标的标准值，然后对比指标的实际数值与标准值得到级别指标分值，最后对指标分值进行汇总得到加权评估总分。该方法在信用评级中应用最为广泛，优点是简便易算。缺点是不区分指标的性质，会导致计算结果不够科学；不能动态反应企业发展的变动状况。

隶属函数评估法是根据模糊数学的原理，利用隶属函数进行综合评估。先利用隶属函数对各项指标在闭区间［0，1］内设定相应的数值，即对各指标进行单项评估；然后对各单项评估进行加权算术平均，得出综合评估。评估结果越接近0，说明信用越差，评估结果越接近1，说明信用越好。隶属函数评估方法较加权评分法更加合理，但该方法对状态指标缺乏有效的处理办法，会直接影响评级结果的准确性。此外，该方法未能充分考虑企业近几年各项指标的动态变化情况，评级结果很难全面反映企业生产经营发展的真实情况。

3. 信用评级过程

信用评级是一项十分重要和严肃的工作，评级结果是评级对象的信用状况鉴定书。因此，必须通过严格的评估程序加以保证。通常，信用评级业务的基本流程包括前期准备、信息整理、初步评级、评定等级、结果发布、跟踪评级六个阶段。

在前期准备阶段，客户向评估机构提出信用评级申请后，评级机构要进行初步调查，判断其是否有能力独立、客观、公正地对评级对象进行评级。在接受评级申请后，双方签订合同，约定双方名称、评估对象、评估目的、双方权利和义务、出具评估报告的时间、评估收费等细节。然后评估机构成立专门的评级小组，并制订评估方案。方案应对评估工作内容、工作进度安排和评估人员分工等做出明确规定。最后，评估小组通过公共渠道了解评级对象大致情况，向评估客户发放评估调查资料清单，要求评估客户把评估调查所需资料准备齐全。

在信息整理阶段，评估小组广泛的从外部渠道收集评估对象的相关信息，并将其与评估客户提供的资料做初步匹配，确定材料中遗漏、缺失、错误的信息，并通知评估客户进行补充，以保证评级材料的完整性和真实性。然后，根据信息收集情况，评估小组开展现场实地调查，实地调查通常包括与评级对象的高层管理人员及有关人员进行访谈、座谈等。此外，根据业务需要，评估小组还可向评级对象的主管部门、工商行政管理部门、银行、税务部门等相关单位进行调查核实。在完成信息收集后，评估小组需要对资料按照保密和非保密进行分类，编号建档保管，并对资料进行分析、归纳、整理。

在初步评级阶段，评估小组根据信用评级标准的要求，对评级对象的相关资料进行分析、综合评价和判断，形成小组统一意见，提出评级初步结果。然后评级小组根据评级初步结果，撰写信用评级报告，并经由评级小组负责人、部门负责人、评级总监三级审核，若在审核中发现问题，应及时修正，重新审核，最终达成一致通过意见。

在评定等级阶段，评估小组向信用评级机构的内部信用评审委员会提交三级审核后的信用评级报告。内部信用评审委员会召开评审会，提取评估小组详细汇报评估情况，并对信用评级报告进行讨论、审核，提出信用评级报告的修改意见。同时，根据信用等级评定办法，确定评估对象的信用等级。评估小组按照评审委员会决定的信用等级和评定意见，修改信用评级报告。信用评级机构在评级结果确定后，将信用评级报告送给客户，若客户不是评级对象，则还应将报告送达评级对象，征求意见。若对评级结果有异议，可在规定时间内向评级机构提出复评申请并提交补充材料。评估小组则根据补充材料，进行复评。

在结果发布阶段，评级机构根据监管部门要求，或按照事先双方约定的方式，将评级对象的评级结果予以发布。此外，评级机构还应将评级工作中涉及评级对象的相关资料进行分类整理，妥善保存。

在跟踪评级阶段，评级机构对评级对象进行首次评级后，应在评级等级有效期限内对评级对象的信用状况进行跟踪监测，评估对象应按要求提供相关资料。当评估对象的信用状况变动情况超出一定范围，评估机构应按照跟踪评级程序对评级对象进行审议，并对其信用登记做出调整。跟踪评级报告应与前次评级报告保持连贯。

4. 信用等级符号

信用评级的结果展示方式是一套简单明了的专业符号，不同符号代表不同程度的违约风险。根据信用评级对象的期限不同，信用等级符号有长期和短期之分。各个评级机构的信用等级符号也有所差别。这里主要介绍三大国际评级机构和中国人民银行金融标准委员会发布的信用等级符号。

标准普尔、惠誉、穆迪三大国际评级机构的信用等级符号划分有所不同。在长期信用评级等级方面，标准普尔和惠誉都分为了 10 个等级，且二者的等级符号相似度非常高，其中，前 9 个等级符号均一致；第 10 个等级符号有所不同。穆迪只分了 9 个等级，且与标准普尔和惠誉的前 9 个等级的符号非常相似。在短期信用评级等级方面，标准普尔、穆迪和惠誉有较大差别，其中，标准普尔分了 7 个等级；穆迪只分了 4 个等级；惠誉分了 6 个等级。三者的信用登记符号各不相同，详情见表 5-2。

表 5-2 三大国际评级机构信用等级符号

序号	长期信用评级等级符号			短期信用评级等级符号		
	标准普尔	惠誉	穆迪	标准普尔	惠誉	穆迪
1	AAA	AAA	Aaa	A-1	F1	P-1
2	AA	AA	Aa	A-2	F2	P-2
3	A	A	A	A-3	F3	P-3
4	BBB	BBB	Baa	B	B	NP
5	BB	BB	Ba	C	C	
6	B	B	B	R	RD/D	
7	CCC	CCC	Caa	SD/D		
8	CC	CC	Ca			
9	C	C	C			
10	SD/D	RD/D				

中国人民银行金融标准化委员会的信用评级等级符号划分，中国的主体和长期债券信用评级的等级都是 9 个等级，等级符号均是从 AAA 到 C。而中国的短期债券信用评级的等级只有 6 个，且符号与长期债券的等级符号差异巨大，详情见表 5-3。

表 5-3 中国债券和主体信用评级等级符号

序号	中长期债券信用评级等级符号	短期债券信用评级等级符号	主体信用评级等级符号
1	AAA	A-1	AAA
2	AA	A-2	AA
3	A	A-3	A
4	BBB	B	BBB
5	BB	C	BB
6	B	D	B
7	CCC		CCC
8	CC		CC
9	C		C

（二）信用评级产品

信用评级的产品是信用评级报告。报告不仅用于投资者在资本市场的投资决策参考，也用于信贷市场和行业监管。各评级机构的信用评级报告在分析方法、报告格式、报告内容上不尽相同，但主要信息有评级对象基本信息、评级结果、评级依据、评级分析、附录和特别信息披露。国内外主要评级机构的评级报告比较接近，展示内容主要包括概述、评级声明、报告正文、跟踪评级安排、附录等。

1. 概述

概述主要包括评级对象的评级结果，即其基本信息、评级主要观点、评级对象主要风险点和关注点以及评级人员联系方式等信息。其中，评级结果就是评级对象的信用等级，上面还会展示评级对象的基本信息、最近几次的信用评级结果、近几年的主要财务数据等；评级主要观点、评级对象主要风险点和关注点是概述的核心内容，通常会简明陈述评级机构给出信用等级的关键理由，以及投资者应重点关注评级对象的风险状况。

2. 评级声明

评级声明是评级机构将其所尽的义务和拥有的权利通过评级声明的形式进行展示。例如，声明评级过程的独立性、承诺资料数据的客观、公正和及时，说明相关法律法规要求披露的内容和事项，告知投资者可能遭受的损失等。

3. 报告正文

报告正文的主要内容包括评级对象的基本素质情况分析、经济环境和行业情况分析、业务运营分析、财务状况分析、评级对象的抗风险能力和偿债能力分析。所有分析要支持能够反映评级对象信用风险水平的评级结果。

4. 跟踪评级安排

跟踪评级安排是针对首次参与信用评级的评级对象的。评级机构会在评级报告中明确在信用等级有效期内的跟踪评级相关工作安排，包括跟踪评级时间、评级范围、出具评级报告的方式等。

5. 附录

附录收录了与评级相关的一些重要事项，包括评级对象近几年的主要财务数据、信用等级的符号和含义、其他需要特别说明的评级相关事项。

三、信用评分和信用评级的重要性

（一）信用评分的重要性

1. 信用评分解读的直观性

通过计算机将信用主体的信息数据，经过自动化、批量化、数据化的操作，用单一数值来反映借款人履约还款的可能性，以一个简洁直观的分数形式表现出来，是信息主体信用报告的数字化解读。信用评分一方面可以嵌入信用报告，另一方面可以提供给政府、金融机构或其他客户，使之能够方便地嵌入业务流程，作为公共的风险标尺，为各行业经营决策服务，提高管理效率。

2. 信用评分管理的稳定性

信用评分是基于大量数据，通过科学地建模、计算得出的，能够客观反映消费者信用行为的普遍规律，避免了人工管理过程中可能出现的主观偏见和误差，保持了信用评分的稳定性，使其不受经济波动的影响，不受金融产品种类、信贷生命周期不同阶段的影响，更能体现数据信息客观性。

3. 信用评分周期的调整性

当影响评分的数据项发生变动时，信用评分的分值也会随之改变，如发生重大经济波动或信贷数据发生变化时，根据最新数据和经济形势进行调整以保证评分的有效性。

4. 信用评分理解的市场化

信用评分的分数范围和原因代码一般简单易懂。这一方面有利于消费者认识和理解，从而保证良好的信贷行为；另一方面有利于监管机构把握市场动态，进行实时治理和监控。

（二）信用评级的重要性

1. 信用评级有助于企业防范商业风险，为现代企业制度的建设提供良好的条件

现代企业制度建立的初衷是让企业成为依法自主经营、自负盈亏、自我发展、自我约束的市场竞争主体，那么诚信便是企业发展壮大的根本。企业的信用状况不仅能够体现企业诚信经营的实际情况，还能客观地反映企业的抗风险能力，这是企业竞争力的重要表现之一。信用评级是对企业内在质量的全面检验和考核，其中就包括了对企业信用状况的综合评价。一方面，信用评级是对企业综合能力的评价，在企业经营过程中，企业可以通过客户的信用评级等级客观地衡量客户的经营能力和履约能力，从而在一定程度上降低经营风险。另一方面，信用等级高的企业在经济交往中通常可以获得更多的信用资源，更低的信贷资金成本和更多的订单等优势。企业为提升自己的信用等级，将进一步改善经营管理、加快企业技术创新，进而提升企业综合竞争力。这有利于企业间的良性竞争。

2. 信用评级有利于资本市场的公平、公正、诚信

信用评级能够客观真实地反映企业的信用情况。投资者可以通过企业的信用等级了解企业的信用状况，衡量企业的履约能力，从而优化自己的投资选择，保护投资者的利益。信用评级可以作为资本市场管理部门审查决策的依据，以保持资本市场的秩序稳定。信用评级也有利于企业低成本筹集资金。信用等级高的企业都是各大银行争先抢夺的优质客户，因企业支付能力强，信用状况良好，银行在提供信贷资金时，通常会给予较大的优惠，进而降低信贷资金成本。

3. 信用评级是商业银行确定贷款风险程度的依据和信贷资产风险管理的基础

企业作为经济活动的主体单位，与银行有着密切的信用往来关系，银行信贷资金是企业生产发展的重要资金来源之一。而企业生产经营活动状况的好坏，行为的规范与否，直接关系到银行信贷资金使用好坏和效益高低。因此，银行需要对企业的经营活动、经营成果、获利能力、偿债能力等有一个科学客观的评价，以确定信贷资金价格，最大限度地防范信贷风险。信用等级刚好就是这样一个客观、公正、公平地反映企业综合能力的评级体系，银行通常将企业的信用评级作为对企业评价的重要参考依据。

第四节　其他征信业务

一、数据类产品

在数据类产品的开发过程中，征信机构主要根据客户的需求，通过数据匹配、数据整合、数据分类、数据比较等数据分析技术，对客户需要的信息进行分析加工后提

供给客户，帮助其提高风险管理水平。数据类产品的开发难度较小，但市场需求旺盛，使用广泛。通常，该类产品是通过批量数据的形式提供给客户使用，且数据提供频率可由双方协商确定。数据类产品种类丰富，主要包括征信原始数据项产品、小微企业信用报告、信贷特征变量产品、预警提示产品、信贷统计服务等。需要注意的是，征信原始数据项产品和小微企业信用报告是基于传统信用报告的简单数据挖掘成果。这里，我们主要介绍后面三种产品。

（一）信贷特征变量产品

信贷特征变量，是指为提升信用报告使用价值，征信机构对信息主体信用报告中的原始数据进行整合、加工和计算，得到能够反映其信用行为特征的系列标识型变量。该类变量能够更深入地反映信息主体的行为特征，使信用报告更为便利高效。

1. 信贷特征变量的类型

不同的征信机构开发的信贷特征变量个数可能不同，但内容基本一致，主要包括还款历史、债务情况、信贷历史、信贷需求、信贷组合等几个方面，能够比较全面地反映信息主体当前的信用状况和未来的信用风险。其中，还款历史类特征变量反映信息主体拖欠还款的情况，如逾期期数、逾期金额、还款账户数等；债务情况类变量是信息主体所有账户的债务以及相关信贷产品使用情况的信息，如信贷产品平均余额、信贷额度使用率等；信贷历史类变量是信息主体使用各种信贷产品的时间长度和信用历史长度等方面的信息，如信贷产品平均开户时间长度、最长账户历史等；信贷需求类变量是信息主体在申请信贷时所反映的对于信贷需求的情况，如近期内信用报告查询次数、新开账户数等；信贷组合类变量是信息主体所有的、各种类型的信贷产品综合信息，如信贷账户数目、各类型信贷账户比例等。

2. 信贷特征变量的产品类型

信贷特征变量的产品涵盖了信用卡、分期类贷款、商业贷款、车贷、学生贷款、住房抵押贷款、个人经营性贷款等多种类型。此外，变量的时间间隔也有多种选择，通常包括在观察点前的 3 个月、6 个月、12 个月、24 个月、所有历史等。征信机构还可以根据客户需求，灵活地生成不同时间维度的特征变量。

3. 信贷特征变量的应用

信贷特征变量的应用领域主要包括市场营销和信用风险控制两个方面。一是在市场营销方面的应用。在获取新客户时，金融机构根据本机构信用政策情况，向征信机构提出一定的筛选标准。征信机构按照金融机构要求，在征信数据库中进行相应的搜索和处理，筛选出符合要求的客户信息，在把有关个人标识信息屏蔽后，将潜在客户的各种信贷特征变量反馈金融机构。金融机构自己根据变量和经验开发各种模型，用于分析新客户，从中筛选出有价值的客户。二是在信用风险控制方面的应用。在新客户应用上，授信机构利用信贷特征变量分析客户的偿还能力、收益能力和其他贷款使用情况，建立模型，预测客户违约可能性，从而确定合适的销售决策。在贷后客户管理上，授信机构利用信贷特征变量，结合其内部的信息主体相关信息，让其更加准确地了解信息主体的信用行为，有利于授信机构做出正确的商业决策。

（二）预警提示产品

预警提示类产品是根据授信机构提前预设监控条件，对监控对象相关信息进行运算、筛选和比对，并定期反馈授信机构预警结果，以帮助授信机构提高贷后管理效率。预警提示类产品主要包括集团客户监控服务、单个客户监控服务和反欺诈信息服务。

集团客户监控服务是根据授信机构的需求，征信机构可定期对关注企业的集团客户信贷业务违约状况、财务报表等信息进行监测分析，对触发监控条件的客户进行预警，并将相关情况反馈给授信机构。通常的预警条件包括逾期信息、欠息信息、流动资产与流动负债的比率、财务报表的综合分析信息等。

单个客户的监控服务是根据授信机构的需求，征信机构对借款人的信贷业务进行监测，并定期向授信机构反馈信贷业务相关情况。一方面，授信机构关心的是借款人的逾期信息，特别是借款人在其他授信机构出现逾期行为；另一方面，授信机构也关心借款人的信贷资产质量变化情况，特别是借款人在其他授信机构的信贷资产质量下迁徙的情况。这些信息有助于授信机构提高贷后管理的效率。

反欺诈信息服务是根据授信机构预设的条件和需求，征信机构对特定客户群体的相关信用信息进行监测，对触发监控条件的，在信息处理后反馈给授信机构。该类服务可应用于身份验证服务、基本信息欺诈风险提示、信用卡欺诈信息提示、企业财务信息欺诈风险提示。

（三）信贷统计服务

信贷统计服务是基于征信机构的数据库，按照国民经济核算原理，以金融统计核算原则为准则，通过对信贷数据的加工和整理，根据金融机构和公共部门的需要，提供信贷市场整体、主要行业在全国及各地的信贷市场结构，包括信贷余额、发放额、不良贷款等信贷业务数据，以便综合反映授信机构业务的运行特征和状况，反映借款人行为特征，为货币政策、金融监管、商业授信机构经营管理提供全面、及时、准确的信息支持。

1. 信贷资产结构分析的主要指标

信贷资产结构分析的主要指标包括信贷市场的结构分析、信贷市场的运行情况分析、信贷资产质量分析。其中，信贷市场结构分析包括信贷业务余额、发放额、信贷业务余额的增减变化情况、单家授信机构占银行信贷市场的份额情况、信贷业务余额增速、发放额增速等；信贷市场运行情况分析包括同类型金融机构贷款余额、发放额在不同地区和行业的市场集中度分析，同类型各金融机构在单个行业贷款市场集中度的变动情况；信贷资产质量分析包括反映单家授信机构在不同地区、不同行业的贷款不良额及不良率情况，逾期贷款余额、按地区、行业、企业规模、注册类型等维度的逾期贷款期限结构情况，表内信贷不良率情况。

2. 统计维度

信贷资产分析通常以行业为主线，以业务为辅线，按照地区、行业、信贷品种进行信贷市场结构分析、信贷市场运行分析、信贷资产质量分析。还可通过对维度的组合，结合总量指标和增量指标，进行信贷业务的汇总数据分析，也可按地区、行业、金融机构、借款人规模、借款人登记注册类型等不同维度的分类数据比较分析。

二、工具类产品

工具类产品服务是指征信机构根据金融机构的需求对数据库的数据进行较为深入

的分析和处理，开发出关联查询服务、评分模型、资产管理工具等分析支持类应用程序，并将结果反馈给金融机构，支持其营销和风险管理。该类产品是征信机构开发的重要产品系列之一，是征信机构核心竞争力的集中体现。

（一）关联查询服务

关联查询服务是指征信机构按照一定规则绘制出企业关系的复杂网络，生成关联企业名单、关系结构图，挖掘出企业和企业之间直接或间接的关系，识别出其中的潜在风险和影响因素并给出预警提示，向查询机构展示并推送提示信息。该类服务主要用于贷前审批、贷后管理、贷款清收、坏账催收等领域，为授信机构风险判别提供参考，有助于有效识别集团企业关联结构，掌握集团客户信贷业务情况。

1. 企业关联关系的特点

关联关系尚无统一、具体、量化的界定标准，但其统一的特点是关联企业间存在从属关系或共同从属关系；关联企业之间的链接纽带包括股权参与，契约合同和人事身份链接；关联企业之间的形成是基于加强竞争、垄断市场、逃避税收等特定经济目的。

2. 企业关联关系的类型

企业关联关系的类型主要有六种。一是投资关联关系，即通过对企业资本构成信息来匹配形成的特定关联关系，可细分为对外投资、被投资和相互投资三种。二是担保关联关系，即通过对借款人担保信息进行匹配，在企业间形成的特定关联关系，可细分为对外担保、被担保、相互担保三种。三是高管关联关系，即通过企业高管人员在其他企业担任高管职务或投资或担保的情况关联，形成的特定关联关系。四是企业担保人关联关系，即对企业担保合同中的自然人在其他企业担任高管或投资或担保的信息进行匹配，形成的特定关联关系。五是集团母子关联关系，即通过对企业集团公司信息与其他公司信息进行匹配，形成的特定关联关系。六是家族关联关系，即通过对家族企业法人代表亲族中自然人在其他企业的信息进行匹配，形成的特定关联关系。

（二）信用评分类产品

信用评分类产品是指运用统计和数据挖掘方法，利用借款人信用信息，建立预测其未来发生信用违约可能性的信用评分模型。按照评分所预测的未来表现结果可分为欺诈风险评分、破产评分、收益评分、债务催收评分。

1. 欺诈风险评分

欺诈风险评分主要包括申请欺诈风险评分模型和交易欺诈风险评分模型。其中，申请欺诈风险评分模型用于预测信用卡申请为欺诈的概率，为金融机构发现和拒绝欺诈性申请提供科学依据；交易欺诈风险评分模型则用于预测信用卡交易为欺诈的概率，为银行发现和拒绝欺诈性交易提供科学依据。征信机构通常只提供申请欺诈的评分，而交易欺诈评分多由金融机构自行开发。

2. 破产评分

破产评分模型用于预测信息主体破产的概率。因为破产前的信息主体的信用行为与其他违约行为的特征有所不同，且破产的损失远高于一般的坏账情况，故而其与通用信用评分有一定的互补性，可广泛的运用于账户管理方面。

3. 收益评分

收益评分模型是基于消费者在征信机构的信用历史记录预测其未来给授信机构带来收益的潜力。该模型可应用于信用卡账户管理，对收益评分高的账户可提供高信用额度，鼓励信贷消费；对于收益评分高的睡眠卡，可采取适当优惠措施来激活睡眠卡，以提高收益。

4. 债务催收评分

债务催收评分模型是由征信机构建立的，为商业机构或收账公司的收账工作提供数据信息支持，以便提升收账的效率。

（三）其他工具类产品

其他工具类产品主要包括监控和评估工具、资产管理工具和压力测试工具三类。

1. 监控和评估工具

监控和评估工具主要包括批量筛选服务和监控报告服务。其中批量筛选服务是通过对客户现有通用评分采用批量的方式，来定期筛查客户的信贷情况，使得授信机构可以对客户的风险状况进行及时监控；监控报告是征信机构向授信机构提供客户风险监控类服务，定期提供对某个特定领域的监测报告。

2. 资产管理工具

资产管理工具是指征信机构通过提供风险分析模型和决策平台，来帮助商业机构跟踪监测其投资组合的信用风险状况，从而提高对客户信用状况变动的响应速度和效率，以确保投资收益和利润。

3. 压力测试工具

压力测试工具主要是为了帮助授信机构对违约率进行动态评估，并评估经济环境变化对资金状况的影响。该产品可根据经济运行状况计算的加权风险资产，识别最优的经济周期因变量和评估中长期组合风险状况。

三、解决方案类产品

解决方案类产品是征信机构根据自身在数据整合、数据分析、风险管理等方面的经验和技术，将自己的数据类产品、数据库信息、用户数据，以及自己开发的通用或定制化的分析工具提供给客户，助力其建立优化账户开立、贷款审批、交叉营销等业务流程，进而为客户的战略决策服务。该类服务是征信机构提供的一种高端服务，也是征信机构为客户提供的定制的、全面的顾问式服务。目前，国际上的解决方案类服务主要包括营销解决方案、信贷类解决方案、其他解决方案。而此类产品在我国的应用较少。

（一）营销解决方案

营销解决方案是指征信机构利用自己掌握的信息主体的各类行为信息，以及服务对象提供的客户相关信息，综合运用自己在数据分析、模型开发以及营销管理方面的经验，为客户提供市场营销方面的解决方案的服务。该类服务的主要内容和方式如下：

一是提供商业策略顾问和营销顾问服务。征信机构会利用自己掌握的信息主体的信贷数据和营销数据，服务对象的客户信息、公开渠道获得的信息，对客户群体进行全面分析，提出系统性的商业策略，并将其应用于用户业务流程中，帮助用户确定最有价值的目标市场。

二是提供各类营销工具。征信机构通过使用客户销售成本预测与分析、客户贡献度分类分析、客户账户活跃度分析、呆坏账分析等营销工具，筛选出满足不同层次客户需求的产品，实现交叉营销。

三是提供全套营销策略解决方案。征信机构利用自身数据和专业优势，为服务对象提供全套营销策略解决方案，对服务对象的客户群和潜在客户群进行全面分析，协助定制产品规划的策略，通过模型分析等手段帮助服务对象建立潜在客户筛选、客户交叉营销、潜在流失客户挽留等方面的营销策略，并对整个营销管理流程进行规划和优化。

（二）信贷类解决方案

信贷类解决方案是征信机构利用自身技术和经验优势，为服务对象提供信贷审批和贷后管理相关业务的解决方案的服务。主要服务内容包括信贷审批解决方案和贷后管理解决方案。

1. 信贷审批解决方案

征信机构利用自身经验和技术，帮助授信机构更便捷地开发信贷申请程序系统。在提供该项服务时，应注意三个方面。一是标准电子化数据获取界面，将客户信息按一定格式存储以备分析使用。二是通过软件自动处理，审核申请人是否满足借款条件。三是通过决策引擎将数据引入规则和评分模型，再提供给操作人员有关贷款审批的决定。

2. 贷后管理解决方案

贷后管理解决方案的主要服务内容包括两个方面。一是征信机构设计很多贷后管理解决方案，用于解决服务对象在信贷产品管理上面临的问题，并提供有关客户关系管理方面的战略决策。二是征信机构为服务对象提供全流程的解决方案，包括优化贷款审批、账户管理和债务催收的流程和制定管理策略等，该类服务的主要对象通常为中心银行。

（三）其他解决方案

除上面介绍的营销和信贷类解决方案之外，常见的解决方案还包括数据管理解决方案、软件技术解决方案、合规性解决方案等。

1. 数据管理解决方案

征信机构利用自身数据库管理经验、掌握的商业信息，利用专业的数据匹配和验证程序，以及自己一整套的分析工具和技术，帮助服务对象将各系统间混乱的数据转换为统一的准确数据，并对数据进行分析，以提升其营销策略的有效性和客户关系管理能力。该服务方案提供建立和维护数据库、数据清洗、数据整合、数据扩充、数据分析系列服务。

2. 软件技术解决方案

征信机构通过自己建立的技术服务平台、数据管理软件、模型开发应用程序，为服务对象提供信息化技术解决方案，帮助其更快、更便捷地开展业务。

3. 合规性解决方案

征信机构利用掌握的整个金融机构信用数据的优势，自身数据分析技术和分析能力，开发模型，并将模型与软件解决方案和咨询服务进行组合，形成完整的合规性解决方案，帮助金融机构满足监管机构要求。

四、外包类产品

征信机构提供的外包类产品常见的有软件研发外包服务、信息技术研发与系统维护外包服务、业务外包服务等。

1. 软件研发外包服务

征信机构利用自己科技优势和软件开发经验，为客户的数据库管理、客户关系管理等业务提供软件开发和测试支持的服务。

2. 信息技术研发与系统维护外包服务

征信机构利用自身信息技术优势，为客户提供系统集成、电子平台建设、测试平台搭建的信息研发服务，还可为客户提供内部信息系统集成、网络管理、桌面管理、信息系统应用、基础信息技术管理平台整合等方面的信息技术支持和系统维护服务。

3. 业务外包服务

征信机构为客户提供内部管理、业务运作等流程设计服务，为客户提供后台管理、金融支付服务等业务的数据分析、数据挖掘、数据管理、数据使用的服务，为客户提供专业的数据处理、数据分析和数值整合服务，为客户的经营、销售、产品售后服务提供应用分析、数据库管理等服务，为客户提供采购、物流的整体方案设计服务等。

复习思考题

1. 简述征信业务的内涵、特点和分类。
2. 简述征信业务产品开发的原则和征信业务产品分类。
3. 简述信用登记和信用调查的重要性。
4. 简述信用登记和信用调查的基本流程。
5. 阐述信用评分和信用评级的重要性、操作流程和主要产品。
6. 谈谈你对其他征信业务产品的认识。
7. 联系实际，谈谈你对征信业务未来发展趋势的认识。

第六章 征信技术与征信标准

■内容提要

征信技术是引领征信管理未来发展的技术支撑，征信标准是征信管理的“游戏规则”。征信技术和征信标准是开展征信管理活动的手段和工具。本章围绕征信技术、征信标准、中国征信标准化的逻辑线索，主要介绍信用登记中使用的ETL技术、数据匹配技术、信用调查技术、信用评分技术；概述征信标准的内涵、征信行业标准和征信国际标准；阐述中国征信标准化的历程、现状、实施路径和大数据在中国征信业的应用。

第一节 征信技术

一、信用登记技术

征信数据库的构建是信用登记业务最关键、最重要的内容，信息提供机构从业务系统中提取数据，通过专用的计算机网络向征信机构的数据交换处理平台报送，最后将通过质量检查的数据加载到数据仓库中。在数据仓库的构建过程中，最核心的技术是从信息提供机构的业务数据库向数据仓库抽取、转换、加载数据的处理技术。

（一）数据抽取、转换和加载技术

1. ETL技术简介

ETL是英文extract-transform-load的缩写，用来描述将数据从来源端经过抽取（extract）、转换（transform）、加载（load）至目的端的过程。ETL技术，负责将不同来源、不同结构的数据如关系数据、平面数据文件等抽取到数据中转区进行转换、清洗、最后加载到数据仓库中，作为后续的联机处理、数据挖掘的基础。ETL过程相当于是联通数据源与数据仓库之间的一座桥梁，同时还在桥梁上设立“检查站”对经过的数据进行检查，去除不合格的问题数据，将通过质量检查的数据装载到数据仓库中。

2. ETL 技术的实现过程

ETL 的过程就是数据流动的过程，数据从异构数据源流向统一的目标数据库。ETL 技术的基本实现过程如图 6-1 所示。

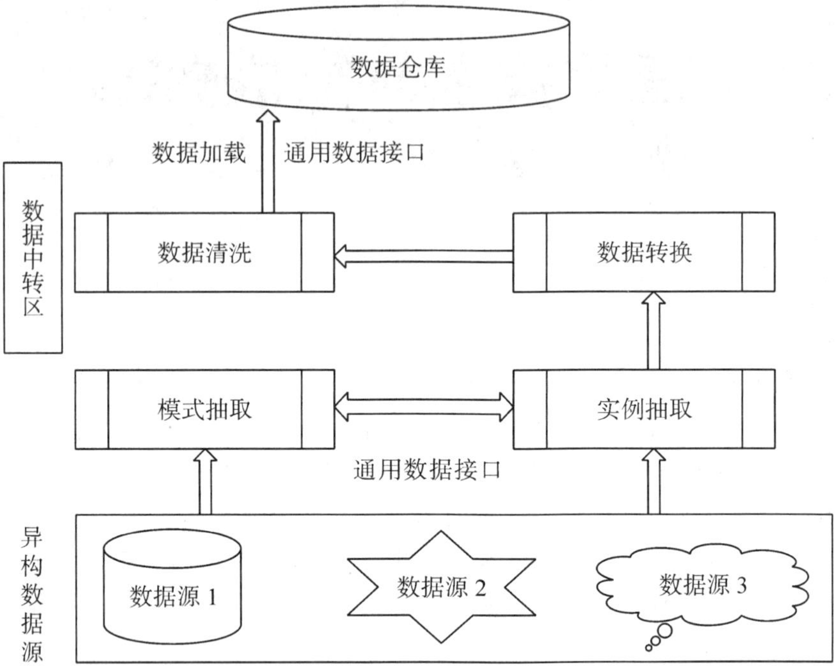

图 6-1　ETL 处理流程

（1）数据抽取。

数据抽取即从源数据库中抽取数据的过程。首先，技术人员需要开发通用的数据库访问接口，实现跨平台访问各种数据源，支持在不同类型的数据源之间建立连接。在设计数据抽取方案时，通常需要考虑源数据库和数据仓库的数据库格式是否一致、从源数据库中可以抽取哪些字段及实现数据抽取的技术手段、目标数据从源数据库的哪些文件中抽取等问题。数据抽取包括模式抽取和实例抽取，即先从数据源中抽取模式信息，然后进行人工分析或智能分析，形成实例数据的抽取策略，并将其存储在知识库中作为加载数据的依据。

（2）数据转换。

不同数据源的数据之间往往存在不一致的问题，如字段长度、赋值、数据类型等，数据转换即处理这些不一致问题的过程。数据转换包括两方面内容：其一，数据名称和格式的统一；其二，数据仓库中存在源数据库可能不存在的数据，通过对数据进行拆分、合并等操作创建新的数据。数据转换的规则包括以下几种基本类型：

一是直接映射。如果数据源字段和目标字段的属性个数相同，数据类型一致，则将源数据不改变地复制到数据仓库。

二是字段运算。对数据源的一个或多个字段进行数学运算得到目标字段，该规则一般适用于数值型字段。

三是字符串处理。从数据源某个字符串字段中获取特定信息，如身份证号。通常这些信息为数值型数据，以字符串形式体现，可对字符串进行字符串截取、类型转换等操作。

四是空值判断。对于空值的处理是数据仓库中一个常见问题，是将它作为“脏数据”还是有效数据，要视具体情况而定。但是无论采取哪种处理方式，对于出现空值的字段，不能进行“直接映射”，必须对空值进行判断，常用的处理方法是将空值转换成特定的值。

五是日期转换。在数据仓库中，日期值一般都会有特定的、不同于日期类型值的表示方法，如使用 8 位整型 20200901 来表示。而在数据源中，这种字段基本都是日期类型的，需要采用一定的函数进行转换。

六是聚集运算。数据仓库中的度量字段通常是运用聚集函数对数据源中的一个或多个字段进行聚集运算得来的，这些聚集函数包括 sum、count、min 和 max 等。

七是取特定值。取特定值与前述各类规则的区别在于它不依赖于数据源字段，而是对目标字段取一个固定的或是系统自动生成的值。

（3）数据清洗。

信息质量是决定信息价值的关键因素，因此有必要对加载到数据仓库的数据进行全面检查，删除其中的“脏数据”，即错误的和不一致的数据，这一过程就是数据清洗。与数据转换不同，数据清洗的目的是尽可能地去除“脏数据”，以保证数据仓库中数据的准确性、可靠性和一致性。

“脏数据”产生的原因很多，可以概括为两个方面：一是数据源的数据质量难以保证，可能存在数据格式错误、数据不一致或者数据不符合逻辑等问题；二是数据转换规则的描述或者 ETL 开发过程中发生错误。

“脏数据”的大量存在使得数据清洗工作显得尤为重要。数据清洗的处理对象都是大型的数据源，计算量非常大，手工完成数据清洗基本不可能，必须通过特定技术进行自动清洗。自动清洗处理一般包括三个步骤，即确定和定义错误的类型、搜索和识别问题数据以及纠正发现的错误。

（4）数据加载。

数据加载即将经过转换、清洗的数据装载到数据仓库的过程。在这个环节中，需要对新记录的主键与现存记录的主键进行匹配，如果现存记录的主键与其相匹配，则用新记录数据来更新目标记录数据。如果没有任何与之匹配的现存记录，则将这条新记录添加到目标表中。

（二）数据匹配技术

数据匹配技术是 ETL 过程中数据加载环节所运用的关键技术。

1. 数据匹配技术简介

数据匹配技术是征信机构的核心竞争力之一。征信机构将信息提供者报送的数据中与身份识别相关的信息抽取出来，在多个数据源之间执行数据匹配操作，以判断从不同数据源获取的信用记录是否属于同一主体的信用行为，然后将同一主体的信用信息整合起来，形成全面反映信息主体信用状况的信用报告。

2. 数据匹配技术的原理

数据匹配技术主要解决两方面问题：一是同一标识项存在差别。标识项不一致的原因主要有拼写错误，如在记录信用数据时，业务人员输入了错误的标识项；输入不完整，如业务人员少输入了几位数字；格式不统一，如名称中使用了不同的符号字符编码；数据噪音，如在名称中使用的多余的注释字符。在这些情况下，如果没有数据匹配技术，计算机进行精确匹配时会使同一信息主体的数据整合失败。二是使用了不同的标识项。在识别个人身份时，通常使用姓名、证件类型、证件号码。在信用交易中，同一主体可能会使用身份证、护照、军官证等多个身份证件，容易产生不同标识项的问题。对于企业而言，标识项可能更多，如企业名称、机构信用代码、工商注册号、组织机构代码和税务号码等。征信机构从不同的渠道采集信息，不同领域使用标识项可能不同。在这种情况下，通常要先寻找能够识别信息主体身份的字段组合来作为“替代”标识字段，然后再开展实体匹配操作。如“企业名称+企业地址”“姓名+出生日期”等都可以起到识别信息主体身份的作用。如图 6-2 所示，银行、法院和税务等信息报送机构逐笔向征信机构报送业务数据，征信机构需将信贷信息、担保信息、法院判决信息、纳税信息等信用信息按实体归集并进行展示。

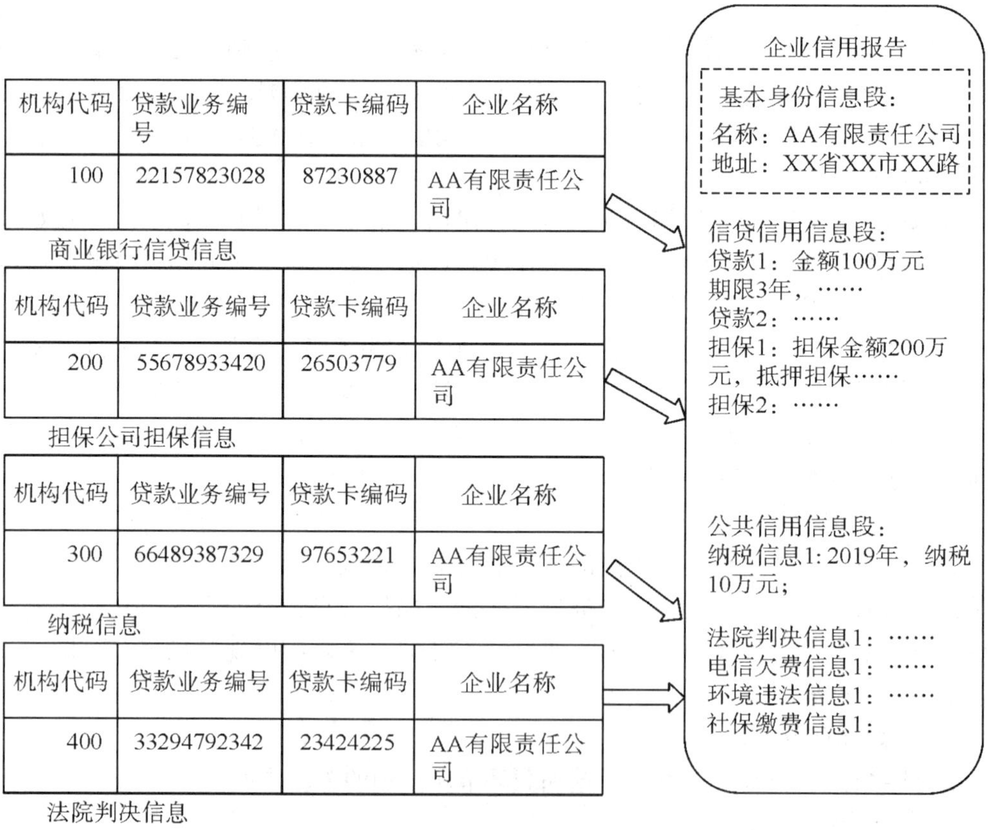

图 6-2　不同来源的企业信息匹配

3. 数据匹配的处理流程

征信机构执行的数据匹配操作可以分为四个阶段，分别是数据标准化阶段、索引与分组阶段、字段值相似度计算阶段和实体匹配阶段（如图 6-3 所示）。

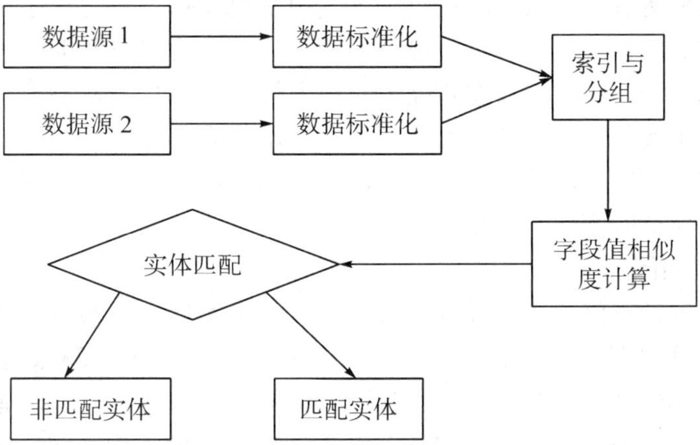

图 6-3　数据匹配的处理流程

（1）数据标准化。

不同数据源对同样的标识项或“替代”标识字段，可能使用不同的编码方式和数据类型，有时还会出现格式错误、逻辑冲突等问题，影响到后续属性字段相似度计算和实体匹配运算。因此，为了提高实体匹配的质量，保证不同数据源共享属性的可比较性，需要在进行属性字段相似度计算操作前进行数据标准化。数据标准化常用的技术有快速字符串匹配、缩略语发现、歧义切分等技术，它是数据匹配的必经阶段。其实，ETL 过程的数据抽取、转换环节已对不同数据源的信息之间的不一致性进行过处理，这里再列举几张标准化处理操作：

格式校验：使字段的数据格式符合该字段属性的类别要求。以个人的出生年月为例，若该属性为连续数字，则应该把诸如“二〇二〇年三月”的字符串转化为“202003”。

内容校验：使数据从内容上满足客观规律的要求。比如，个人的出生年月不能在当前时间之后，如果在 2020 年 1 月发现某条记录的出生年月内容为“202003”，则该属性字段值置空。

结构校验：使描述结构化的字段数据的排列顺序符合预定的规则。例如，设定个人出生年月的存储方式为六位数字，前四位为公元纪年，后两位为月份数，不足以零补齐，那么应该将“202030”“2030”“020230”等字段值修订为“202003”。

逻辑校验：使同一条记录之间不存在逻辑冲突或者不一致的现象。比如，个人的出生年月在其身份证的第七位到第十二位上也有体现，如果两者发生不一致则说明存在逻辑错误，可以设定相应的规则来进行处理。

（2）索引与分组。

当数据源存储的实体记录数量较大时，使用两两比较的实体匹配策略，将会使比较次数大幅度增加，造成实体匹配运算在有限时间窗口内无法实现。例如，数据源 1 实体记录数为 100 万条，数据源 2 的实体记录数为也为 100 万条，则相应的实体匹配所需要的比较次数将高达 1 万亿次，在有限的时间期限内（如 T+1）是不可能实现的，而这样级别的数据源是非常普遍的。

为了面对海量数据时降低实体记录比较的次数，需要对实体记录进行索引或分组，限制执行实体匹配运算时记录比较的范围，其中索引操作是将潜在存在匹配关系的实体记录排序在相邻的位置，然后通过设计匹配窗口，只对窗口范围内的实体记录进行匹配运算。分组操作是将潜在存在匹配关系的实体记录通过抽取关键字或执行聚类算法等方法分在一个实体组内，并将实体匹配运算限定在实体组内进行。通过以上方法将减少实体匹配运算时比较的次数，只对潜在存在匹配关系的实体记录进行比较运算，从而大幅度提高实体匹配运算的效率。

（3）字段值相似度计算。

字段值相似度计算就是使用规范的数值表示两个实体记录共享属性字段的相似程度，通常采用百分比表示。例如，对于数字“500535”与“500536”，它们几乎没有差别，但是它们的相似度是多少，需要通过形式化的数字来描述。可以通过相似度计算公式对字段值的相似程度进行统一描述和规范。字段取值类型不同，如数字型、布尔型和字符串等数据类型，相应的相似度计算公式也不相同。

（4）实体匹配。

在计算出实体对共享属性字段相似度之后，需要根据属性字段的相似程度及其识别实体身份的能力，进行实体匹配计算，以判断两条不完全一致的信用记录是否是现实中同一实体的行为，从而将信用信息按实体进行归集、存储和展示。常见的实体匹配方法有以下两种：

人工加权匹配：根据不同属性字段具备的识别实体身份的能力以及在匹配运算中的重要程度，人工给定属性字段的权值与匹配阈值，再采用线性加权的方式计算实体记录对的整体相似度。如果大于匹配阈值，则说明它们是匹配实体，否则就不是匹配实体。

机器学习匹配：从参加匹配运算的目标数据源随机抽取实体记录，并使用人工标注记录对的匹配结果，作为训练样本。对学习机进行训练，构建学习模型，学习训练样本中所蕴含的匹配函数。然后再进行目标数据源的实体匹配运算时，使用匹配函数进行实体记录对匹配关系的判定。

二、信用调查技术

在开展信用调查业务时，除了通过信息查询来了解调查对象的信用状况外，往往还需要通过实地观察、访谈或问卷调查的方式直接从调查对象处或相关方获取信息，或对已取得的信息进行核实。常用的信用调查方法包括观察法、电话调查、邮寄调查、深层访谈法等。

（一）观察法

观察法是通过观看、跟踪和记录调查对象的相关情况来汇集信息资料的调查方法，可以对调查对象公开地开展实地观察，也可以采用秘密的方式在调查对象不知情的情况下进行。

1. 观察法可以从不同角度进行分类

一是按观察结果的标准化程度可分为控制观察和无控制观察。控制观察是根据观察目的预先设计观察范围，在实施观察时，对观察手段、观察技术、观察程序和记录方式标准化。无控制观察比较灵活，对观察目的、程序等不做严格规定，记录也可采取随意的方式。二是按观察的具体形式不同划分为人员观察和机器观察。人员观察是由调查人员实地观察调查对象以了解情况的一种常用形式。机器观察则是通过机器观察调查对象，这些设备可能不需要调查人员直接参与。

2. 观察法的记录技术

在运用观察法时，记录技术的好坏直接影响调查结果的准确性的高低，因此应注意采用适当的记录技术。良好的记录技术，可以减轻调查人员的负担，使他们不致因忙于记录而顾此失彼。准确、及时、完整地记下转瞬即逝的宝贵信息及事项的变化情况，能加快调查工作的进程，便于资料的整理及分析。记录技术主要包括观察卡片、速记和记忆三种。

（1）观察卡片。

观察卡片（观察表）的结构与调查问卷的结构基本相同，卡片上列出一些重要的能说明问题的项目，并列出每个项目中可能出现的各种情况。

（2）速记。

这是用一套简便易写的线段、圈点等符号系统来代表在观察中出现的各种情况的方法，不需要用文字叙述，事后再进行整理。

（3）记忆。

这是在调查结束后，采用事后追忆的方式进行记录的方法，多用于调查时间急促或不宜现场记录的情况。记忆虽然可以避免给调查对象造成顾虑，但也容易遗忘一些重要信息。

（二）电话调查

电话调查指的是调查人员按照事先准备好的问卷，通过电话向受访者了解调查对象的有关情况，并现场迅速及时地记录下答复。

电话调查具有以下优点：第一，节约费用和时间。第二，可能访问到不易接触的受访者。例如，有些人工作太忙无法进行面谈，但他们有可能接受短暂的电话调查。第三，在某些问题上可能得到更为坦诚的回答。第四，易于控制实施的质量。现场经验较为丰富的调查人员可以在实施现场及时指导和纠正较为年轻的调查人员出现的一些不正确操作。

同时，电话调查还有以下缺点：第一，调查的内容难以深入。电话调查的时间不宜过长，问题不宜过于复杂，因此，比较难以调查较为深入的问题。第二，调查的成功率可能较低。例如，受访者可以轻易地拒绝电话调查。

（三）邮寄调查

邮寄调查是指调查人员将事先设计好的调查问卷邮寄给被调查者，由其填好后寄回的调查方法。

1. 邮寄调查的步骤

邮寄调查的类型包括普通邮寄调查和留置问卷调查。普通邮寄调查就是将问卷装入信封，通过邮局寄给选定的被调查者，并要求他们按规定的要求和时间填写问卷，寄回征信机构。邮寄调查的基本步骤包括三步：第一步，根据调查目的确定被调查者，收集被调查者的名单、通信地址或电话。在邮寄问卷前，可先通过电话、明信片或简短的信件向被调查者说明将向他们邮寄一份问卷，请求他们协助填写。第二步，向被调查者寄出调查邮件。除了调查问卷外，最好是附上贴足邮资并写明征信机构地址的回邮信封。邮件寄出后，调查人员可通过电话或信件与被调查者联系，确认是否接到了问卷，并请求合作早日寄回问卷。第三步，接收问卷并对问卷登记编码，统计问卷回收的情况。

留置问卷调查是由调查人员先当面拜访被调查者，说明调查目的和填写要求后将问卷留置于被调查者处，并约定几天之后再次登门取回填好的问卷，这其实是介于普通邮寄调查和访谈之间的一种方法。

2. 邮寄调查的优缺点

邮寄调查具有以下优点。首先，邮寄调查一般都是匿名的，保密性强，这样容易使被调查者有安全感，对问题的回答较为真实。其次，邮寄调查的调查区域广。从原则上讲，凡是通邮的地方都可以开展邮寄调查。再次，邮寄调查的费用一般比深层访谈和电话调查都低。最后，邮寄调查可以完全避免由调查人员造成的偏差，而深层访谈和电话调查的质量很大程度上取决于调查人员自身素质。但相比其他调查方法，邮寄调查的回收率较低，所需的时间较长，且存在被调查者可能会找他人代为回答，或没有填完所有问题，影响数据的质量。

（四）深层访谈法

深层访谈是指调查人员和一名受访者在轻松自然的气氛中围绕某一问题进行深入的讨论，目的是让受访者自由发挥，充分表达自己的观点和情感。

深层访谈法的特点在于它是无结构的、直接的、一对一的访问。正因深层访谈是无结构的访问，它的走向依据受访者的回答而定。随着访谈的逐渐展开，调查人员可以深入探究每一个问题，受访者也能够把自己的观点淋漓尽致地表达出来。深层访谈一般包括准备、实施和结束三个阶段。

1. 深层访谈的准备阶段

第一，选择调查人员和受访者。根据调查目的和已掌握的调查对象相关信息，征信机构筛选和确定受访者名单、选择能够胜任的调查人员。

第二，预约访谈时间和准备访谈计划。一般情况下，调查人员须事先与受访者进行电话沟通，预约访谈的时间。同时，调查人员要依据访谈的目的和重点，预先准备好提问的问题并拟定好访问的提纲，并应尽量详细。

第三，准备访谈用品。访谈前，调查人员必须准备好能够证明自己身份的证件，如工作证、介绍信等，此外还要准备笔、笔记本、录音笔等必需的物品。

2. 深层访谈的实施阶段

在这个阶段，调查员应注意以下两点：

第一，调查人员可以直接、正面地接近受访者，介绍自己的身份，直接说明调查的意图。若是调查人员已事先与受访者约定好，则开始访谈基本会较为顺利。另外，调查人员可以采用侧面接近的方式，先在开会、娱乐等活动中接近受访者，等到与受访者熟悉后再说明来意，进行正式的访谈。不管采取何种方式，在正式访谈时，调查人员都应详细地介绍此次访谈的目的、意图、受访者的回答有何意义、具有何等的重要性等，明确告知受访者的回答对其自身是没有任何不利影响的，消除受访者的顾虑。

第二，在必要或时间允许的情况下，可从受访者感兴趣的话题开始，但是在访谈过程中，调查人员要注意适当把握访谈的方向，防止偏离访谈目标。当出现受访者对所提问题不理解或产生误解时，调查人员应当礼貌、巧妙地加以引导。在受访者回答问题或陈述观点时，调查人员要认真倾听，以建立一种理解，并仔细揣摩以找到更深入提问的线索。

3. 深层访谈的结束阶段

结束阶段是整个深层访谈的最后一个环节，这个环节也很重要，不能忽略。首先，访谈结束时，调查人员应迅速重温一下访谈结果或检查一遍访谈提纲，以免遗漏重要内容。其次，访谈结束时，应再次征求受访者的意见，看看他们还有没有补充，这样可能会获得更多的情况和信息。最后，要真诚感谢受访者对本次调查工作的支持。

三、信用评分技术

在进行信用评分过程中，最主要的工作内容就是数据挖掘。数据挖掘是指从大量的、不完全的、有噪声的、模糊的、随机的数据中，提取“挖掘”隐含在其中的，人们事先不知道的，但又是潜在有用的信息的过程。通过数据挖掘，可以对数据进行关联分析、聚类、分类、估计、预测、异常检测等。数据挖掘主要涉及数据处理、模型开发以及模型检验三个技术，其中模型开发是最主要也是最关键的环节。

（一）数据处理技术

数据处理技术是指在建立模型之前，对采集的基础数据做一些预处理，以符合模型开发的要求。主要包括数据表述和总结技术、变量处理技术、数据分组技术等。

1. 数据表述和总结技术

数据表述和总结技术是指对数据的集中度和离散度等分布特征进行描述，对数据的质量进行稽核，对数据间的关系进行初步的探索等。常用的统计指标或方法有频率、均值、中位数、方差、极值、多维交叉表、相关系数等。

2. 变量处理技术

首先，在变量初选阶段，对数据进行一些处理，如相关矩阵等，分析因变量和自变量之间的关系，即哪些因素会对信息主体的信用表现产生显著影响。其次，经过初步筛选后，将数量众多的候选自变量进行压缩。从征信的角度看，能够反映信息主体信用状况的信息越全面、越丰富越好，但从统计的角度看，这些自变量之间可能存在多重共线性，往往需要通过主成分分析、因子分析、聚类分析等方法压缩自变量的数目。最后，出于统计需要，某些变量数据要先进行转换，实现变量值的标准化后才能使用，从而提高模型的抗震性和可解释性，一般采取对数变换、平方根变换等。

3. 数据分组技术

为了使模型更具针对性，通常要对所有数据进行分组，使同一数据组内个体的距离较小（相似度较大），不同数据组之间个体的距离较大（相似度较小）。通过对不同的组分别设计模型，最大限度地区别不同的行为模式和数理关系，提高模型的预测能力。

（二）模型开发技术

信用评分业务的核心是评分模型的开发。主要的模型开发技术包括判别分析、回归分析和最邻近法等统计学方法，以及神经网络、遗传算法等非统计学方法。

1. 统计学方法

统计分析的本质就是以数据为对象，从中寻找规律，为人们认识了解客观事物，并对其未来发展进行预测，从而进行决策或采取控制等提供参考依据。统计学方法是数据挖掘研究中应用最多，理论方法最为成熟的技术。常见的统计学方法有判别分析法、回归分析法、最近邻法、分类树法、存活分析法等。

（1）判别分析法。

最早将判别分析用于信用评分的是美国人大卫·杜兰德（David Durand）。自此以后，这一方法在学术界及金融界都得到了广泛的讨论与应用，FICO 信用评分就是基于判别分析法建立的。判别分析实质上是一种用来区分、判断个体所属类别的统计技术，它的目标是把一个群体分成两个或多个预先确定的小组，然后判断和预测新的个体应该属于哪个小组。

判别分析的主要步骤：一是将样本按目标变量分成预先设定的若干个小组；二是按照数学最优算法对每一小组样本计算出一个判别函数，该判别函数是自变量的线性组合；三是对新个体计算其每一组判别函数的值（评分），从而判断新个体属于哪个小组。

（2）回归分析法。

回归分析法是确定两种或两种以上变量间相互依赖的变量关系的一种统计分析方法，它的运用十分广泛。回归分析按照涉及自变量的多少，可分为一元回归分析和多元回归分析；按照自变量和因变量之间的关系类型，可分为线性回归分析和非线性回归分析。在实际应用中，最为普遍的是 Probit/Logistic 非线性回归分析法。

回归分析的主要步骤：一是从一组数据出发，确定因变量和自变量之间的定量关系式，建立回归方程，估计各自变量的参数；二是对这些关系式的可信程度进行检验；三是在许多自变量共同影响着一个因变量的关系中，判断哪些自变量的影响是显著的，哪些自变量的影响是不显著的，将影响显著的自变量选入模型中，剔除影响不显著的变量，通常用逐步回归、向前回归和向后回归等方法；四是利用所得到的关系式对某一个新的个体进行预测。

（3）最近邻法。

最近邻法是一个标准的非参数统计方法，也称为共性过滤分析法，是一种用来预测个体偏好的技术。其理论基础是具备类似偏好的人倾向于喜欢或购买类似的产品和服务。它通过对一个个体的偏好或交易历史的分析，找到一组具备类似偏好或交易历史的个体群，或叫作“相邻群体”，然后根据相邻群体的集体偏好或集体交易历史来预测该个体会偏好或购买什么，进一步地向该个体介绍或推荐产品及服务。

最近邻法的主要步骤：一是通过问卷调查或交易历史获得并建立反映个体偏好的样本数据库；二是用一定的相似性标准把具备类似偏好的个体分组，分成若干个“相邻群体”，并对样本进行动态更新；三是对“相邻群体”中的个体偏好进行加权平均，得到“偏好函数”；四是根据“偏好函数”来推荐产品和服务。

虽然最近邻法在预测客户违约可能性方面的应用针对性不是很强，但是随着信用评分应用领域的拓宽，除了申请评分，行为评分等也越来越多地被应用于信贷机构的信贷决策中，尤其是在产品营销方面。因此，最近邻法的应用性也随之加强。除了以上几种技术，统计分析技术还包括存活分析、多重判别、时间序列等方法。

2. 非统计学方法

实践表明，非统计学的方法，例如，线性规划、整数规划等也能对信息主体的信用风险进行描述、解释或预测。尤其是数据挖掘技术的出现、大数据概念的提出，更是激发了人们思路的无限拓宽，人工智能、神经网络、遗传算法等技术纷纷被广泛研究和应用。

（1）线性规划。

线性规划是指线性目标函数在线性约束条件下的最大值或最小值的问题，统称为线性规划问题。满足线性约束条件的解叫作可行解，由所有可行解组成的集合叫作可行域。决策变量、约束条件、目标函数是线性规划的三要素。

线性规划的主要步骤：一是列出约束条件及目标函数；二是画出约束条件所表示的可行域；三是在可行域内求目标函数的最优解及最优值。

在实际应用中，线性规划的优势在于如果想在评分中加入某种偏好，则该方法可以将这种偏好体现在评分中。但是，缺点是评分人员认为该方法没有统计学基础，不能检验所估计出的参数是否在统计上是显著的。

（2）整数规划。

在使用线性规划方法时，会碰到一些变量需要取整数值，如 0 和 1 等，此时需要用整数规划法。

总体来看，整数规划法进行分类时要优于线性规划法，但是，整数规划法在求解时需要比线性规划法花费更多的时间，因此，它往往只能处理样本容量为几百的小规模样本数据。

（3）专家系统法。

专家系统是一个智能计算机程序系统，其内部含有大量的某个领域专家水平的知识与经验，能够利用人类专家的知识和解决问题的方法来处理该领域问题，也就是说，专家系统是一个具有大量的专门知识库与经验的程序系统，它应用人工智能技术和计算机技术，根据某领域一个或多个专家提供的知识和经验，进行推理和判断，模拟人类专家的决策过程，以便解决那些需要人类专家处理的复杂问题。

专家系统通常由人机交互界面、知识库、推理机、解释器、综合数据库、知识获取六个部分构成。其中尤以知识与推理机相互分离而别具特色。知识库用来存放专家提供的知识。专家系统的问题求解过程是通过知识库中的知识来模拟专家系统的质量水平。推理机针对当前问题的条件或已知信息，反复匹配知识库中的规则，获得新的结论，以得到问题求解的结果。在这里，推理方式有正向推理和反向推理两种。

专家系统的基本工作流程是，用户通过人机交互界面回答系统的提问，推理机将用户输入的信息与知识库中各个规则（例如，如果每年的支出超过收入的 50%，那么这笔贷款不会被偿还）的条件进行匹配，并把被匹配的结论存放到综合数据库中。最后，专家系统将得出的最终结论呈现给用户。当决策者面临的问题是多重的、有顺序的或并行的，以及由于决策的多重性而使得问题不是很清晰时，专家系统法比较适用。

除以上技术外，还有神经网络法、模糊数学法、粗糙集方法、关联分析法、聚集发现等方法。

（三）模型检验技术

信用评分模型的检验，包括对最终信用评分系统的检验和对评分流程各步骤的检验，从数据来源、处理到各因素的设计、再到最后参数的估计和评分结果，缺一不可。一个稳定的评分系统，关键是要真正抓住预测变量与信用状况之间的因果关系，而不是单纯地从数据得到统计结果。

主要的检验技术有返回检验和基准检验。返回检验的重点是针对模型的区分能力、准确性和稳健性进行检验。其中针对模型区分能力和准确性的检验方法有交换曲线、K-S指标、拟合度曲线、区分度、能力曲线和 AR 比率等；此外还有针对模型稳健性的检验方法如压力测试等。基准检验主要用于检验模型的可适用性和可推广性，它的主要做法是将信用评分结果或各参数与相应的可观测外部信息和数据进行比较，从而对模型进行检验。这里可观测的外部信息可以是公开的外部评级机构的评级结果，也可以是监管机构给出的非公开参考数据等。

四、信用评级技术

信用评级业务的开展，通常包括数据收集、现场调查、信用风险度量、信用等级确定等步骤，并且信用风险度量不仅包含了对定量数据的计算，也包含了对定性因素的考量。信用评级技术是一项综合的技术，其中包含了调查技术、财务分析技术、建模技术、综合分析和评价等多种技术和方法。比较典型的评级技术有专家打分法、单变量研究法及信用风险组合模型等。

需要说明的是，信用评分和信用评价中都有模型的应用，模型本质上是一种工具，许多模型既可用于评分，也可用于评级。但是相比较而言，信用评分的种类繁多，并且其业务本身就是基于模型的开发和利用而开展的，因此对模型的依赖性较大。信用评级则相对目标明确，使用的方法更为综合，模型的应用可能只是其中的一方面或者一个环节，因此对模型依赖性相对较小。因此，本节侧重于信用评级较分为常用的几种模型技术。

（一）专家打分法

早期使用比较多的是以专家经验判断为基础的评价方法，即按照经验法则，由专家根据自身知识、经验和分析判断能力，在对评级对象进行深入调查了解的基础上，对照评价参考标准，对评级对象进行综合的分析和评价。比较有代表性的方法有“5C”“5P”“5W”和 CAMPARI 要素分析法以及骆驼评级体系等。

“5C”是指品质、能力、资本、经营环境及担保情况。通过对债务人的职业道德、业务能力、资本实力、抵押品质量以及整体经济运行情况的分析，揭示债务的总体信用风险，其余几种方法和“5C”方法类似，但要素的分类和侧重点有所不同。例如，“5P”包括个人因素（personal factor）、目的因素（purpose factor）、还款因素（payment factor）、保障因素（protection factor）和前景因素（perspective factor），“5W”是指借款人（who）、借款用途（why）、还款期限（when）、担保物（what）、如何还款（how）。CAMPARI 要素分析法主要从品德（character）、偿债能力（ability）、获利能力（margin）、借款目的（purpose）、借款金额（amount）、偿还能力（repayment）、安全性（insurance）七个方面来考察企业的信用状况。骆驼评级体系则是每个金融监管局对商业银行及其他金融机构进行信用评价的一套规范化的综合评价制度。

在实际应用中，评级要素被不断完善，不仅关注点更加全面，指标也更加细化。一般情况下评级机构会考察企业的外部经济运行，行业竞争环境、内部管理、股东及关联企业、财务情况、资金实力、经营能力等方面因素，并且在指标的选取上也会注重定性和定量的结合。虽然各评级机构的基本关注点是一致的，但是往往表现出其自己的独特性，既有共性，又有个性。多数评级机构都有自己的完整的独立的评级指标体系。通过专家判断或其他方法给指标体系中的每一指标设定一定的权重，由评级人员根据事先确定的打分表对每一指标进行打分，再根据总分确定其对应的信用级别。

专家打分法较多地依赖于评估人员的经验和能力，主观性较大，不同的专家可能对同一个评级对象得出不同的结论。另外，专家在进行评判时也容易形成思维定式，从而导致评判结果有失公允。因此现在的评级机构在开展评级业务时基本不会简单地依靠专家经验判断，而是采用更为科学、专业和全面的方法。但是，虽然随着数据的积累和技术的进步，评级机构可以选择的技术和方法越来越多，但是现实环境往往是复杂多变的，任何一个定量指标或一种模型都是运用简化的数学方法构建而成，或多或少会与现实存在差异。因此多数评级机构会采用定性和定量、动态和静态分析相结合的方法，并且专家或者评级人员的经验在其中也依然发挥着重要的作用。

（二）单变量研究法

单变量研究方法试图通过较为单一的指标预测公司的财务危机，从而判定公司信用风险的大小。1932 年，菲茨帕特里克对 19 家破产公司和非破产公司的财务比率进行了比较，认为对信用风险判断能力较高的指标为净资产收益率（净利润/净资产）和净资产/负债这两个指标，在美国经济大萧条之前的三年，这些比率有显著的差异。1968 年，比弗（Beaver）利用单一的财务指标预测公司的财务危机，他选取 1954—1964 年 79 家失败公司和相对应的 79 家成功公司的 30 个财务比率进行分析，以二分类法从 30 个财务比率中找出最具有区分能力的财务比率及分界点，得出的结论认为预测公司财务危机的最好指标为现金流量/总资产。

单变量研究方法虽然克服了专家打分法的主观性，并且具有指标关系简单、逻辑清晰的优点，但是它的缺点也显而易见，主要体现为模型过于简单，考虑的因素过于单一。现实中信用风险的成因往往是复杂的，受多种因素影响，因此，单纯地运用单变量研究方法来对某一对象进行信用风险评估，显然是不全面的。

（三）信用风险组合模型

信用风险组合模型主要用于测算资产组合的信用风险，主要有信用计量（credit metrics）、信用风险组合（credit portfolio view）和信用风险+（credit risk+）三种模型，比较典型的是 credit metrics 系列模型。credit metrics 是一种衡量资产组合风险大小的方法，其核心思想是资产组合的价值不仅受到违约的影响，而且受到其信用等级变化的影响，违约仅是信用等级变迁的一个特例。它第一次将资产组合的信用等级迁移、违约概率、回收率等相关因素纳入了一个统一的框架中，并基于这些因素，根据市场信用风险价差计算资产组合在一定期限内（通常为一年）的市场价值及其波动性，进一步得出资产组合的信用在险价值 CVaR（credit value at risk）。

运用该模型主要分为四个步骤：首先，根据评级公司提供的评级结果作为输入变量；其次，估计资产之间的相关性；再次，根据历史数据计算出相关资产的联合违约率，并建立信用等级迁移矩阵以及信用等级违约率矩阵；最后，计算不同信用等级下的损失率，从而估算资产现值。

Credit Portfolio View 模型是 Credit Metrics 模型的扩展和补充，是将各种影响违约概率以及相关联的信用等级转移概率的宏观因素纳入自己的体系。但该模型存在一些缺陷，如实行这一模型需要可靠的数据，而每一个国家、行业的违约信息往往较难获得。此外，该模型中的宏观经济因素调整过程是基于银行信贷部门累积的经验和信贷周期的主观判断，这使得模型的结果具有主观性。Credit Risk+将违约率处理为一个连续的随机变量，还考虑了违约率的波动性，目的是表现出违约率水平的不确定性特征，它最主要的前提是，通过单项资产的风险暴露、违约率均值、违约率的标准差和每个风险暴露分布的板块及相应的损失百分比的数据输入，可以得到一个组合的风险暴露。

作为应用最为广泛的两个模型，KMV 模型和 Credit Metrics 模型在理论和操作层面上都存在着许多不同之处。首先，两个模型对信用风险的定义不同，KMV 模型将债务分为“违约”和“不违约”两种范畴；而 Credit Metrics 模型则将“违约”的概念进一步扩大至信用登记变化的范畴，认为违约风险还应该包括债务人信用等级下降导致市场价值大幅下跌的情形。其次，两个模型应用范围的侧重点有所不同，KMV 模型更适合于上市公司的研究，方便从交易价格中计算企业的资产价值和资产波动性；而 Credit Metrics 模型则主要通过信用等级迁移的历史数据间接获得企业资产的市场价值以及波动性，也适合用于非上市公司的研究。

第二节　征信标准

一、征信标准的内涵

（一）征信标准的定义

征信标准是指为了规范征信机构的业务运作、形成良好的行业秩序，解决信用信息服务中的实际问题而制定的共同使用和重复使用的一种规范性文件。征信标准针对征信机构和征信行业在信息采集、处理、加工和使用中所面临的实际问题，提供了一种建立在科学、技术和经验上的，可共同和重复使用的解决方案。

（二）征信标准的内涵

征信标准的内涵包括四个方面。第一，征信标准是一种规范性文件，是为征信机构及相关主体开展业务活动提供规则、导则或规定特性的文件。第二，制定征信标准的目的是获得最佳的运行秩序，通过征信标准的制定和实施，使征信机构和征信行业的有序化程度达到理想状态。第三，制定征信标准的对象为重复性的事物，如某一项业务流程、某一种评级符号被许多人反复应用，或同一类征信技术在不同地点、不同对象上应用。第四，征信标准是征信技术或实践的规范化成果，并以此促成对征信资源更有效的利用。

（三）征信标准的分类

1. 按制度主体分类

征信标准可以分为企业标准、行业标准、国家标准、国际标准。企业标准是由征信机构制定的在其内部使用的标准。行业标准是指由征信管理部门、征信行业协会制定并公开发布的标准，包括由征信机构制定，后来上升为行业标准或被其他机构所采用的企业标准。国家标准是指由一国征信标准化机构制定并公开发布在一国范围内使用的征信标准。国际标准是指由国际或区域性标准化组织、经济金融组织制定和颁布，在全球范围或特定地区适用的征信标准。

2. 按标准内容分类

征信标准分为总体和基础类标准、产品和服务类标准、运营管理类标准和信息技术类标准。总体和基础类标准是对征信标准制定起指导作用，作为其他征信标准编制和引用的依据而具有广泛指导意义的标准。产品和服务类标准是指征信机构对外提供服务，为确保服务品质、提高生产效率而对不同征信业务、征信产品进行规范的标准。运营管理类标准是指征信机构对内设部门进行的管理活动所需要的标准。信息技术类标准是征信业为实现信用信息采集、加工、交换、使用等过程而制定的技术支撑和安全维护标准。

3. 按标准实施的约束力分类

征信标准可以分为强制性标准和推荐性标准。强制性标准是指强制实施的征信标准，征信机构必须按照标准要求执行。推荐性标准是征信管理部门或征信行业协会积极向征信机构推荐应用的标准，征信机构可以按照自愿原则自主决定是否采用。

（四）征信标准与征信法律的区别和联系

征信标准和征信法律是征信制度体系的主要内容，共同构成了征信体系的制度基础。征信标准与征信法律在价值理念上具有一致性和相似性，但在制定主体、实施效力、内容形式方面又存在差异。两者的主要区别：一是在制定主体上，征信法律的制定、修改和废止由各级立法机构实施，而征信标准的制定主体存在多种类别，包括国际组织、政府部门、行业协会和征信机构等。二是在实施效力上，征信法律具有强制性，违反了征信法律的相关规定，国家将借助强制力来维护法律尊严。而征信标准既有强制实施的标准，也有推荐性标准，如果没有监管部门的要求，推荐性征信标准的实施完全取决于标准适用主体的主动性。三是在内容形式上，征信法律一般由行为模式和法律后果两部分构成，而征信标准没有后果性规定。

二、征信行业标准

征信行业标准是指由征信管理部门、征信行业协会制定并公开发布的标准，包括由征信机构制定，后来上升为行业标准或被其他征信机构采用的征信企业标准。本节主要介绍美国邓白氏编码体系、益百利信息安全管理规范、美国个人信用信息采集标准以及英国数据互惠原则四项典型的行业征信标准。

（一）邓白氏企业编码体系

1. 制定背景

邓白氏公司是国际知名的企业征信机构。在 170 多年的发展历程中，为了获得更准确、完整、及时和连贯的企业信用信息，寻找有价值的客户和业务增长点，邓白氏公司研发了一套有效的数据处理分析流程，这个流程由五个环节组成，包括全球信息收集、企业匹配、邓白氏编码、企业家族链接、预测指数。在邓白氏流程中，邓白氏企业编码是至关重要的一个环节。

2. 主要内容

邓白氏编码是由邓白氏公司为其数据库中的每一家企业建立的身份标识，由 9 位数字构成，前 8 位数字用于定义一个独立的企业，第 9 位数字是校验码，用于保证被标识机构编码的唯一性和标识的准确性。邓白氏编码的编发是随机的。

邓白氏编码体系可以为所有类型、正在运行的组织运行编码，包括企业、非营利组织和政府部门等。邓白氏编码是固定不变的，贯穿于组织的整个生命周期。即使企业名称、地址、公司结构发生变化，甚至破产，邓白氏编码也不会改变。

邓白氏编码是邓白氏公司数据库信息准确、全面、及时的重要保障，贯穿于商业信息汇总、分析的全流程。通过邓白氏编码，邓白氏公司能够采集来自 200 多个国家、95 个语种或方言、181 种货币单位的企业信息，日更新频次更是高达 150 万次。邓白氏编码既是企业识别系统，也是规范企业管理的工具。一方面，邓白氏编码可以有效识别、整理、合并企业的各种信息，建立和管理现有客户、潜在客户的信用档案，帮助客户进行风险管理和营销决策，提供信用管理解决方案；另一方面，邓白氏编码可以辨识相关企业，绘制企业家族关系树，建立与供应商、客户以及贸易伙伴之间的联系，帮助企业对自己的供应链进行有效管理。

概括起来，邓白氏编码的主要特性：一是通用性。邓白氏编码已存在 50 多年，为全球 190 多个国家的组织配码。二是唯一性。分配编码时，遵循严格的分配和维护的规则。邓白氏编码尽可能从最低级别的组织开始配码，为有独立业务的组织配码。编码一经分配，就不会再分配给其他机构。三是稳定性。一个机构的邓白氏编码在其组织生命周期内都保持不变。

3. 应用情况

在美国境内，邓白氏公司为大多数本土企业编发了邓白氏编码，建立信用档案。一些政府部门在履职过程中也开始应用邓白氏编码，提高管理效率。例如，基于邓白氏编码在简化通关手续、降低人工成本方面的积极作用，美国海关在 2010 年 1 月 26 日起正式实施的新安全报关方案中规定，进口商在货物装船前 24 小时内必须申报 10 项信息。如果供应商已取得邓白氏编码，则可免填供应商的企业名称、地址等烦琐信息，从而大大优化了申报流程，提升了通关效率。目前，美国进口商已逐渐要求全球供应商必须提供其邓白氏编码。

邓白氏编码还在其他国家和地区得到了广泛应用。一些财富 500 强企业通过将邓白氏编码嵌入其内部运作系统和流程，对其业务伙伴的信息进行管理。例如，大众、飞利浦、三星、沃尔玛、采埃孚等诸多大型采购商都要求最终供应商必须先取得邓白氏编码。

邓白氏编码体系在 1989 年被美国标准化组织（ANSI）接受，1993 年被国际标准化组织（ISO）接受，1995 年被欧洲共同体接受，目前已得到多个国际组织、协会以及政府部门的认可和推荐。

（二）益百利信息安全管理规范

1. 制定背景

益百利是一家全球性的征信机构，目前在全球范围内建立了33个数据库，包括19个个人征信数据库和14个企业征信数据库。随着运营数据库数量的增加和规模的扩大，益百利与其他大型征信机构一样，面临着日益严重的信息安全威胁，如非法侵入、黑客攻击、病毒破坏、自然灾害等。为应对这一挑战，益百利加强了对征信数据库的安全管理工作，于2009年制定了《益百利全球安全条款和标准》（以下简称《条款和标准》），以建立和完善自身的信息安全管理体系，保障征信信息安全和征信业务活动的连续性。

2. 主要内容

《条款和标准》主要从系统环境、系统配置、业务操作层面分别阐述了对信息安全的要求和标准。

（1）系统环境层面。

在系统环境层面，《条款和标准》提出了五方面的要求：

第一，制定信息安全策略。《条款和标准》由益百利全球风险管理委员会制定，定期进行检查更新，以确保与商业需求、商业环境、外部技术环境、内部技术环境、法律法规和合同要求一致。

第二，加强组织和管理。在组织结构上，益百利全球风险管理委员会对益百利公司的风险负最终领导责任；益百利全球安全控制委员会负责制定益百利信息安全条款和标准；益百利全球首席信息安全官监督并指导益百利信息安全方案的实施和协调工作，所有的信息资产，如数据、应用程序、软件和硬件都指定专人负责其安全。

第三，强化培训和安全意识。《条款和标准》要求所有工作人员都必须遵守一套全面的安全要求和程序。全球安全办公室给员工安排了特定领域信息安全的意识培训项目，所有益百利员工在录用时就必须接受强制性的信息安全和数据保护培训，随后每年至少参加一次培训。

第四，实施信息资产分类。《条款和标准》按照安全风险评估结果决定信息资产的类别。信息资产依据敏感性、价值、重要性、影响或资产固有的风险进行分类。然后按照资产的分类，在信息资产整个生命周期内控制确保信息的机密性、完整性和可用性。

第五，确保物理和环境安全。《条款和标准》要求定期对物理和环境安全性进行风险评估，风险评估中对物理和环境安全性的最低限度做出要求。所有益百利员工都有责任维持所需的物理和环境安全水平。

（2）系统设置层面。

在系统设置层面，《条款和标准》提出了三方面的要求和标准：

第一，完善通信与操作管理。《条款和标准》要求有详细的流程和程序确保系统的保密性、完整性和可用性。这些流程包括系统监控和日志记录、变更管理、入侵检测、预防、数据和语音网络安全等。客户或机构接入益百利网络可分为三个物理隔离层：首先是客户连接到网络的接入层，其次是虚拟应用服务安装的交换层，最后是实际应用服务和后端服务等最终服务器架构的服务层。网络的每一层设备都有“防火墙”分隔，并由入侵检测系统和入侵防御系统实时监控。

第二，明确系统访问管控责任。《条款和标准》要求对用户注册及取消注册进行规范管理，定期审查用户访问权限，删除和识别无效或休眠账户。所有益百利员工在选择和使用密码时必须遵守相关的安全性要求，还需确保无人值守的设备也得到充分保护。充分实行认证制和问责制，每个用户都分配了一个独有的用户 ID。用户状态一旦发生变化，访问权限应立即撤销或重新分配。特权或行政保留账户仅用于执行系统的维护和相关的行政职务，对这些账户应更频繁地进行审查，并受到更严格的控制。益百利使用与信息资源敏感度相适应的身份验证和授权机制来保护数据，对于高度敏感的数据则需要进行多因素的验证。

第三，全过程系统开发及维护。益百利有一个项目管理框架，该框架在项目启动之初，通过项目利益相关者参加的正式研讨会来确定风险。讨论确定的风险将被导入到一个标准的风险登记模板中，从而对每个风险进行评估，确定其影响和发生的概率，再确定优先关注的顺序。然后选取适当的应对措施进行风险缓释操作。此外，还设有专门的项目经理岗位，负责定期审查项目风险和缓释措施的进度。

（3）业务操作层面。

在业务操作层面，《条款和标准》提出了五方面要求和标准：

第一，人员任用及管理。所有员工在聘用、晋升或转职前会被审查。聘用或晋升合同中都有安全性条款，并在合同及个人工作职责中对相关工作的责任和任务进行明示。所有员工都将签订不限于受雇期间的保密标准协议。

第二，业务连续性管理。业务连续性管理的目的是维护益百利内外部股东的利益，以确保企业遵守法律、合同和其他正式及非正式承诺，并保护企业的声誉、品牌和价值创造活动。益百利建立了业务连续性管理框架，所有业务都包含在业务连续性管理程序中，并分析了各业务的需求，明确界定了这些业务的恢复时间，以确保其危险性被认知。

第三，第三方管理。《条款和标准》确定了许多措施来管理可能影响客户数据安全的外包服务或活动。当第三方要求接入益百利信息系统时，应在风险评估的基础上进行信息资产分类和信息敏感度评估之后再对接入申请进行处理，以确保所有风险都可识别且可控。同时，第三方必须证明自己的信息安全管理和程序与益百利的信息安全政策和规定一致。系统的访问必须经过主办经理审批，并在合同中进行书面约定。

第四，事件管理。《条款和标准》要求建立管理和应对信息安全违规、不寻常或可疑事件的程序。目的是控制这些事件对信息资产的更大损害，找到问题产生的根源并进行纠正。要定期审核和测试安全事件的趋势和模式。所有第三方和合作伙伴的员工必须每年强制性进行信息安全培训，培训内容包括识别和报告安全事故。

第五，数据传输标准。《条款和标准》明确界定了自身、客户以及其他第三方之间的信息传输所需的控制手段和标准。信息安全管理原则对有效的信息保护提出了不可抵赖性、机密性和可审核性的要求。包括互联网在内的所有网络通信类型都应在数据传输方面提供适合的加密解决方案。任何被传输或者交换的数据都将根据它的价值和重要性进行分类并分别对其制定特定的管理和控制办法。

3. 应用情况

通过《条款和标准》，益百利构建了全球信息安全框架。目前，益百利分布在全世界 40 个国家的分支机构都参照该标准的要求和规范来开展日常经营活动以保证信息安全。截至 2013 年年底，益百利已收录 8 亿消费者和 9 900 万个企业的信用信息，为来自金融服务、通信、零售、传媒、教育等领域的客户提供服务。2010 年欧洲消费者信用信息提供商协会调查报告显示，有 10 多个国家的征信机构公开表示将《条款和标准》作为内控管理的参考准则。

（三）个人信用信息采集标准（Metro2 标准）

1. 制定背景

在美国征信市场发展过程中，不同征信机构在术语使用，信息采集范围、内容、格式、相关代码等方面都不统一，造成了个人征信机构间缺乏信息互惠共享的技术基础，无法建立起信息有效流动的共享网络。同时，由于信息采集涉及数目众多的信息提供者，所属行业和地区不同，数据结构和内容存在差异，降低了信息采集和处理的效率。为解决这一问题，美国消费者数据业务协会（CDIA）组织艾奎法克斯、益百利、环联和伊诺威士等征信机构的代表成立特别工作组，制定专门适用于个人征信的统一的信用信息采集格式，即 Metro 标准。1997 年消费者数据业务协会在 Metro 标准的基础上开发了 Metro2 标准。目前美国个人征信机构普遍采用 Metro2 标准来报送、更新消费者信息，实现了个人信用信息采集的标准化。

2. 主要内容

Metro2 标准对编程标准、记录格式、相关代码表、术语表、儿童抚养报告、第三方代收机构/债务购买机构/债务处理机构报告、学生贷款报告、公用事业公司报告、数据更正过程和消费者争议处理都做出了明确规定。

第一，明确编程标准、记录格式、字段定义。规定了消费者数据记录由基段和追加的附加段组成，明确了基段和附加段的记录格式及规则要求。

第二，定义代码列表。对行业账户类型码、账户类型编码、账户状态码、消费者信息标志、国家代码、道路类型码、道路方向码、州名称代码做出了统一规定。

第三，统一相关术语。制作术语表，对标准中涉及的相关术语如账号加密、联合信用、授权用户等术语做出解释说明。

第四，对特殊报告形式做出了规定。对儿童抚养报告、第三方代收机构/债务购买机构/债务处理机构报告、学生贷款报告、公用事业公司报告等特殊报告形式做出了规定。

第五，在消费者争议处理过程中，规定了消费者争议的自动确认（ACDV）工作流程。每一个征信机构和信息提供者都有一个电子邮箱。消费者和征信机构就争议接触时，征信机构要把争论信息传送到信息提供者的邮箱中。信息提供者上网将争议数据取回，对争议账户进行调查核实，并把调查结果传送到征信机构的电子邮箱。如果证实争论信息在报告时是正确的，调查结果只传送给提交争议的征信机构。如果信息已经改变或更新，ACDV 过程会自动把更改的拷贝传送给其他征信机构。完成调查，报告调查结果的截止期限为消费者接触征信机构的 30 天之内。Metro2 标准还规定，所有消费者账户必须按月报送；当账户结清或销户时，必须报告最后的账户状态码（account status code）；对于循环报告数据的数据提供商，必须在循环结束时报告所有账户；逾期账户的报告必须遵照"逾期账户报告标准"。

3. 应用情况

Metro2 标准提供了一个能正确、完整、及时地报告个人信用信息的标准计算机格式，在美国个人征信行业产生了广泛而深远的影响。美国三大个人征信机构及其他中小型征信机构均采用了 Metro2 格式标准，从而使准确、全面和及时的信用信息采集、储存、加工成为可能，提高了个人征信系统正确匹配、更新消费者信用信息的能力。Metro2 标准还为征信机构、信息提供者、信息使用者之间的信息共享和传播创造了条件，信用信息能够更准确、及时地加载到消费者信用档案中，为信息使用者提供决策参考，推动了美国个人征信市场的发展和繁荣。此外，Metro2 标准满足《公平信用报告法》《平等信用机会法》《公平信用票据法》和所有各州相关法律的要求，征信机构在采用 Metro2 格式标准后，能够确保其信息采集、保存、处理、加工等活动符合各项法律明确的规则要求。

（四）数据互惠原则

1. 制定背景

数据互惠原则（principles of reciprocity）由互惠指导委员会（Steering Committee on Reciprocity，SCOR）在 20 世纪 90 年代制定，以应对英国征信市场发展中出现的信息共享机制不健全、信息使用不规范、信息主体权益保护不力等问题，规范个人和企业信用信息的共享与使用，保证信息共享符合各项法律法规要求。数据互惠原则适用于征信机构，以及通过征信机构查询和使用个人与企业信息的相关机构。

2. 主要内容

数据互惠原则是关于征信机构及其用户间共享个人与企业信息的一系列指引原则。数据互惠原则的设立，使所有利用和订阅共享数据的机构都能遵守原则规定，并且征信机构只能将数据提供给那些严格遵守原则的公司，超出原则规定使用共享数据的新情况，应当经过互惠指导委员会的审查和批准。数据互惠原则的主要内容包括两个方面。

一是确立了最高原则、一般原则、附属原则三项数据互惠原则。第一，最高原则：数据共享只用于防止过度负债、坏账的产生、诈骗和洗钱，帮助回收债务和跟踪债务人，其目的是促进负责任的借贷行为。第二，一般原则：提供的共享数据在投入使用之前，必须确保其建立在合法、合规和自愿的基础之上；数据共享应遵循以下原则：互惠协议签订者获得和贡献的信用信息数据应对等，且签订者应提供所有可得的数据。数据只能在遵循互惠原则的基础上，才能被征信机构使用；信息互惠签订者绝不能使用共享数据用于其他签订者的目标客户；共享数据不能用于识别和选择新的潜在客户。第三，附属原则：互惠协议签订者有责任定期检测和保证其行为遵守互惠原则，并且确保提供的数据完整准确。

二是细分使用者类型，明确不同的数据共享情形。数据互惠原则鼓励数据在不同信息使用者之间传播，以便于提供最广泛的数据，做出关于企业和个人的决策。数据互惠原则将数据的使用分为完全使用者，仅提供违约数据的使用者、作为借款人的使用者、新的使用者及与其他征信机构的共享等情形。

3. 应用情况

数据互惠原则建立了英国的信用信息共享机制。在英国开展业务的征信机构，如益百利、Insight、AWARE 等，以及通过征信机构查询，使用个人和企业信用信息和所有用户都被要求遵守数据互惠原则的规定。征信机构的相关内设部门，如信用部门、市场营销部门、债务催收部门、法律部门等，也被要求深入了解数据互惠原则。

数据互惠原则解决了在个人和企业信息共享与传播中面临的问题。征信机构的信息来源渠道更为广泛，能够获得更完整全面的个人和企业信息，为征信产品创新和征信市场发展创造了条件。商业银行、信用卡公司、融资和租赁公司、邮购公司等也受益于数据互惠原则，在授信审批、融资租赁、市场营销等活动中，能够更加全面地了解交易对手的信用状况，有效控制信用风险。

三、征信国际标准

征信国际标准是指由国际性和区域性标准化组织、经济金融组织或行业协会制定颁布的征信标准。征信国际标准是全球征信业发展到一定阶段的产物。随着信息跨境流动、跨境征信合作日益频繁，各国征信市场面临技术和业务语言不统一、征信产品和服务差异显著等问题。为解决这些问题，一些国际性、区域性组织开始研究制定在全球或部分国家适用的征信标准，以指导和规范成员国的征信体系建设，推动全球征信市场发展。

当前，征信国际标准的制定主体较为多元化，既包括国际标准化组织（ISO）、国际电工委员会（IEC）、世界银行、金融稳定理事会等国际性组织，也包括在区域经济一体化进程中扮演积极角色的区域性组织、地区性行业协会。本节主要介绍世界银行制定的《征信通用原则》、国际标准化组织制定的信息安全国际系列标准、亚太—中东商业信息协会制定的《企业信用报告标准》以及亚洲开发银行制定的《信用评级国际规范手册》四项征信国际标准。

（一）《征信通用原则》

《征信通用原则》由一般原则、相关各方作用和有效监管建议三部分组成。一般原则针对征信体系建设中最为关注的信息、信息处理、机构治理和风险管理、法律和监管环境、信息跨境流动等问题制定。相关各方作用针对与征信业务密切相关的信息提供者、信息使用者、征信机构、信息主体和政府部门等相关方制定，明确了各方的责任和义务。《征信通用原则》指出，征信体系包括促进信用信息流动的组织、个人、规则、程序、标准和技术。征信体系的核心是有关借款人的信息数据库，以及让数据库得以有效运转的技术、制度和法律框架。征信体系的公共政策目标是有效支持信贷交易稳健、公平地开展，促进竞争性的信贷市场健康发展。《征信通用原则》从信息采集、信息处理的安全性与高效性、机构治理与风险管理、法律和监管环境、信息跨境转移提出五个方面的通用原则。

1. 关于信息采集的原则

征信体系应当拥有准确、及时和充分的信息（包括正面信息），这些信息应当从所有相关并可得的信息来源制度化、系统化地采集，并保存足够的时间。这些信息的采集具体包括五条原则：一是信息准确性。为确保信息质量，必须在信息采集和处理的每一个环节建立信息质量控制机制；信息要准确无误地与其所属主体关联；为确保信息的持续准确性，征信系统要对同一类信息提供者实行适当的信息报送标准和程序。二是信息实时性。征信机构和信息提供者要制定详细、明确的信息更新规则，确保信息按事先约定的周期或触发事件更新。最低限度的要求是错误信息必须得到及时纠正，最好是当信息主体出现信贷敞口改变、逾期、欺诈、不良和破产等事件时，也能及时更新信息。三是信息充分性。征信机构应当从所有相关的数据源采集履行其职责所需的信息，包括负面信息、正面信息，以及征信体系认为必要的、其他几条原则强调的信息。征信机构应当制定明确的规则，规定哪些数据项是强制报送项，哪些是可选项，信息项至少要包括身份信息和信贷信息，信贷信息应包括初始贷款金额、初始放贷日期、到期日、贷款余额、贷款类型、违约信息、逾期信息以及贷款转让信息，理想情况下还应包括保证、担保品等信用风险缓释工具及其估值信息。四是信息采集必须是制度化和系统化的。在法律法规的限制范围内，征信机构应尽可能地从所有相关数据源采集信息。政府部门应当依法公开信息，以合理的成本向征信机构系统化地提供信息。五是信息保存期限。征信系统所采集的信息，应根据其使用目的，保留适当的期限；删去某项信息的具体时间或事件必须明确。

2. 关于信息处理的安全性与高效性的原则

征信系统应当拥有严格的安全性和可靠性标准，这些标准应当是高效的。具体包括三条原则：第一，安全性。征信系统的参与机构必须采取有效措施，防止信息丢失、破坏、损毁、滥用，或被非法获得。第二，可靠性。征信机构应采取有效措施，避免事故导致服务中断较长时间，确保持续服务。第三，效率。征信机构无论从运营还是成本核算的角度，都必须是高效的，应持续满足用户需求，提供高标准服务。

3. 关于机构治理与风险管理的原则

征信机构和信息提供者的机构治理安排应当确保其管理业务风险的可靠性、透明度和高效性，并向使用者公平地发布信息。具体包括四条原则：第一，机构治理的可靠性。征信机构和信息提供者应有一套机制来确保其管理的可靠性。第二，机构治理的透明度。征信机构的内部治理应确保与自身及其活动的相关信息得到及时和准确的披露。第三，管理经营风险的机构治理的有效性。征信机构和信息提供者应识别机构面临的所有相关风险，风险分析的结果需定期向其最高治理机构报告。第四，确保用户公平获取信息的机构治理的有效性。征信机构的治理安排应当促进所有的信息使用者以平等的条件获得信息，这一目标不能因征信机构所有权结构的不同而受到影响。

4. 关于法律和监管环境的原则

征信的法律和监管框架应当清晰、可预测、非歧视、恰当支持信息主体的权利，法律和监管框架应当包括有效的法庭和庭外争议处理机制。具体包括三条原则：第一，明确性和可预测性。法律和监管框架应当足够清晰和明确，使信息提供者、征信机构、信息使用者和信息主体能对其行为可能导致的后果有充分的预见性。第二，非歧视性。无论参与者的性质如何，都应以公平的方式提供和使用信息，有关信息质量、安全措施和消费者个人权利保护的义务应适用于所有信息提供者、征信机构和信息使用者。第三，适当性。法律和监管框架的相关规定不应过度严格和累赘；法律和监管必须符合实际且有效，以确保便于遵循。

5. 关于信息跨境转移的原则

具备适当条件时，应当推动信用信息的跨境流动。具体包括两条原则：第一，信用信息跨境流动的前提条件。一是必须根据市场条件、经济金融一体化的程度、法律和监管障碍、参与者的需求等因素分析信息跨境转移的可行性和必要性；二是应强化相关国家和地区信用信息采集格式和程序的标准化来支持信息跨境转移。第二，信息跨境转移的要求。一旦决定信息跨境转移，应识别和管理跨境产生的潜在风险，并且相关国家和地区征信监管部门之间应有合作和协调机制。

（二）信息安全国际系列标准（ISO/IEC）

在信息技术快速发展和互联网全面普及的趋势下，如何保障网络信息安全引发全社会的关注。为应对这一挑战，国际标准化组织（ISO）和国际电工委员会（IEC）决定研究制定信息安全系列标准，帮助成员建立自身的信息安全管理体系，指导成员国开展信息安全防护工作。2006年，在西班牙召开的ISO/IEC JTC1/SC27工作组会议上，明确两个工作组从事信息安全系列标准的制定工作：一个工作组专门开发信息安全管理体系标准与指南，另一个工作组则从事控制措施的实现及应用服务的安全管理标准和指南的开发。随后发布的一系列信息安全标准共同构成了信息安全国际系列标准。

信息安全国际系列标准强调信息系统的稳定运行和对信息保密性、完整性、可用性的保护，有效降低由信息安全事故造成的信息泄露损失及生产服务中断的风险。目前，这一系列标准已成为全球范围内应用最为广泛的“信息安全管理标准”，成为“信息安全管理”的国际通用语言，被全球5 000多个政府部门和知名企业所采用。征信机构在信息安全管理实践中也参考和借鉴了信息安全国际系列标准，目前已有十多家征信机构参照信息安全国际系列标准建立了信息安全管理体系。

（三）《企业信用报告标准》

《企业信用报告标准》规定企业信用报告应包含13个信息项：一是摘要信息，主要是对被报告企业的简要说明，包括公司名称、首席执行官、母公司、员工数、净值等；二是交易记录，主要来自最近为被报告企业提供过信贷支持的第三方，包括详细的交易记录或者概况、赊账次数、交易对手名称等；三是公共记录档案，包括法院诉讼、破产信息等；四是财务信息，包括资产负债表和损益表、本公司与合并财务报表等；五是信用评分指数，包括拖欠可能性指数和违约可能性指数；六是当前相关调查信息，包括媒体调查、公司首席财务官的评论、财务报表的评论等；七是银行信贷类信息，包括银行名称和地址、银行类型、透支的细节等；八是历史数据项，包括企业结构、外国公司的分公司、最终母公司、注册登记的详细信息等；九是法律架构，包括企业结构的全部细节信息；十是行政人员信息，包括行政总裁、有关董事的不良信息等；十一是营运信息，包括核心业务的细节、地理分布等；十二是企业家族树信息，包括最终母公司、附属公司/联营公司、邓白氏编码等；十三是年度报告信息，包括资产负债表及损益报表、持股信息等。

（四）《信用评级国际规范手册》

《信用评级国际规范手册》阐明了国际评级的规范，遵循这些规范将增强本土评级机构的可比性，帮助国际投资者像了解穆迪、标准普尔、惠誉一样了解本土评级机构。《信用评级国际规范手册》建议的国际规范分为两类：第一类规范称为基本规范，第二类规范称为理想规范。

1. 基本规范

基本规范是国际投资者可以接受的最低标准，包括五个方面的要求：一是评级前本土评级机构和被评级主体之间应签订书面合同，确认本土评级机构提供评级服务；评级机构不得以任何方式（暗示或明示）向被评级对象承诺、肯定、保证级别；本土评级机构的组织结构和评级流程必须确保所收取的评级费用不会影响评级结果；二是在评级的定义和违约识别方面，债券不能在到期日或预定的宽限期内偿还均构成违约；提交破产申请时存在未清偿债务，或对投资利益有损害的非自愿债务重组也都应被视为违约；三是在评级的流程和政策方面，每个本土评级机构都应该拥有一套清晰且不断更新的评级标准，对外公开并始终贯彻；正式成立的评级委员会唯一有权决定评级结果；所有的评级行为都应当及时公布，并应在公司网站上免费公布所有未清偿债券的评级结果，持续跟踪评级直到偿债结束（级别撤销）；四是在保密方面，评级对象和发债人提供的与评级有关的所有信息都应当永久保密；五是独立性与利益冲突规避方面，本土评级机构的评级行为不应当受到其他本土评级机构、发行人、投资者，或者市场中其他潜在因素影响的制约。规范中还包含了避免利益冲突、保持分析师公允性、防止雇员滥用保密信息获利等。

2. 理想规范

理想规范旨在进一步增强在金融市场扮演重要角色的本土评级机构的可信度，包括四个方面的建议：一是评级机构至少按年度公开有关违约率和矩阵转移的研究，以及计算违约率的方法。二是本土评级机构应设立专职高级职能小组，应包括行业研究小组（负责跟踪经济体内各行业业绩情况）、质量保证小组（确保内部流程和谐完成以及始终提供高质量的产品或服务）、资料数据管理小组（负责为业务小组以及行业分析小组提供所有财务和非财务的背景资料）。专职高级职能小组确保在行业状况、质量控制和数据整理等方面向评级分析师提供足够的支持。三是评级机构对评级对象的动向应进行预估，提供1~2年的中期范围内基于现有信用状况级别变化可能方向的指标。四是本土评级机构应公布所有主要评级标准以提高评级过程的透明度。本土评级机构如果打算修改评级标准或主要评级政策，应首先获得市场参与者（发行商、投资人、监管人员以及学术机构）的反馈，并将这种反馈在最大可行性的情况下纳入预期的政策改变中。

第三节　中国征信标准化实践

一、中国征信标准化历程

中国征信行业的标准化进程尚处于起步阶段。国家对征信标准化工作十分重视，明确要求抓紧制定征信业法规制度和行业标准。早在2002年，国务院指示中国人民银行牵头，22个部门和单位组成建立企业和个人征信体系专题工作小组，重要任务之一就是制定征信行业标准。自2003年中央编办在“三定方案”中明确中国人民银行“管理征信业，推动社会信用体系建设”的职责以来，征信标准化的步伐不断加快，在加快征信法制建设的同时，陆续制定和发布了一些征信行业标准。2006年11月，中国人民银行发布了《征信数据元　数据元设计与管理》等5项标准，这是中国发布的第一批征信行业标准。

中国征信标准的制定、组织、管理活动在全国金融标准化技术委员会（以下简称“金标委”）的统一指导下开展。金标委是经国家标准化管理委员会授权，在金融领域内从事全国性标准化工作的标准化组织，负责金融业标准化技术归口管理工作和国际标准化（ISO）中银行与相关金融业务标准化技术委员会（ISO/TC68、TC222）的归口管理工作。国家标准化管理委员会委托中国人民银行对金标委进行领导和管理。

中国征信标准的制定和发布遵循一定的程序，按照《金融国家标准管理办法》及《金融行业标准管理办法》的相关规定，中国征信标准的制定流程如图 6-4 所示。

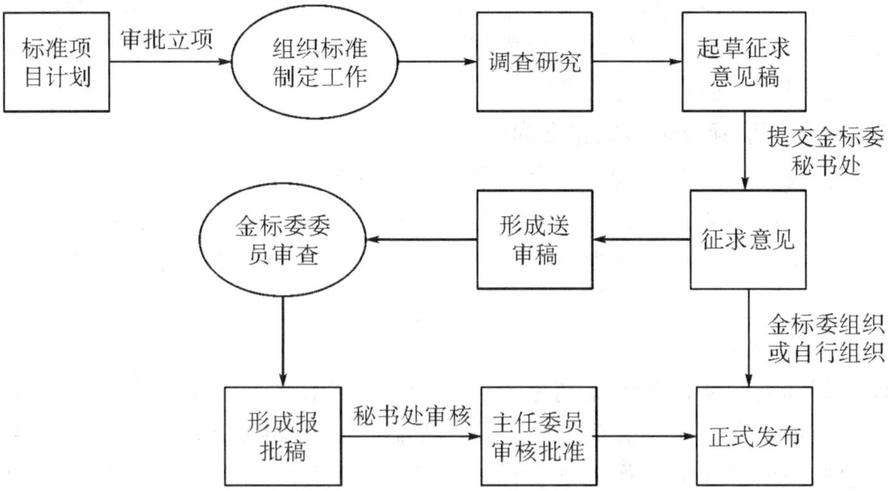

图 6-4　中国征信标准的制定流程

二、中国征信标准化现状

近年来，我国征信行业在各地政府和有关部门的推动下不断发展，但是征信行业标准化工作相对滞后。为了保证现阶段和今后我国征信行业的规范建设与发展，亟须开展征信行业标准化工作。征信行业标准化工作作为征信行业的基础性工作之一，在业务上涉及征信数据的采集、传输、交换、处理和使用以及行业运作的管理规范等领域；在技术上涉及网络通信、数据库、安全、应用软件和硬件及相关技术领域。运用标准化原理，根据行业需求建立起一套科学的、涵盖上述众多领域的征信行业标准体系，对于征信行业现阶段的建设和未来的发展都具有重要的意义。信息技术标准化和信息分类标准化是征信行业标准化的基础，我国在这些领域已开展了长期的工作，积累了一定的经验。在信息技术标准化方面，我国制定了一系列基础标准，为征信系统的建设奠定了技术基础。在信息分类标准化方面，我国先后发布了一大批数据元、信息分类代码标准。在这些标准中，GB 11714-1997《全国组织机构代码编制规则》和 GB 11643-1999《公民身份号码》成为唯一标识我国企业和个人的编码规则，这些标准化工作成果为开展国家征信标准化工作提供了重要基础和依据。尽管我国在信息技术、信息分类标准方面具备了一定的基础，但与征信系统的建设需求还存在较大差距，主要表现在：一是已有国家标准贯彻不力或应用不准确；二是缺项太多，特别是与征信系统关联的标准数量不足；三是存在标准的不适用问题，目前已经存在的很多标准可以很好地满足所服务的目标的需要，但对于满足征信系统的要求还有距离；四是现有行业标准不协调、不兼容，给使用带来困难；五是缺乏与标准化工作相配套的标准管理维护体制与办法等。

三、中国征信标准化的实施路径

（一）总体思路

中国征信标准化工作应以“全面深化征信标准化战略实施”为目标，围绕“系统设计、重点突破、整体提升”的要求，坚持改革创新、夯实基础、重点跨越、整体发展的基本方略，推动征信机构标准化发展，积极参与制定征信国际标准，完善征信业标准体系，促进征信业持续健康发展。

（二）中国征信标准体系的主要内容

根据征信业务的运作模式，结合征信机构对标准的需求，中国征信标准体系可以分为总体和基础类标准、产品与服务类标准、运营管理类标准、信息技术类标准。每一类标准又包括内容不同、互为补充的若干子标准，共同构成了系统和完整的征信标准体系。

1. 总体和基础类标准

总体和基础类标准是其他类别标准编制和引用的依据，具有普遍指导意义。总体和基础类标准可以进一步细分为总体标准、基础标准和相关标准等小类。其中，总体标准主要包括征信标准化工作标准、标准认证与注册维护、方法标准等；基础标准主要包括征信术语、数据元、信息分类编码、通用报文等基础性标准。

2. 产品与服务类标准

产品与服务类标准主要是指征信机构对外提供服务、改善客户服务品质、提高客户满意度而制定的标准，标准内容主要包括专用术语、产品分类、管控流程、服务规范等，可分为征信服务合同格式规范、征信机构服务规范、征信产品标准、征信产品使用规范等几个小类。

3. 运营管理类标准

运营管理类标准是征信机构对本机构内设部门进行的管理活动所需要的行业标准，内容涉及组织机构管理、人力资源管理、内控合规、财务会计管理、风险管理等，主要为保证机构组织运营、提高决策效率、降低运营成本而提供基础性管理支持。

4. 信息技术类标准

信息技术类标准是指征信业为实现产品服务、运营管理、行业管理等功能而进行的应用系统开发、测试、运行、维护、信息交换等过程中应该遵循的标准。

（三）推动征信标准化发展的措施

1. 建立符合中国国情的征信标准宣传和实施机制

征信标准的宣传与实施是标准化工作的重要内容，是征信标准能否实现预期效果的关键，主要从以下三个方面来实现：一是宣传征信标准。通过在新闻媒体、网络等发布征信标准化动态信息，编写征信标准化专业书籍，举办征信标准化培训和专题研讨会议等方式，宣传征信标准的作用和意义、征信标准的主要内容、征信标准实施中应注意的问题等，以增进政府部门、企事业单位、社会和个人等相关主体对征信标准的认识。二是实施征信标准。根据征信标准的内容和特点引导征信机构积极参加征信标准的制定和实施，逐步实现标准化活动以征信机构为主体，构建征信机构自身的标准体系。三是评估征信标准。对征信标准在征信机构等标准应用主体中的应用情况、产生的社会经济效益等做出综合评估，提高征信标准的实用性和可操作性。

2. 建立征信标准管理和维护的长效机制

征信标准的管理和维护是指根据征信市场、征信技术不断变化、发展的特点，不定期地对征信标准化体系进行维护和更新，主要从以下三个方面来实现：一是定期对征信标准审查。征信标准化管理部门要按照“市场驱动、不定期评审、常年维护、定期发布”的原则，对征信标准体系进行维护、更新和发布，把征信标准的管理和维护工作常态化、制度化。二是加强国内外征信业交流与合作。加强与国际标准化组织、征信发达国家标准化组织及国际性征信机构的交流与合作，跟踪和了解国际征信标准化工作的最新动态和相关成果，保持与国际和国外标准的一致性和衔接性。同时，加强国内征信行业协会、征信机构、金融机构之前的交流与合作，促进征信标准化成果在更大范围内的推广和应用。三是积极推动征信机构参与征信标准化工作。鼓励征信机构等标准应用主体不断制定标准、应用标准，提供其应用标准的积极性。同时，推动国内征信机构积极参与国际征信标准化活动，提高中国征信机构的竞争力。

四、大数据在中国征信业的应用

中国在大数据征信方面起步较晚，随着供应链金融、P2P、第三方支付的兴起，征信行业不断向前发展。目前，很多拥有大数据的机构已经或者准备进入征信业，有些机构也开辟了多种新型的征信渠道，我国大数据征信市场前景广阔。

（一）专业的征信数据平台

数据征信在信用数据积累相对比较完善的国家发展较快。在国外，有专门为互联网公司提供数据征信服务的公司。这些公司通过多种渠道搜集原始数据，如自我挖掘数据或从其他平台购买数据等，它们利用自身数据分析工具，开展数据分析，形成分析结果，并卖给需要这些征信数据的公司。在国内，由于数据库建设和各个平台之间的数据封闭，开展此项业务相对比较困难。中国人民银行在逐渐放开对个人的数据征信查询，企业独立的征信平台也开始出现。

1. 上海新金融数据征信系统（NFCS）

2013 年 8 月，上海资信发起设立全国首个网络金融征信系统，即上海新金融数据征信系统（NFCS），主要为企业和个人提供征信服务，也为上海小贷公司接入人民银行征信系统提供接口，是集企业和个人征信服务为一体的服务平台。

NFCS 借助政府的力量，通过网络金融征信系统为企业开展网贷服务，目前该系统收集的信息包括企业主体基本信息、贷款申请信息、借款合同与偿还信息、特殊交易信息等，形成了信贷全流程的信息资源库。该系统还积极尝试将网贷企业的信用信息收集整理，并最终实现网贷企业之间的信息资源共享；积极打通线上线下的信息壁垒，实现企业债务的全方位记录与监测，力争成为央行征信数据库的重要补充。

截至 2015 年 6 月，NFCS 共收集 81.5 万借款人和 392 亿元业务等信息；与全国 584 家机构合作，246 家机构向其报数，为 129 家机构提供查询服务，累计查询 158 万次，日均查询 5 900 次。P2P 机构借助 NFCS 征信平台，可以全面及时地跟踪借款企业信用状况，从而有效降低网贷借款违约成本，减少贷款违约率。2015 年 4 月，上海市信用服务行业协会和上海资信有限公司牵头，共同成立上海新金融信用管理专业委员会。上海新金融信用管理专业委员会的正式成立，标志着互联网征信有了自律组织。加入专委会的机构都需进入网络金融征信系统（NFCS），接受数据审核。

2. 九次方企业大数据征信平台

九次方企业征信大数据，作为一个企业大数据服务平台，利用互联网大数据挖掘技术采集互联网全部与企业相关的信用指标，如企业违法违规信息、行政处罚信息、客户投诉信息等。同时，九次方还联合20多个省（市）政府，协助政府搭建当地的企业征信大数据平台，获取地方政府的数据授权，通过“脱敏”处理之后，向银行、小贷公司、担保公司等客户提供企业信用分析服务。凭借综合的信用征集和评价体系，九次方的企业信用大数据拥有较高的价值。

此外，九次方大数据形成了独特的企业综合信用征集和评价体系，构建了衡量信用的完整指标，包括信用等级、核心竞争力、投资价值、成长性、抗风险能力、投资潜力等。这些细致的指标，让九次方的企业大数据征信评价体系内容翔实、数据可靠、分析透彻、结论有效。

（二）大数据征信的政策管控趋于严格

2013年3月国务院下发的《征信业管理条例》和2013年12月人民银行出台的《征信机构管理办法》，放开了市场化个人征信机构的开设。2015年，国务院出台了多项政策，鼓励互联网金融和大数据征信健康发展。如《国务院关于积极推进“互联网+”行动的指导意见》提出，利用大数据发展市场化个人征信业务，加强网络征信和信用评价体系建设；《关于运用大数据加强对市场主体服务和监管的若干意见》提出积极培育和发展社会化征信服务，推动大数据征信产品在行政管理、公共服务以及金融领域的应用；《关于促进互联网金融健康发展的指导意见》明确规定，鼓励从业机构依法建立信用信息共享平台，允许有条件的从业机构依法申请征信业务许可，接入央行征信系统。2015年1月，中国人民银行下发了《关于做好个人征信业务准备工作的通知》，要求8家机构做好首批个人征信业务的准备工作。

大数据征信将会受到越来越严的管控。随着信息主体维权意识的提升，我国在公民和企业信息保护方面的力度将会越来越大，这是一个必然的趋势。而大数据征信涉及众多的个人隐私，包括资产类信息、行为类信息等，一旦操作不慎，会对信息主体权利造成严重侵犯。因此，我们可以预期，今后大数据征信将被纳入更严格的法律监管框架之下，以加大对信息主体权益的保护力度。

（三）大数据征信的跨国合作趋势

与国外优秀企业合作，既能发挥国外企业多年先进的大数据征信风控优势，又能借助本地企业对国情和市场的熟悉，进一步整合优势资源从而提供更好的征信服务。跨国合作化是一大趋势，但要明确数据安全问题。例如：好贷网与美国FICO合作创建了大数据征信系统，该系统集结了各方信息资源，创立了很多领域的信用库，主要是积累高风险群体数据，其数据资料高达7 000万份，并基于知名的FICO评估模型面向信贷机构开展征信业务。

随着时间的推移，大数据技术对征信业的浸入性会越来越强，在大数据时代，征信领域有更多具有深度和广度的信息可被挖掘与分析。随着征信体系的发展，以及互联网普及更加深入，不规则信息将会在商家和个人数量以及对于信用描述的数据项这两方面呈几何级增加，这对大数据技术的性能要求愈加严苛。

从他国经验来看，实时性处理会是以后征信发展的潜在方向。大数据给征信业带来新动力，已经促使其出现了很多商业模式，以后还会有更加广阔的场景应用。正如之前理论解释的，征信行业其实是信息经济学和数据管理交叉的专业领域，科技发展必然使征信业进行升级甚至变革，集现代信息技术大成的大数据技术也必然促使征信业走向质的飞跃。

未来，随着征信体系更加健全，对一个人的信用评估维度来说，也许能从央行的征信中心、征信机构、电商平台、金融机构、社交平台等方面同时获取一个人的信用组成以及这个人的信用集合，再结合实际应用场景，从而更加准确地做出对一个人的授信。

复习思考题

1. 数据匹配技术中数据匹配的处理流程包括哪几个环节？
2. 主要的信用调查方法有哪些？请简述各种调查方法的优缺点。
3. 征信标准的主要作用有哪些？
4. 大数据对金融产业有什么影响？
5. 结合实际，谈谈大数据征信发展的未来。
6. 案例分析：

据《从大数据征信案例谈个人信用的重要性——编出来的“首套房”》介绍，2019 年 11 月，D 市医院的李医生到人民银行查询个人信用记录。据他称，他在办理房贷时，被告知必须按二套房办理贷款，但是自己没有自有住房，怎么会按二套房办理贷款？且如果按二套房贷款利率和首付款计算，比首套房总体下来要多交 2 万多元。随着大数据应用于各行各业，经查询，李医生的信用记录显示其已拥有自有住房，且地址明确。据他回忆，两年前有某银行的信贷人员到他们医院办理信用卡，单位不少人办理了信用卡，李医生也办理了。其中，在填写登记表格信息时，他虽然没有自己的住房，但为了增加信誉度，就填上了已有住房，并随便编写了一个地址。这样就把信用卡办下来了，但现在，当他真想购买房子时，便遇到了先前的一幕。为证明自己没有住房，李医生先后跑了多家相关单位，最后终于通过房产部门证实他确实没有住房。接着，又等了 2 个多月，为他办理信用卡的银行才变更了他的基本信息。事实证明，居民在办理贷款，申请信用卡，缴纳水费、电费、燃气费等时，个人应向商业银行等机构提供正确的个人基本信息。同时，还要及时更新自身信息，并关心自己的信用记录，发现有疑问的地方及时向银行方面咨询。

请你谈谈对李先生的看法，在生活中你们有做过类似事情吗？遇到过哪些麻烦？

第七章 征信服务

■内容提要

征信服务是征信机构的核心业务和最有竞争力的产品。征信服务的质量和水平是衡量征信机构和征信行业发展程度的重要标志。本章介绍征信服务的内涵、特点、分类和功能，分析征信服务的具体内容，阐述征信服务发展的未来趋势。

第一节 征信服务概述

一、征信服务的内涵和特点

（一）征信服务的内涵

征信业务是指对企业、事业单位等组织（统称企业）的信用信息和个人的信用信息进行采集、整理、保存、加工，并向信息使用者提供的活动。开展征信业务的全部活动都是一种服务活动。因此，征信服务是指征信机构向各类授信人提供的专业的“资信调查”或“信用查询”服务，还包括向委托人提供成套的信用管理咨询服务，其基本特征是咨询。

理解征信服务的内涵要注意四点：一是征信服务的提供者主要是专业征信机构，使用的服务手段是提供征信产品及其组合；二是征信服务的用户是所有的授信人，包括赊销企业和金融机构；三是从事征信业务及相关活动的服务，应遵守法律法规，诚实守信，不得危害国家秘密，不得侵犯商业秘密和个人隐私，中国人民银行及其派出机构依法对征信业进行监督管理；四是信息提供者向征信机构提供个人不良信息，应当事先告知信息主体本人。但是，依照法律、行政法规规定公开的不良信息除外。在不良信息保存期限内，信息主体可以对不良信息做出说明，征信机构应当予以记载。征信机构对个人不良信用的保存期限，自不良行为或者事件终止之日起为 5 年；超过 5

年的，应当予以删除。这里的不良信息，是指对信息主体信用状况构成负面影响的下列信息：信息主体在借贷、赊购、担保、租赁、保险、使用信用卡等活动中未按照合同履行义务的信息，对信息主体的行政处罚信息，人民法院判决或者裁定信息主体履行义务以及强制执行的信息，以及国务院征信业监督管理部门规定的其他不良信息。

（二）征信服务的特点

1. 征信服务是一种基础性信用管理服务

征信机构在提供征信服务的过程中要对各种来源的信息进行一番去粗取精式的加工整理，在此基础上为受信方（债务人）的经济状况（包括还款能力和还款意愿）做出综合评价，并以报告的形式将整理好的信用信息提供给信用活动参与者和相关方，征信机构开展这一系列活动仅仅为将来信用活动的开展提供参考与借鉴，提供启示与帮助，提供条件和基础，因而是基础性服务。

2. 征信服务是一种商业化的有偿服务

2013 年中国人民银行发布《征信机构管理办法》（中国人民银行令〔2013〕第 1 号）虽然没有明确规定征信机构提供征信服务是商业化的有偿服务，但是也没有明确禁止“有偿服务”，这表明我国征信机构的发展模式仍在探索中。发达国家征信机构的建立有市场主导、政府主导、行业会员制三种模式，这三种模式各有优缺点、各有利弊，我国不能完全照搬。我国必须在借鉴国外经验的基础上，依据我国基本国情，充分考虑征信行业发展的实际需要确立发展思路，这也是一种“摸着石头过河”。在实践中学习、在实践中总结、在实践中找出路，这是改革开放 40 多年来积累的宝贵经验。实际上，我国征信业的发展也是这么做的。在我国，上海、深圳、浙江地区最早开始探索建立征信系统实践，从它们的共同经验来看，可以发现，政府在初期的建设中发挥了主导作用，在后期系统运行期间都实行有偿服务，具有明显的市场运作特征。由此可以推测，我国征信业起步阶段以政府推动为主，商业化运作为辅，成熟阶段实施商业化运作将成为大趋势。这是判断征信服务必将向商业化有偿服务方向发展的重要依据。

3. 征信服务是一种需要由征信机构提供的专业服务

信用服务过程中涉及数据的收集、提取、查验、整合等事项，各种潜在有用的数据分散在不同的领域，征信机构要将各种相关的信用信息进行整合，制作成特定的符合质量要求的信用报告，帮助市场交易各方对未来的金融或商业交易风险进行描述、分析和预测，这些都是专业性很强的工作，只有征信机构提供这样的专业化服务，才能确保征信服务的权威性、可靠性和真实性。

二、征信服务的分类

（一）按业务模式可分为企业征信和个人征信两类

企业征信主要是收集企业信用信息、生产企业信用产品的机构；个人征信主要是收集个人信用信息、生产个人信用产品的机构。有些国家这两种业务类型由一个机构完成，也有的国家是由两个或两个以上机构分别完成，或者在一个国家内既有单独从事个人征信的机构，也有从事个人和企业两种征信业务类型的机构，一般都不加以限制，由征信机构根据实际情况自主决定。

（二）按服务对象可分为信贷征信、商业征信、雇佣征信以及其他征信

信贷征信的主要服务对象是金融机构，为信贷决策提供支持；商业征信的主要服务对象是批发商或零售商，为赊销决策提供支持；雇用征信的主要服务对象是雇主，为雇主用人决策提供支持。另外，还有其他一些征信活动，诸如市场调查，债权处理，动产、不动产鉴定等。各类不同服务对象的征信业务，有的是由一个机构来完成，有的是在围绕具有数据库征信机构上下游的独立企业内来完成。

（三）按征信范围可分为区域征信、国内征信、跨国征信等

区域征信一般规模较小，只在某一特定区域内提供征信服务，这种模式一般在征信业刚起步的国家存在较多，征信业发展到一定阶段后，大都走向兼并或专业细分，真正意义上的区域征信随之逐步消失；国内征信是目前世界范围内最多的机构形式之一，尤其是近年来开设征信机构的国家普遍采取这种形式；跨国征信这几年正在迅速崛起，内在原因是西方国家一些老牌征信机构为了拓展自己的业务，采用多种形式（如设立子公司、合作、参股、提供技术支持、设立办事处等）向其他国家渗透；外在原因主要是由于世界经济一体化进程的加快，各国经济互相渗透、互相融合，跨国经济实体越来越多，跨国征信业务的需求也越来越多，为了适应这种发展趋势，跨国征信这种机构形式也必然越来越多。但由于每个国家的政治体制、法律体系、文化背景不同，跨国征信的发展也受到一定的制约。

（四）按信息来源分为同业征信服务和联合征信服务

同业征信又叫行业征信、会员制征信，是国际上具有代表性的三大征信模式之一，是指征信机构在一个独立或封闭的系统内进行征信数据采集处理和提供征信服务的工作方式。在此方式下，征信机构的信息来源和信息使用者来自同行业的企业。联合征信是指征信机构根据协议，从多个领域的不同数据源收集征信数据的方式。此方式由于信息来源广泛，突破了同业征信的局限性，而被各征信机构普遍采用。

三、征信服务的功能

征信服务已经渗透人民群众政治生活、经济生活、社会生活、文化生活的方方面面，对于维护社会经济系统高质量运行和促进人民群众高质量生活发挥着越来越重要的作用，我们可以从微观、中观、宏观层面考察征信服务的功能。

（一）微观层面

征信服务能完整反映个人、企业、政府机关和其他组织的信用历史，有助于促进征信意识的觉醒和强化。

信用历史是征信机构数据库内收录的关于个人、企业、其他组织最全信息的汇总，征信服务以提交信用报告的形式反映个人、企业、其他组织的信用历史，目的在于帮助交易双方了解对手的信用状况，防范和化解信用风险。在日益健全的“守信联合激励、失信联合惩戒”社会机制作用下，信用报告作为一种社会资源、无形资产、经济身份证的作用日益得到凸显，这会促使人们更加重视自身的征信记录，更加注重保护自身的个人信息，有助于提升人民群众的征信意识。

（二）中观层面

征信服务有助于加强金融监管，维护金融系统稳定和金融安全，促进金融行业健康发展。

征信机构服务的核心对象是银行类金融机构，征信机构在提供基础性征信服务的基础上，通过数据处理、分析技术、分析模型等高级征信技术，针对银行信贷业务需要，可为银行类金融机构信贷活动提供涵盖事前、事中、事后全周期的征信服务。信贷关系发生前，银行类金融机构依托征信产品对申请贷款者进行身份核实和信用状况调查、评价，从而做出授信决策，确定是否借贷、借贷额度等问题。信贷关系发生后，银行类金融机构可以依托征信机构对信贷者的信用状况进行追踪，根据信用状况的变化进行信贷额度调整，并在信用状况恶化时进行信贷风险预警，也可根据征信系统进行账款催收或制定合适的账款催收策略，还可根据征信信息有针对性开展客户营销。可见，征信服务能够帮助银行类金融机构有效揭示和防范信贷风险，为市场各参与方提供决策参考依据，促进信贷市场发展；扩大信贷范围，促进经济增长，改善经济增长结构，促进经济可持续发展；加强金融监管，维护金融稳定和金融安全。

（三）宏观层面

征信服务能够促进数字经济发展，推动政府“放管服”改革，提高宏观调控能力，提升社会信用体系建设水平。

随着大数据、云计算等数字技术的普及，数字经济正在成为重要的新经济增长点，数据的收集、整理和应用既是征信服务的基石，也是数字经济的核心。随着征信系统的建设和完善，通过对重要经济活动的影响和规范，逐步形成诚实守信、遵纪守法、重合同讲信用的社会风气，推动社会信用体系建设，提高社会诚信水平，促进和谐社会建设。征信服务作用于政府部门，有利于加快服务型政府建设步伐，提升执法效率。征信服务作用于其他授信市场，有助于提高履约水平，提升宏观经济运行效率。

第二节　征信服务内容

征信服务应当遵循“依法公开、便民高效”的原则，向社会公众提供征信查询、异议处理、投诉和咨询服务。

一、征信查询服务

信息主体可以向征信机构查询自身信息，个人信息主体有权每年两次免费获取本人的信用报告。

向征信机构查询个人信息的，应当取得信息主体本人的书面同意并约定用途。但是，法律规定可以不经同意查询的除外。征信机构不得违反前款规定提供个人信息。

信息使用者应当按照与个人信息主体约定的用途使用个人信息，不得用作约定以外的用途，不得未经个人信息主体同意向第三方提供。

经营个人征信业务的征信机构应当对其工作人员查询个人信息的权限和程序做出明确规定，对工作人员查询个人信息的情况进行登记，如实记载查询工作人员的姓名，查询的时间、内容及用途。工作人员不得违反规定的权限和程序查询信息，不得泄露工作中获取的信息。

（一）企业信用报告和个人信用报告

信用报告，是反映企业和个人信用行为的“经济身份证”，客观呈现企业和个人的信用历史，已被广泛应用到金融机构信贷风险管理流程中，成为信贷生命周期风险管理的重要参考。

企业信用报告，涵盖基本信息、信贷信息、关联企业、财务报表、公共信息等，客观记录企业信用历史，反映企业借债还钱、合同履行和遵纪守法情况。截至 2018 年年底，企业征信系统为各类机构开通查询用户 7.4 万个，全年累计查询 10 947.9 万次，日均查询 30 万次。

个人信用报告，涵盖基本信息、信贷信息、公共信息和非金融负债信息，客观记录个人信用历史，全面反映个人借债还钱、合同履行和遵纪守法情况。截至 2018 年年底，个人征信系统为各类机构开通查询用户 5 万个，全年累计查询 17.6 亿次（见图 7-1），日均查询 482.2 万次。

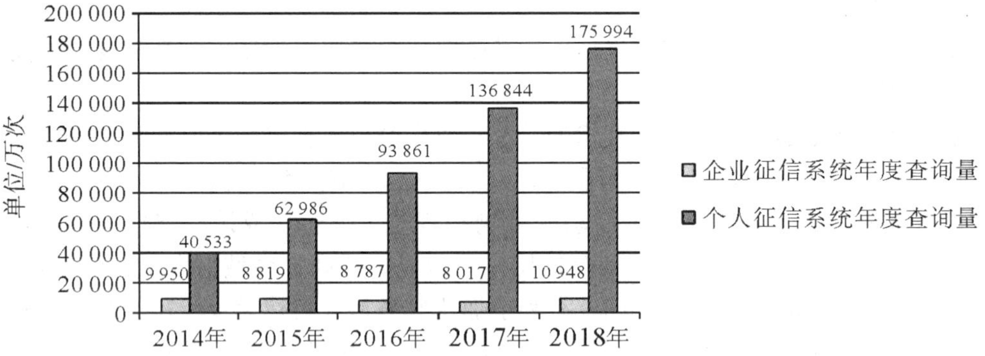

图 7-1　2014—2018 年征信系统年度查询量

截至 2021 年年底，征信系统收录自然人 11.3 亿人、企业和其他组织 9 039.1 万户；其中，有信贷记录的自然人为 6.5 亿人，有信贷记录的企业和其他组织为 903.6 万户。个人和企业征信业务新增核准接入机构 159 有和 131 家，年度查询量分别达到 36.2 亿次和 9 723.7 万次。

（二）关联查询和重要信息提示

1. 关联查询

关联查询是利用企业征信系统借款人基本信息和信贷信息，根据借款人与企业、借款人和个人之间以资本、经济利益为纽带，为用户提供与某一企业相关的所有关联企业信息，揭示出通过投资、高管人员及担保交易等关联起来的一个企业群及其群内企业之间、个人与企业之间的关系，以及该企业群整体信贷及风险状况。

关联查询服务已向所有机构用户提供，帮助金融机构全面识别借款人信贷风险，及时发现企业集团风险，及早采取应对措施，提高信贷风险管理能力；也帮助政府和司法部门及早化解潜在风险，维护金融稳定。2018 年全年，关联查询用户已查询 18.4 万家主关联企业，涉及关联企业总数 2 317.5 万家。

2. 对公和对个人重要信息提示

对公和对个人重要信息提示是利用征信系统即时更新的数据，通过主动向放贷机构推送本机构“好”客户在其他机构“变坏”的信息进行风险提示和信用预警。其重要信息包括“新增五级分类不良”“法人新增逾期60天/90天”“自然人新增逾期61~90天/90天以上”“信用卡账户状态新增‘呆账’”“新增失信被执行人”等。

重要信息提示服务已广泛应用于金融机构信贷业务生命周期风险管理中，在新增授信、额度调控、风险预警等环节具有较高的应用价值。截至2018年年底，累计推送对公业务重要信息提示262.6万条、个人业务重要信息提示10.5亿条。2018年全年推送对公业务重要信息提示51.8万条、个人业务重要信息提示5 967.9万条。

（三）信用报告数字解读

个人信用报告数字解读（简称“数字解读”），是基于个人征信系统的信贷数据开发出来的信用风险量化工具，用于预测借款人未来2年在任一信贷机构、任一信贷产品上发生90天及以上逾期的可能性。数字解读的取值范围是0~1 000，数值越高，说明其未来出现信贷违约的可能性越低，个人信用状况越好。

该产品提供方式包括：含数字解读的信用报告页面和接口查询功能，“数字解读”批量离线查询功能。截至2018年年底，全国共有180家机构参与“数字解读”验证工作，其中131家机构已完成验证工作，104家机构开通了查询权限，累计查询量136.5亿笔。目前，试用放贷机构应用经验逐渐丰富，已将数字解读应用于信用卡业务风险管理、非信用卡零售信贷业务管控流程中，对我国整体信贷市场起到了良好风险防范作用。

1. 信贷资产结构分析

服务金融机构信贷政策制定信贷资产结构分析产品，以企业征信系统中的信贷信息和借款人基本信息为基础，通过汇总统计图表的方式分行业、分地区、分信贷业务反映本机构各信贷业务产品余额、发放额、不良率在信贷市场的集中度、份额和分布，以及在同类型机构中所处位置。

该产品向全国性商业银行提供服务。各行积极应用在信贷政策制定、行业分析、信用风险监控与防范、资产质量考评和信贷市场拓展等业务中。截至2018年年底，各行累计查询信贷资产结构分析产品1 311次。

2. 征信数据应用分析

服务信贷市场中宏观分析征信数据应用分析服务，是根据征信系统收集的信息，运用统计手段，从宏观、中观层面进行统计分析，全面反映全国、行业、地区、金融机构等维度的信贷市场运行情况，为货币政策制定、金融监管提供信息支持。截至2018年年底，面向人民银行分支机构用户提供各类数据分析服务29.1万次，累计提供各类汇总信息10 404.6万笔。

二、征信查询渠道

金融市场信贷业务不断发展和社会信用意识的提高，促使信息主体更加重视了解自身信用情况和维护个人知情权。如图7-2所示，2018年，个人信用报告本人查询共9 698.1万次。

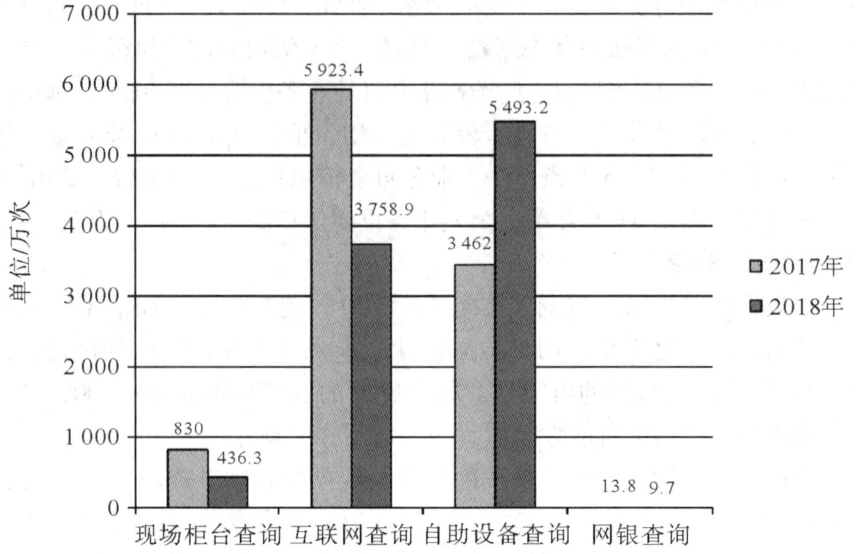

图 7-2　2017—2018 年本人信用报告查询量

个人信用报告查询渠道已形成线上线下联动模式，通过实体网点、自助设备、网上查询等多种方式满足公众多样化查询需求，全力保障公众对个人信息的知情权。据百行征信官网信息显示：2021 年仅百行个人征信数据库全年就新增个人信息主体数 2.4 亿人，个人信用报告全年调用量 2.92 亿笔，特别关注名单、信息核验、反欺诈系列等个人增值信息产品调用量达到 14.17 亿笔。

（一）柜台查询

征信中心在全国各地人民银行分支机构均设有柜台查询网点，提供信用报告现场查询、征信知识咨询解答等服务，成为征信服务和宣传的窗口。截至 2018 年年底，公众到查询网点柜台查询累计 436.3 万次。

（二）互联网查询

征信中心官方网站（www. pbccrc. org. cn）提供个人信用报告本人查询服务。2018 年个人互联网查询平台新增注册用户 2 824 万个，提供互联网本人信用报告查询 3 758.9万次。

（三）自助设备查询

扩大自助查询机布放范围，提升设备性能，提高查询效率。2018 年，人民银行分支机构主要查询网点共布放 3 600 台自助查询机，公众通过自助机查询个人信用报告 5 493.2万次，自助机查询量已占人民银行分支机构查询总量的 92.4%。

（四）网银查询

截至 2020 年年底，征信中心已与工商银行、农业银行、中国银行、建设银行、交通银行、招商银行、中信银行、浦发银行、广发银行、渤海银行、平安银行、光大银行等合作开展网银查询信用报告服务。持有这些银行的借记卡和优盾（USB Key）登录网银，也可查询本人信用报告。2020 年 1 月至 2 月，个人信用报告网银查询总量为 922.2 万笔，企业信用报告网银查询总量为 204.5 万笔。

三、征信异议与投诉

信息主体认为征信机构采集、保存、提供的信息存在错误、遗漏的，有权向征信机构或者信息提供者提出异议，要求更正。征信机构或者信息提供者收到异议，应当按照国务院征信业监督管理部门的规定对相关信息做出存在异议的标注，自收到异议之日起 20 日内进行核查和处理，并将结果书面答复异议人。

信息主体认为征信机构或者信息提供者、信息使用者侵害其合法权益的，可以向所在地的国务院征信业监督管理部门派出机构投诉。受理投诉的机构应当及时进行核查和处理，自受理之日起 30 日内书面答复投诉人。

信息主体对征信异议处理的渠道主要包括网上受理、客服热线和线下申诉。

（一）网上受理

信息主体有征信异议的，可向征信中心官方网站（www. pbccrc. org. cn）进行申诉。

2018 年全年，征信中心共受理个人异议申请 4.1 万笔，异议回复率 99. 6%、异议解决率 99. 2%；平均回复天数与解决天数分别为 10 天和 14 天，整体异议处理效率进一步提升。

（二）客服热线

信息主体有征信异议的，可拨打中国人民银行征信中心客服电话（400-810-8866）进行申诉。

2018 年全年，征信中心接听客服电话 252. 5 万个，同比上升 15. 2%；人工接听量为 69. 9 万个，同比上升 13. 7%；人工接通率为 97. 8%，客户满意度为 99%。

（三）线下申诉

信息主体认为征信机构或者信息提供者、信息使用者侵害其合法权益的，可以直接向人民法院起诉。

四、动产融资服务

动产融资服务，是增强金融服务实体经济、缓解小微企业融资难问题的重要手段。征信中心致力于推动我国动产融资金融基础设施建设。2018 年，动产融资登记公示系统登记业务稳步增长，升级准备已经完成；应收账款融资服务平台功能不断完善，应用推广工作稳步推进。

（一）动产融资登记公示系统

动产融资登记公示系统（简称“登记系统”），由征信中心根据《中华人民共和国物权法》授权建立，借鉴联合国国际贸易法委员会（UNCITRAL）和《世界银行营商环境报告》倡导的现代化动产担保登记系统的建设理念，是我国首个基于互联网的、全国集中统一的动产融资登记系统。登记系统在提升动产担保交易的透明性、减少交易风险方面发挥了重要作用，有力促进了我国动产融资业务发展。

登记系统覆盖大部分动产担保交易类型，包括应收账款质押、应收账款转让、融资租赁、保证金质押、存货和仓单质押、所有权保留、动产留置权、动产信托等十余种，服务商业银行、租赁公司、保理公司、担保公司、贷款公司等各类从事动产担保融资业务的机构。

1. 登记量稳步增长

截至 2018 年年底，登记系统累计发生登记 377. 5 万笔，其中应收账款质押和转让登记 257. 8 万笔，占比 68. 3%；融资租赁登记 112. 7 万笔，占比29. 9%；其他各类登记 7 万笔，占比 1. 9%。如图 7-3 所示，2018 年全年发生登记 77. 5 万笔，同比增长 31. 1%。

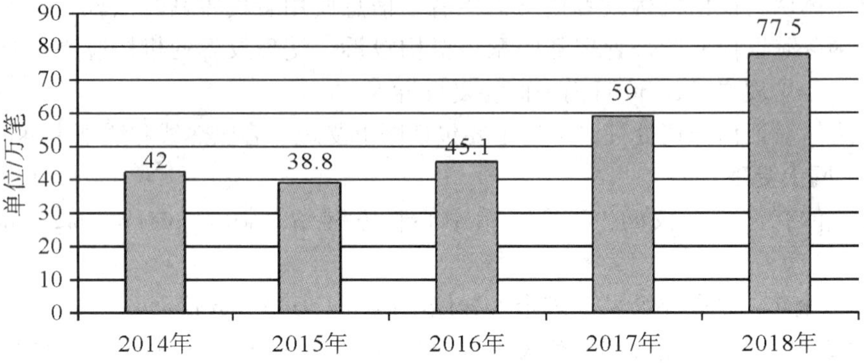

图 7-3 登记系统年度登记量（2014—2018 年）

2. 登记用户量持续增加

如图 7-4 所示，截至 2018 年年底，登记系统累计注册登记和查询用户 32 万户，其中法人登记用户数近 1. 7 万，同比增长 21%；法人登记用户中融资租赁、保理和担保机构占 39%，普通企业占 39%，银行等金融机构占 21%，事业单位等其他组织占 1%，基本覆盖了所有从事动产担保融资的机构。

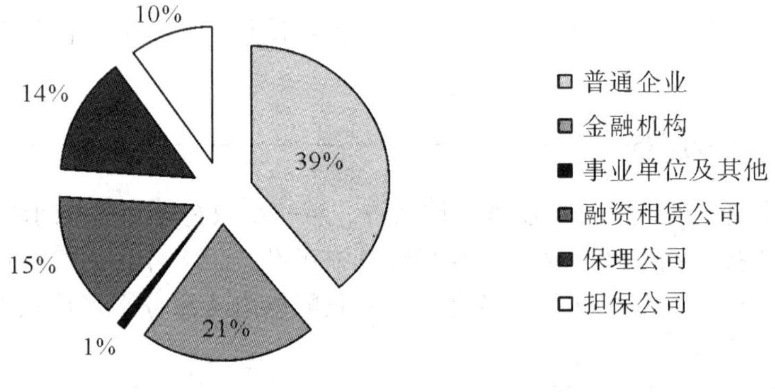

图 7-4 登记用户结构图（截至 2018 年年底）

3. 惠及小微企业融资额不断增长

截至 2018 年年底，登记系统应收账款质押和转让登记中，出质人或出让人为小微企业的初始登记累计达 88. 4 万笔，占应收账款质押和转让登记初始登记总量的 48%，超过 25. 3 万家小微企业通过应收账款质押或转让登记获得了融资；融资租赁登记中，承租人为小微企业的初始登记累计达 87. 4 万笔，约占融资租赁登记总量的 88%，帮助 64. 1 万家小微企业获得了融资。

（二）应收账款融资服务平台

应收账款融资服务平台（简称“融资服务平台”）为企业与金融机构之间搭建应收账款融资信息桥梁，形成了与核心企业、金融机构三方业务系统直连的线上融资模式，实现了企业间历史交易信息、应收账款信息等融资信息的自动交互，旨在帮助小微企业盘活应收账款，提高信贷可得性。

1. 平台应用范围

如图 7-5 所示，截至 2018 年年底，融资服务平台累计注册用户 16.7 万家，累计促成应收账款融资 15.2 万笔，融资金额达 8.4 万亿元。其中，小微企业用户 7.6 万家，占债权/债务人用户总数的 59%；小微企业累计融资 7 万笔，笔数占比 45.7%；小微企业融资金额 3.1 万亿元，占平台促成融资总金额的 36.7%。2018 年全年，小微企业依托供应链核心企业在线确认过的应收账款获得融资 1 357.9 亿元，较上年同期增长 13.1%。

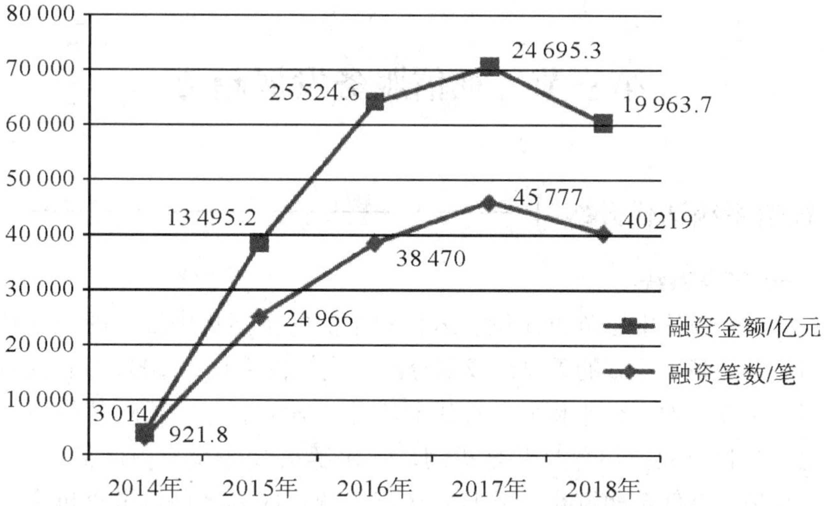

图 7-5 应收账款融资服务平台年度促成融资笔数和融资金额情况（2014—2018 年）

2. 银企系统对接

2018 年，融资服务平台以用户需求为驱动力，积极推进与核心企业及商业银行的系统对接，通过全流程在线融资，提高小微企业融资效率。如图 7-6 所示，截至 2018 年年底，共计 90 家供应链核心企业、24 家资金提供方与融资服务平台达成系统对接意向，31 家核心企业、9 家资金提供方已实现了对接，其中 23 家核心企业通过系统接口确认账款的方式支持 109 家供应商获得融资 571 笔；已对接资金提供方融资审批时间较传统模式节省 3~5 天，企业获得融资效率进一步提高。

3. 平台融资功能

2018 年，融资服务平台上线政府采购类应收账款线上融资功能，支持小微企业利用中标的政府采购项目所产生的应收账款进行融资。目前，平台已与多个地方政府采购系统进行了对接合作，部分地区已经实现业务的全流程线上开展。

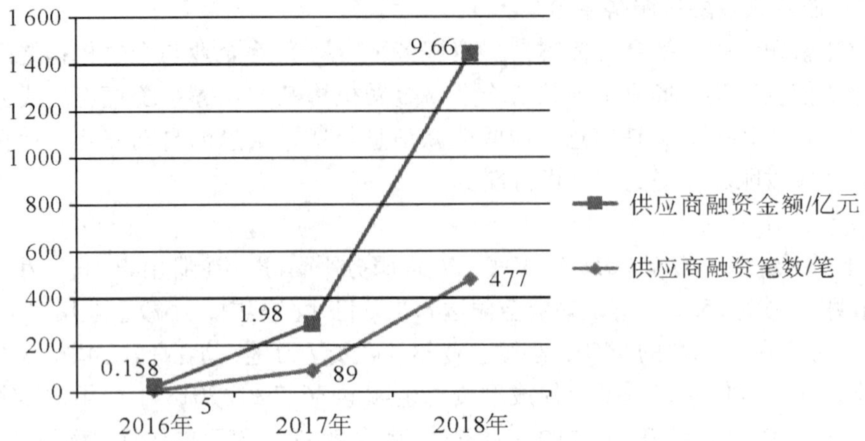

图 7-6　银企系统对接促成的融资笔数和融资金额情况（2016—2018 年）

第三节　征信服务发展趋势

一、征信系统迭代升级

（一）一代征信系统

中国人民银行征信中心负责建设、运行和维护的全国集中统一的企业和个人征信系统，是国家金融基础设施的重要组成部分。一代征信系统于 2006 年正式运行，通过采集、整理、保存、加工企业和个人的基本信息、信贷信息和反映其信用状况的其他信息，建立企业和个人信用信息共享机制，加快解决金融交易中的信息不对称问题，在促进金融交易、降低金融风险、帮助公众节约融资成本、创造融资机会、提升社会信用意识等方面发挥了重要作用。

截至 2019 年年底，征信系统收录 10. 2 亿自然人、2 834. 1 万户企业和其他组织的信息，规模已位居世界前列；个人和企业征信系统分别接入机构 3 737 家和 3 613 家，基本覆盖各类正规放贷机构；2019 年，个人和企业征信系统累计查询量分别为 24 亿次和 1. 1 亿次，日均查询量分别为 657 万次和 29. 6 万次。

（二）二代征信系统

随着大数据、人工智能等技术创新，金融科技迅猛发展，征信行业生态格局发生改变，客户需求呈现多样化发展趋势。为更好地满足金融机构和社会各界的征信需求，适应金融科技发展趋势，自 2020 年 1 月 20 日起，征信中心面向社会公众和金融机构提供二代格式信用报告查询服务。

与一代征信系统相比，二代征信系统在信息采集、产品加工、技术架构和安全防护方面，均进行了优化改进。一是优化丰富信息内容，提升信息采集的扩展性、灵活性和便利性，更为全面、准确地反映信息主体信用状况；二是优化信用报告展示形式和生成机制，提升信用报告的易读性、适应性和便捷性；三是改进系统技术架构，支持系统快速扩展和资源优化，大幅提升信息采集和征信服务效率；四是强化系统安全防护能力，加强用户身份管理、信息传输管理等，确保征信信息安全。

与一代征信系统提供的信用报告相比，二代征信系统提供的信用报告主要是丰富了基本信息和信贷信息内容，改进了信息展示形式，提升了信息更新效率。鉴于二代格式信用报告进一步丰富了个人和企业的信用信息，信息更新效率提高，更为全面、及时地反映了个人和企业的信用状况，建议个人和企业及时关注自身信用状况变化，切勿过度负债，按时足额还款，维护良好信用记录。

二代征信系统主要有以下改进：一是加强用户管理，采用数字证书，实现用户登录双因素认证，为查询用户发放 USB Key 证书，实现机构查询身份强认证；二是加强用户访问控制，支持绑定登录终端，提高用户身份验证强度，强化信息安全监测；三是强化数据传输和存储安全防护，保障数据采集和对外服务各环节流转安全；四是强化异常查询监测，及时发现异常查询行为；五是优化企业和个人异议处理流程，提高异议处理自动化程度和处理效率。

二、社会信用观念增强

征信系统为企业、个人搭建展示信用状况的平台。通过征信产品在社会经济生活中的广泛应用，促进形成“守信激励、失信惩戒”的激励约束机制，使得企业、个人能够主动提高信用意识，注重积累自身良好信用记录，主动关心和维护信用记录。每年 6 月 14 日被确定为“6·14 信用记录关爱日”。

三、惩戒失信力度加大

2016 年 1 月 20 日，由国家发展改革委和最高人民法院牵头，联合人民银行、中央组织部等 44 家单位签署了《关于对失信被执行人实施联合惩戒的合作备忘录》，在涉及金融机构审批、民商事交易安全、食品药品经营、安全生产、旅游、度假、限制出境及定罪处罚等 30 多个重点领域，提出对失信被执行人在设立金融类机构、行业准入、招录（聘）其为公务员或事业单位工作人员、享受优惠政策或荣誉、高消费及其他消费行为、限制出境和担任金融机构的董事、监事、高级管理人员以及公示失信被执行人信息等 55 项惩戒措施。最高人民法院、国家发展改革委、交通运输部和银行金融机构等行业部门先后出台失信惩戒办法，联合惩戒失信机制日趋完善，失信违约成本越来越高。

征信系统建立了放贷机构信用信息共享机制，对信贷市场防范信用风险提供了重要保障。征信系统已经在放贷机构广泛应用，促进揭示借款人信用风险、减少风险损失。根据征信中心对 21 家全国性银行的问卷调查，2018 年全国各银行应用征信系统，在贷前审查拒绝高风险客户申请 9 117.5 亿元，在贷后预警高风险存量贷款 13 028.7 亿元，清收不良贷款 1 593.7 亿元。

复习思考题

1. 简述征信服务的内涵、特点、分类和功能。
2. 简述征信服务的具体内容。
3. 请打印一份你自己的个人信用报告，并做简要分析。
4. 征信查询渠道有哪些?
5. 阐述征信服务的未来发展趋势。

第八章 征信法律

■内容提要

征信法律是征信管理的依据，是征信行业发展的保障。本章主要介绍征信法律和征信法律制度，包括征信法律的定义、征信法律制度的内涵，以及征信立法的目的、意义、分类；英国、美国等主要经济发达国家的征信立法；我国的征信立法（相关法规）及我国征信立法的发展趋势。

第一节　征信法律和征信法律制度

一、征信法律和征信法律制度的内涵

征信法律泛指与征信机构或征信行为有关的一切法律法规。林铁钢认为征信法律是调整信用信息的收集、加工、整理、提供、维护和管理活动所产生的社会关系的法律规范的总称。中国人民银行征信管理局将征信法律定义为：调整征信活动主体在征信业务及其相关活动中所产生社会关系的法律规范的总称，包括征信法律、征信行政法规以及征信管理部门依法颁布的规章和规范性文件。综上所述，征信法律是立法机关制定或认可用以调整征信活动中相关主体之间关于信用信息的权利和义务关系的规范体系。

征信法律制度的内涵体现为通过法律调整相关征信主体权利和义务的关系。征信主体包括征信机构、信用信息主体、信用信息提供者和信用信息使用者。征信机构从信用信息提供者处采集信用信息。信用信息提供者有提供真实、完整信用信息的义务，也有获得相应补偿的权利，同时不能侵犯他人隐私或利益。征信机构依法采集信用信息主体的信用信息，不得侵犯信用信息主体的隐私，同时采取必要行动保护信用信息的安全。信用信息主体享受知情权、异议权和信用修复权。信用信息使用者与信用信

息主体之间为平等的民事主体。信息使用者经过信息主体同意，在约定范围内使用其信用信息，未经许可不得泄露、转让信用信息，也不得侵犯信息主体隐私。信用信息提供者对信用信息的收集和对外提供必须经信息主体同意（法律另有规定除外）。

二、征信立法的目的和意义

（一）征信立法的目的

从世界各国的征信立法来看，立法的主要目的是保护个人数据和规范征信活动，前者如1998年英国颁布的《数据保护法》、后者如我国的《征信业管理条例》。个人数据保护立法不仅适用于个人信用信息征集活动，也包括市场营销、医疗等涉及个人信息登记的活动。相对而言，对企业的专门征信立法以及对征信机构立法较少。

保护信息主体合法权益。征信立法需要调节征信活动和保护信息主体合法权益之间的矛盾。从国外征信立法来看，均注重对个人信息隐私的保护。征信机构在收集、保存和对外提供等过程中，都有可能会侵犯信息主体的合法权益，通过征信立法，明确信息的收集范围和收集权限，以及不同信用信息的保存时间和使用用途，保护信息主体的合法权益不受侵犯。

规范征信活动，促进征信业健康发展。通过征信立法规范征信机构及征信业务活动，明确征信活动相关主体的权利和义务，促进征信机构之间有序竞争，为信息使用者提供充分、优质的信息服务。随着经济全球化发展，国际交往和信用数据跨国流动日益频繁，遵守国际公约和保护本国信息安全对征信的国际立法提出了要求。

（二）征信立法的意义

为征信行业发展提供了法律保障。征信法律的出台使得征信行业管理有法可依，通过明确征信行业的监管部门、监管职责、监管对象、惩戒措施，有利于加强征信行业管理，打击违法活动，为征信行业发展创造公平的竞争环境。

加强个人信息保护。我国实行市场经济时间相对较短，在市场经济的发展初期，由于法制不健全，信息采集、保存、对外提供等环节存在诸多问题，泄露、倒卖信用信息，侵犯信息主体隐私事件时有发生。征信法律在信息采集范围、信息使用方式等方面进行了规范，有利于保护个人信息，打击侵犯信息主体隐私的行为。

有利于中小企业融资。我国中小企业融资以间接融资为主，即主要从银行贷款，但银行与中小企业之间存在信息不对称，难以评估中小企业的真实信用情况，导致“惜贷”，中小企业融资难、融资贵的问题一直广泛存在。征信立法有助于降低金融业运行成本，提高中小企业和个人对金融服务的可获得性。

三、征信立法的分类

鉴于不同国家在政治制度、经济发展水平、文化、法制观念、信用发展水平等方面存在差异，各国在征信立法模式上也存在差异，国际上形成了专门立法和分散立法两种典型的立法模式。但专门立法和分散立法的划分并不是绝对的，专门立法需要其他法规作为补充，分散立法也体现出部分的专门立法的特点。

（一）专门立法模式

专门立法模式即针对信用或征信问题进行专门立法，较为典型的国家有美国、韩国。美国是世界上第一个对征信专门立法的国家，第二次世界大战后，美国个人消费金融快速发展，社会大众对征信愈加重视，1970 年，为保护信息主体的合法权益，维护国家的金融秩序，美国国会通过了《公平信用报告法》。韩国的征信专门立法包括《信用信息使用与保护法》和《个人信息保护法》。我国也在 2013 年对征信进行了专门立法，制定了《征信业管理条例》。

（二）分散立法模式

分散立法模式与专门立法不同，国家不单独对信用或征信问题进行立法，而是在其他法律中包含了一些信用或征信问题法律条款。英国和德国是分散立法国家的典型代表。英国的征信相关法规主要分布在《消费信用法》和《数据保护法》；德国的征信法规分布在《银行法》《个人信息保护法》《联邦数据保护法》等多部法律中。

（三）立法模式比较

专门立法模式和分散立法模式各有优缺点。专门立法可以有效避免地方法律和部门规章之间的冲突，对相关立法和配套政策的制定具有指导意义，但一般缺乏灵活性。分散立法具有灵活、具体、可操作性强的特点，有利于地方和相关部门制定符合该地方或行业的法律法规，但不够系统，各地方或行业之间容易产生冲突。

第二节　主要经济发达国家的征信立法

一、英美两国的征信立法

（一）英国的征信立法

1. 英国的征信立法进程

英国为了规范征信业发展，加强对征信机构获取和使用个人数据的管理，对征信活动进行了立法，主要体现在消费信贷和数据保护两个方面。1974 年，为保护消费者，减少消费者与授信人之间的信息不对称，维护交易安全，英国颁布了《消费信用法》。1998 年，为了加强个人数据保护，英国颁布了《数据保护法》。

2.《消费信用法》

《消费信用法》适用于消费信贷中的大多数交易形式，如分期付款、信用卡、担保交易，同时也通过列举法规定了该法不适用的交易形式，包括抵押贷款、利息收费很低的合同等。

规范交易行为，维护交易稳定。《消费信用法》规定：凡从事消费者信贷、消费者租借或辅助信贷业务的必须获得营业许可证才能经营，地方政府机构和公共事业单位除外，未获得营业许可证的非法经营将承担相应的违法责任。《消费信用法》对授信人的营销方式也做了限制，规范其授信前的义务，要求授信人在宣传中提供最低限度的信息。禁止授信人向未成年人进行营销。为了维护交易稳定，法律规定消费者在分期付款协议下支付了前三笔，授信人不得在无法庭判决的情况下提前终止协议，除非取得消费者的同意。

保护消费者，维护消费者的知情权和异议权。《消费信用法》充分体现了保护消费者的立法原则，给予消费者在规定时间内拥有单方撤销权，即冷却期。消费者对于不公平的交易，可以向法院申请纠正。比如，在协议“要价太高”的情况下，消费者可以请求法院考虑制定一个新的协议或修正旧的协议。消费者有权得到关于信贷协议的书面信息，如信贷费用总额、年化利率等信息。授信人利用消费者信用报告对其进行授信时，需要向消费者告知授信人的名称和地址。信息主体有权向征信机构查询其自己的信用报告，若征信报告中存在错误信息，信息主体可以要求征信机构进行删除或修改，也可以在信用报告中按要求加入更正声明。征信机构在收到异议通知后应当及时处理，并将处理结果通知信息主体。如果征信机构不能保障信息主体的合法权益，信息主体可以向信息委员会进行投诉。

3.《数据保护法》

《数据保护法》是英国征信法律的核心，其立法目的是规范个人数据的处理。个人数据包括任何与已识别或可识别的自然人相关的信息，而个人数据的处理包括对个人数据或个人数据集合进行的一项或一系列操作。《数据保护法》提出了六大数据保护原则：一是为了任何执法目的处理个人数据必须是合法且公平的；二是个人数据只能被具体、明确、正当的收集，且以符合其收集目的的方式处理；三是为执法目的处理的个人数据必须准确、相关，且不得过多超过预期处理目的；四是出于立法目的要处理的个人数据必须准确，必要时要及时更新，不准确的个人数据要及时删除或纠正；五是出于立法目的要处理的数据的保留期限不得超过基于该目的需要保留的期限；六是采取适当的组织和技术措施，确保以适当的安全方式处理基于执法目的而处理的个人数据。

数据主体拥有多项权利，就出于执法目的的个人数据的处理而言，数据控制者必须向数据主体提供控制者的身份、数据保护专员、控制者处理个人数据的目的等信息。同时，赋予数据主体一定的访问权，确认是否正在处理关于数据主体的个人数据。数据主体有权向数据控制者要求查阅、纠正、删除、限制处理个人数据，也有权向专员提出投诉以及获得专员的联络方式。此外，数据主体的权利不受自动化决策的影响，除非该项决定是法定或授权的，否则数据控制者不得仅基于自动化处理做出重大决定。

数据控制者和处理者的义务：控制者和处理者必须采取适当的技术和组织措施，确保和处理个人数据所产生的风险相适应级别的安全性；如果所负责的数据发生泄露，控制者应当及时将泄露情况告知数据保护专员；如果个人数据泄露可能会给数据主体造成损失，则控制者也应当及时将泄露情况告知数据主体；数据控制者必须指定数据保护专员，有其他法律规定除外。此外，还对数据控制者的数据传输做了限制，除法律另有规定外，数据控制者不得传输个人数据给第三国或国际组织。以下行为均为违法行为：一是未经控制者同意，获取或披露个人数据；二是获得个人数据后，未经个人数据的控制者同意而保存数据；三是未经数据重新识别控制者的同意，明知或不顾后果地对数据进行重新识别。

（二）美国的征信立法

1. 美国的征信立法进程

美国是世界上征信法律制度建设和信用体系建设最完善的国家之一，其征信法律体系并非一蹴而就。美国从 20 世纪 60 年代开始相继制定征信类法律法规，1960 年制定的《消费信用标志法案》被认为是美国关于征信行业最早的一部法律，经过几十年的发展，形成了一套较为完整的征信运作、法律体系和监管机制。征信机构合理利用信用信息与保护消费者权益之间的平衡问题是美国征信立法的核心问题，即既要促进征信行业发展，又要通过立法保护个人隐私权。从征信立法的内容看，主要包括保护消费者权益、规范商业银行和信用卡机构的授信行为，以及信用信息的公开，为征信机构合理利用并为经济发展服务提供法律依据。在美国的征信法律中，具有代表性的有《公平信用报告法》《平等信用机会法》《公平债务催收作业法》。美国主要征信法律及其介绍见表 8-1。

表 8-1　美国主要征信法律及其介绍

法律名称	颁布或生效时间	相关内容
《消费信用标志法案》	1960 年	旨在解决授信机构与消费者双方信息不对称的问题，使消费者可以根据自己的意愿选择授信机构，防止消费者受到授信方的不正确或不公平对待
《公平信用报告法》	1970 年	规定了消费者报告包含的信息、允许用途和信息披露，明确了信息提供者、征信机构的责任和义务，及其相应违约责任
《信用卡发行法》	1970 年	规范信用卡发卡机构的发卡行为，规定信用卡发行机构不得向没有提出书面申请的人发卡，不包括到期更新卡的情况。在信用卡合法持卡人报告其信用卡丢失或被盗以后，可以不付账单上不经认可的部分，即被“盗用”的部分
《平等信用机会法》	1974 年	金融机构和从事信贷延期的公司将其信贷同等的提供给所有信誉良好的客户，不得歧视任何申请人
《隐私权法》	1974 年	规范政府在处理个人信息中的采集、使用、公开和保密行为，平衡公共利益与个人隐私权
《房屋抵押贷款公开法》	1975 年	要求金融机构维护、报告和公开披露有关抵押贷款的某些关键信息
《社区再投资法》	1977 年	旨在鼓励存款机构满足中低收入社区的信贷需求
《公平债务催收作业法》	1978 年	通过禁止债务催收者滥用催收手段、不公平或欺骗行为来保护消费者，保护那些采取正当手段进行催收的催收机构在市场竞争中不至于处于不利地位
《甘恩-圣哲曼储蓄机构法》	1982 年	规范非银行金融机构的信用业务，并规定一个被保险的信用社若无力清偿债务或者有破产的危险，可以和另一个被保险的信用社合并，或被其购买全部或部分资产和负债
《信用修复机构法》	1996 年	确保向有信用修复需求的公众提供必需的信息，帮助其做出明智决定，保护公众免受信用修复机构的不公平或欺骗性广告和商业行为的侵害
《消费者信用报告改革法》	1996 年	允许消费者更大程度的访问其信用档案，包括每年免费获得其信用报告副本；限制雇主访问潜在雇员的信用档案；允许银行更方便的与分支机构共享信息，以提高效率

表8-1(续)

法律名称	颁布或生效时间	相关内容
《公平及准确信用交易法》	2003 年	旨在通过制定信用卡号码处理标准，加强对身份盗窃的保护措施。该法案允许个人自由访问自己的信用报告，并建立了一个全国性的警报系统
《信用卡问责与信息披露法》	2009 年	禁止未经事先预报突然提高利率和各种隐藏性收费的行为等内容，以更充分地保护持卡人的权益
《多德—弗兰克法案》	2010 年	降低金融系统风险和大型金融机构倒闭带来的危害；成立消费者金融保护局，加强保护消费者权益

2. 《公平信用报告法》

《公平信用报告法》于 1970 年颁布，1971 年 4 月开始实施。《公平信用报告法》是美国征信管理法律体系中的核心和标准，征信机构需要遵守“保密性、准确性、公平性”三大原则，采用合理的程序来满足商业对消费者信贷、人员、保险和其他信息的需求。不准确的信用报告直接损害银行系统的效率，不公平的信用报告方法损害对银行系统持续运作至关重要的公众信心。同时有必要去确保征信机构肩负其责任，所提供的信用信息对于消费者必须是公平的。消费者信用报告是重要的信用产品之一，《公平信用报告法》将消费者报告定义为：征信机构为确定消费者是否有资格获得贷款而全部或部分使用或预期使用或收集的、对消费者信用价值、信誉、信贷能力、性格、一般声誉、个人特征或生活方式有影响的任何信息，其主要用于个人、家庭或家庭目的的信贷或保险，以及就业或法律规定的其他目的。

信用信息的采集和保存。征信机构采集个人信息一般不需要经过信息主体同意。《公平信用报告法》对所载信用信息的范围采用排除法，信用报告不得包括：十年以上的破产记录；七年以上的民事诉讼、民事判决和逮捕、偷逃税、财务造假记录；除犯罪记录之外的七年以上的任何其他不利的信息。征信机构若要收集个人信息，需要用文件形式说明其收集目的，只有在合理的动机和目的下才能进行数据收集。

消费者报告的允许用途。除法律另有规定外，征信机构均可在以下情况下提供消费者报告：回应具有管辖权的法院命令或与联邦大陪审团传票；取得消费者的书面同意；对于有理由相信将其用于信贷交易、雇佣、保险承保、获得许可证、信用风险评估、合法商业需要等用途；应国家元首或当地儿童抚养执行机构的要求。同时，除有特殊规定外，征信机构不得因就业、信贷、保险等目的，提供载有关于消费者的医疗信息的消费者报告，债权人也不得获取或使用与消费者有关的医疗信息来确定消费者是否有资格或继续有资格获得信贷。信用报告的使用必须遵守法律规定，如果超出了规定用途，即使获得信息主体的同意也属于违法行为。征信机构可向政府机构提供关于消费者的识别信息，仅限于其姓名、地址、前地址、就业地点或前就业地点。

消费者享有知情权。一是消费者可以在任何 12 个月内从征信机构处免费获得一次消费者报告。二是当消费者收到有关信用的不利通知后，相关征信机构应当对消费者免费披露相关信息。一般情况下，要求进行书面披露，但若取得消费者授权，征信机构可以采取非书面形式或以可能的形式披露。三是个人有权获得在信用机构的信用评分和评价依据，但需要支付“合理的价格”，如果债权人采取了不利措施（例如申请人被拒绝贷款），债权人必须向申请人提供所使用的信用分数的相关信息。四是任何人对消费者采取任何不利行动，其全部或部分依据是消费者报告所载的任何信息，应向消费者提供有关不良行为的口头、书面或电子通知。

《公平信用报告法》对征信机构提出了严格的合规程序要求。征信机构应当采取合理的程序，依法限定消费者报告的使用范围，如要求信息的需求者表明自己的身份，证明获取信息的目的，并证明信息不会被用于其他目的。若征信机构有合理理由相信消费者报告不是用于法定目的，不得向任何人提供消费者报告。征信机构在生成信用报告时应采取严密程序确保报告信息的准确性，若生成的信用报告含有对消费者不利的信息时，应当将信息数据来源机构的名称和住所告知消费者。

确保信息的准确性和完整性。一是个人有权对不正确、不完整或无法核实的信息提出异议。除另有规定外，如果消费者对其在征信机构的档案中所载的任何资料的完整性或准确性提出争议，而消费者直接或间接通过转售商将此类争议通知该机构，该机构应免费进行合理的重新调查，以确定争议资料是否不准确，并记录争议资料的现状，或根据相应法规从档案中删除该信息。如果重新调查不能解决争议，消费者可以提交一份简要声明，说明争议的性质，声明字数限制在100字以内。当提出争议声明时，除非有合理理由认为该声明是无关紧要或无关的，征信机构应在随后载有有关信息的任何报告中明确指出，该声明是消费者争议的，并提供消费者的声明。征信机构在发现信息不准确或不能再核实其准确性或对有争议的信息不再准确的任何删除后，应根据消费者的请求并按照法律规定向相应信用报告使用者发出关于该信息已被删除的通知。二是征信机构及时注销过时信息，尽力确保信息的准确性，及时删除已过期信息，这给消费者重新建立良好信用记录提供了机会。三是保持严格的程序，以确保每当公共记录信息可能对消费者的就业能力产生不利影响时报告是完整和最新的。

对消费者报告使用者的要求。消费者报告使用者根据消费者报告对消费者采取不利行动时，需向消费者提供不利行动的口头、书面或电子通知。凡涉及消费者个人、家庭或家庭用途的信贷被拒绝，或由征信机构以外的人提供的资料对消费者的信用价值、信誉、信贷能力、性格、一般声誉、个人特征或生活方式产生影响而全部或部分增加这种信贷的收费，信息的使用者应在合理的期限内根据消费者的书面要求按规定向消费者披露信息的性质和采取不利行动的理由。如果信贷员根据消费者报告相关信息给予消费者的优惠条件不是可以获得的最优惠条件，应当向消费者提供口头、书面或电子通知。

信用信息提供者的责任。为了最大限度地确保信用信息的准确性，《公平信用报告法》规定了信用信息提供者保证数据报送和数据质量的责任。一是如果某人知道或有合理理由相信该信息不准确，则不得向任何征信机构提供该信息；如果被告知或确认信息不准确，任何人不得向任何征信机构提供有关消费者的信息。二是更正和更新信息的责任，任何人在正常经营过程中定期向一个或多个征信机构提供有关该人与任何消费者的交易及向消费者报告征信机构提供了该人认为不完整或不准确的信息，应及时通知消费者报告征信机构，并向该机构提供准确或补充的信息使信息完整和准确。三是如果消费者对信息提供者向任何征信机构提供的信息的完整性或准确性有争议，该人不得在未通知消费者对此类信息有争议的情况下向任何征信机构提供该信息。四是如果消费者关闭信用账户或有拖欠行为，信息提供者应该按规定通知征信机构。五是任何金融机构定期和在正常经营过程中向规定的征信机构提供关于向客户提供信贷的负面信息，金融机构应向客户书面提供此类负面信息的通知。

联邦贸易委员会是负责监督和执行《公平信用报告法》的行政机关。任何人不遵守《公平信用报告法》的相关规定，都将承担相应的民事责任，被处以罚款、监禁，或两者兼而有之。不论征信机构是故意违反、过失违反，还是欺诈取得信用信息或擅自披露信息给消费者造成损害，都应当对消费者的损失负有赔偿责任。信息主体若发现个人信息被用于非法律允许的目的，可以向监管机构进行投诉。侵权行为的诉讼时效最晚不得迟于原告发现作为这种赔偿责任基础的违反行为之日后 2 年，或作为这种赔偿责任基础的违反行为发生之日后 5 年。

3.《平等信用机会法》

《平等信用机会法》于 1974 年颁布，此后多次进行了修订。它适用于所有债权人，并防止他们基于与申请人的信用价值无关的因素进行歧视。禁止债权人在贷款决定中使用种族、肤色、宗教、国籍、性别、婚姻状况、年龄，或因为申请人从公共援助计划中获得收入，或因为申请人行使了本法规定的任何权利而歧视信贷申请人。若申请人的年龄未满 18 岁或超过 62 岁，债权人可能会考虑其年龄。债权人可以在其贷款决定中使用以下信息决定申请人信用度：收入、付款历史记录、信用期限、最近对新信贷的搜索、使用的信贷类型（如分期付款/循环贷款）、就业状况和历史、移民身份。债权人还可以询问申请人是否有合法的能力在该国停留足够长的时间来偿还债务。如果申请人认为债权人违反了《平等信用机会法》，可以向政府部门对债权人投诉，也可以采取法律诉讼。如果债权人因为申请人的信用问题而拒绝贷款必须通知申请人。债权人应在收到申请书的合理时间内，根据申请人的书面要求，向申请人提供与申请人的贷款申请相关的评估报告的副本。除非法律另有要求，债权人可能要求申请人支付合理的费用，以偿还债权人的评估费用。此外，还为个人提供以下权利：只要申请人达到债权人的标准，可以在没有担保人的情况下获得贷款；获得申请被拒绝的具体原因；知晓获得的优惠条件比他们申请的少的原因。

4.《公平债务催收作业法》

《公平债务催收作业法》于 1977 年颁布，1978 年 3 月生效，适用于替债权方进行追债活动的第三方，联邦交易委员会是其执法部门。美国信用交易较为普遍，随着债务拖欠日益增加，为了提高债务催收效率，债权人委托商账追收机构催收过期债务。《公平债务催收作业法》的立法目的是保护通过正当手段的催收机构在市场竞争中免受不利和消费者不受债务催收者侵犯，法律重点对商账追收机构的债务催收作业行为进行规范。

债务催收人与第三方联系的有关法律规定。消费者或者具有管辖权的法院可以允许债务催收人与第三方联系。当债务催收人无法获得消费者地址时，可以向第三方询问消费者的家庭地址、电话号码、雇佣地址，但必须表明自己的身份，声明自己在确认或者是在更正该消费者的位置信息，除非有特别要求，债务催收者不能表明催收机构身份，以及透漏相关消费者欠债的信息。除非第一次从第三方获得的信息是错误的、不完全的或者第三方要求再次联系获得更多的信息，否则债务催收人不得再次与第三方联系。如果通过明信片、写信、电报与第三方联系，不得在信封上或者内容中使用任何表明债务催收人在从事债务催收的工作或者其他和催收债务有关的语言或象征符号。

债务催收人不得在不恰当的时候和地点与债务人联系。未经消费者事先同意或拥有管辖权法院的明确许可，债务催收员不能在以下情况和消费者进行任何相关债务催收的联系：一是在消费者不方便的时间（依照消费者当地时间的早上 8 点之前或下午 9 点之后的时间）或地点；二是在债务催收员知道消费者委托了律师，并且知道或者能够知道律师的姓名和地址的情况下，其不能再和除该律师以外的人联系，除非该律师未能在合理时间内回复债务催收员或者律师同意直接和消费者联系；三是债务催收员知道或者有理由知道消费者的雇主禁止在消费者工作的场所收到债务催收的信息；四是如果消费者书面通知债务催收人将拒绝支付账款或者消费者希望债务催收员中止进一步与其联系，债务催收人应该停止出于催收相关债务的目的和消费者进一步联系，有其他法律规定除外。

债务催收人除不得采取骚扰、施压或其他过度行为去催收账款外，也不得采取以下行动：使用威胁、暴力或者其他的犯罪方式去侵犯人身、名誉或者任何人的财产；使用污言秽语进行攻击；公开拒绝偿还债务的消费者名单，除非是向征信机构或者符合法律规定的对象公布；发布买卖债权的广告；打骚扰电话或者进行意图在于骚扰、烦恼债务人的重复致电。债务催收人不能使用任何虚假、欺诈或者误导的陈述或手段来进行催收债务，也不得使用不公平或不合理的手段来收取或试图收取任何债务，除非该数额经债务订立协议明确授权或法律允许。

二、法德两国的征信立法

欧洲国家对征信的管理除了依据本国的法律外，还要遵守欧盟颁布的相关征信法规。欧盟颁布的征信法规中较为典型的有《个人自动文档保护公约》《一般数据保护法案》《消费者信用指令》《资本要求指令》。《一般数据保护法案》建立了欧洲征信行业数据保护的基本准则，为欧洲各国建立了良好的信息流动机制，降低了跨境数据共享的成本。2016 年 4 月，欧洲议会通过了《通用数据保护条例》，2018 年 5 月该条例在欧盟成员国内正式生效实施。《通用数据保护条例》对个人信息保护及其监管力度达到了前所未有的高度，使欧洲个人信用信息的保护更加趋于统一化。欧洲国家立法以综合法为主，立法的主要目标是保护个人数据，没有为信用征集活动或机构单独立法，信用征集只作为个人数据保护法的规范对象之一。由于欧洲曾经历过人权被残酷践踏的历史，所以更加注重对人的权利的保护，人本位的思想占据主导地位，相应的在对待个人信用信息方面更重视保护而非利用。因此，欧洲个人信用信息保护法律制度的设计更倾向于权利的保护，除非个人同意，否则个人信用信息就不能进入征信体系。

（一）法国的征信立法

1. 法国的征信立法进程

法国是政府主导型的征信模式，在征信系统的建设方面，由政府统一安排。为加强对个人数据的保护，1978 年法国颁布《数据处理、数据文件及个人自由法》。1989

年，颁布《防止以及解决个人贷款问题的法案》，成立个人信贷登记系统收集个人信贷信息，信贷机构通过查询个人信贷信息办理授信业务和贷后管理，但只对信贷机构提供个人负面信息，防止消费者过度负债。2018 年，法国为保护个人数据的信息安全，法国在欧盟《通用数据保护条例》的基础上颁布了《个人数据保护法》，该法进一步扩大了责任主体范围，凡是为法国公民服务的机构在利用和处理其个人数据时均应遵守该法律。

法国征信行业建立的主要原因是为了降低国家金融风险，金融机构必须每月报告分期购买贷款、租赁、私人贷款、贷款额度和透支方面的不良记录。在信息主体采集上主要以负面不良信息为主，并不是将信息主体的正反面信息都收录系统。在征信系统使用上法国也不是对所有主体开放，因为它的征信系统定位不是为了便于企业或个人征信查询，而是用于国家的金融风险预防方面。法国在征信行业的立法上也注重对于信息主体权益的保护，对涉及信息主体安全的行为有着严格的规定。

2. 《数据处理、数据文件及个人自由法》

1978 年颁布的《数据处理、数据文件及个人自由法》是法国在信息安全保护方面的重要法律，后经过修订不断趋于完善。《数据处理、数据文件及个人自由法》对征信主体信息进行了规定，征信主体信息是指所有能够用来区分信息主体身份的信息，包括基本信息、社交信息以及经营信息等。征信机构在采集、使用信用信息的时候必须经信息主体授权，违规行为会受到警告或处罚。在信用信息的管理方面，必须是经过依法授权的人员才可以接触系统数据信息，除此以外的任何人员不得随意触碰信用信息。数据处理机构和人员有义务保证个人数据的安全性和保密性，并接受监管部门的监管和检查。对于数据库中的信息保存时间，法律规定为 5 年，超过 5 年的信息要定期消除。因为法国的征信系统收录都是信息主体的负面信息，保存太久不利于公民信用的恢复。在行政监管方面，法国成立了国家信息技术与自由委员会，负责对征信机构进行监管，有权对侵犯个人数据信息的行为进行处罚，工作人员违反规定也要承担法律责任。

3. 《数字共和国法》

《数字共和国法》于 2016 年 10 月生效，其实施目的是加强对个人数据的保护。《数字共和国法》规定：一是在本法规定的条件下，每个人都有权决定和控制涉及自身的个人数据的使用；二是未成年人的监护人或受监护者的合法代表代为行使法定权利，15 岁及以上的未成年人可以拒绝监护人了解其在研究、调研或评估过程中被收集的相关数据，并独立行使其访问权、更正权和反对权；三是若当事人在信息收集时是未成年人，当事人可以要求数据处理的负责人必须完全清除其在信息社会的服务提供的范围内所收集的个人数据；四是任何人均可在死前对其死后的个人数据的保存、清除和传递做出一般性或特殊性的指示，如果死者生前没有做出任何指示，则死者的继承人可以行使死者的法定权利；五是网络通信商及其职员必须保护私人电子通信的秘密，包括通信的内容、通信者的身份，甚至包括信息的标题和通信中的附件；六是要求数据要具有便携性和可恢复性，消费者有权恢复其所有的数据，在保护工商业秘密和知识产权的情况下，所有的在线公共通信服务运营商都需要向消费者无偿提供数据恢复服务。

（二）德国的征信立法

1. 德国的征信立法进程

德国的征信立法可追溯到1934年出台的《银行法》，为防范系统性风险的发生，要求银行在每季度末向中央银行报告其对单一客户超过一定限额的贷款和投资，以检测商业银行风险状况。1970年，德国制定了《个人信息保护法》规范政府机构的征信行为，该法是世界上第一部个人数据保护法。1977年，德国通过了《联邦数据保护法》，对私营征信机构进行规范。此外，德国的征信法规还分布在《商法》《破产条例》《民事诉讼条例》等法规中。在后期的征信立法中，德国对相关征信法规进行了修订。

2.《联邦数据保护法》

《联邦数据保护法》的立法目的在于保护个人隐私权，防止个人数据在使用过程中被侵害，适用于收集、处理和使用个人数据的公共机构和私营机构。《联邦数据保护法》对公共机构的数据处理、私营机构和参与竞争的公法企业的数据处理分别做了规定。

《联邦数据保护法》对数据保护做了一般规定和共同规定。个人数据包括所有能用来辨识信息主体身份的相关信息。个人数据的处理、收集和使用以及数据处理系统的设计必须以收集、处理和使用尽可能少的个人数据为原则，并尽可能的匿名化。收集、处理和使用个人数据必须遵守相关法律或取得数据主体同意，符合特定的收集目的或特定情形；个人数据应从数据主体处采集，法律另有规定除外；若从数据主体处收集个人数据，控制者应告知数据主体其身份，收集、处理和使用数据的相应目的，以及个别指令或要求或者拒绝同意的后果。一般而言，自动处理程序在运行之前应进行相应登记。自动收集、处理和使用个人数据的公共机构和私人机构应书面任命一名数据保护官，确保数据控制机构遵守数据保护的相关法规。数据保护官直接隶属于公共或私营机构的负责人。数据保护官必须对数据主体的身份，以及对经数据主体允许而得出的结果进行保密，除非被数据主体免除此义务。数据主体也可以随时接触到数据保护官。数据处理人员不得收集、处理或使用未经授权个人数据，在其工作期间应保守秘密，并且此项承诺在其工作终止后仍然有效。在数据主体的权利方面，数据主体的访问权、纠正、删除或封锁的权利不得被法律协议所排除或限制。处理个人数据的公私机构应当采取必要的技术和措施，确保对本法的执行，若控制者违法对数据主体造成损害，则应当进行相应的赔偿，但其已经按照有关情况采取适当的保护措施，则不负有该提供补偿赔偿的义务。委托其他机构收集、处理或使用个人数据造成的损害，应当由委托人负责。

公共机构的数据处理。公共机构为履行其职责，应允许其收集个人数据，但只有在以下法定情况下，才能收集特殊类型的个人数据。特殊法定情况包括：有法律明文规定或该数据收益关系到重大公共利益；数据主体同意；收集此类数据是为了保护数据主体或第三方的重大利益，而数据主体由于健康或法律等因素无法表示同意；收集的此类数据已被数据主体公布于众；收集此类数据可避免对公共安全的重大威胁；收集此类数据是为了避免对公共利益的重大危害或为了对重大公共利益的保护；收集此类数据是预防医学、医疗诊断、卫生保健和医疗卫生管理的需要，由医务人员或其他承诺保守秘密的人员对此类数据进行处理；收集此类数据是科学研究的需要，并且此项科学研究的利益明显大于该数据主体排除此类数据收集的所得利益，而且该项科学研究的目的不能通过其他渠道达到，或通过其他渠道需付出不合理的成本；收集此类数据是联邦公共机构在危机处理、避免冲突或实行人道主义行为时履行国防或国际义务的需要。特殊类型的个人数据包括：种族、政治观点、宗教信仰、工会会员身份、健康或性生活的信息。该法同时规定只有在必要的情况下才能允许使用电子设备在公共区域进行监控。此外，还规定了公共机构对数据的存储、修改和使用条件，以及向公共机构、私人机构传输条件。只有在数据库的控制部门履行职责所需并且为实现数据收集目的的情况下，才允许存储、修改和使用数据。

数据主体拥有相应权利。在数据主体的要求下，数据控制者应免费向数据主体提供：与其有关的被存储信息，包括出处；被传输数据的接收者或接收者的种类；存储的目的。但在一些特殊下，可以不提供，比如：不利于控制者正常履行职责；会侵害公共安全或秩序，或对联邦、州有危害；依据法律规定或其自身性质，必须对数据或其被存储的事实保密，特别是为了维护第三方的重大合法利益。若数据主体不知道数据被收集，则应被告知数据被存储的事实、控制者的名称和收集、处理或使用数据的目的，也应被告知接受者的身份或接受者的类别，除非数据主体希望向接受者传输数据。但在下列情况下，不要求数据控制者履行告知义务：数据主体已通过其他渠道得知数据被存储或传输；告知数据主体会付出不合理成本；法律明确规定了个人数据的存储或传输。数据控制者应书面明确在何种条件下可以不履行该告知义务。数据主体拥有对数据的修改、删除和阻滞，以及拒绝的权利，如要求对不正确的个人数据进行修改。数据主体认为联邦公共机构在处理、收集或使用其个人数据时侵害了其权利，可以向联邦数据保护和信息自由委员会提出申请。德国建立了联邦数据保护和信息自由委员会来监督联邦公共机构对本法和其他数据保护条款的遵守。

对私营机构和参与竞争的公法企业的数据处理的规定。《联邦数据保护法》准许私营机构和参与竞争的公法企业收集、存储、修改或转让个人资料或将其用于实现自己的商业目的。有关索赔的个人数据只有在没有及时提交欠款的情况下才能转让给信用查询机构。私营机构和参与竞争的公法企业为自己的商业目的收集、处理和使用特殊类型的个人数据的相关规定同对公共机构的规定一致。如果个人数据在首次被储蓄时是为了某人自己的目的，而数据主体并不知情，则数据主体应当被告知数据类型，收集、处理或使用的目的，以及数据控制者的身份。在数据主体的要求下，数据控制者应该向数据主体提供与其有关的被存储信息，包括数据来源；数据接收者或接收者类型的相关信息；存储的原因。

三、韩日两国的征信立法

（一）韩国的征信立法

1. 韩国的征信立法进程

韩国征信立法始于20世纪90年代，对公共部门和私人部门分别进行了专门的征信立法，并根据征信发展需求不断修订和完善相关法规。公共部门代表性立法有 1994 年《公共机关保有个人信息保护法》和 1998 年《公共机关信息披露法》。相对公共部门而言，韩国对私人部门的征信立法更多，主要包括 1995 年《信用信息使用及保护法》、2000 年《信息及通讯网络使用促进及信息保护法》、2011 年《个人信息保护法》、2018 年《个人信用评价体系综合改善方案》。

2.《信用信息使用及保护法》

《信用信息使用及保护法》的立法目的在于发展和规范征信业，防止信息滥用，保护信息主体隐私权等合法权益，维护信用市场秩序。《信用信息使用及保护法》确立了信用信息的采集范围，明确了可采集和禁止采集的信息范围。在信用信息的使用方面，信用信息的传播仅在信息提供者和使用者、征信机构、信用信息集中登记机构之间，并遵循准确性、最新性、保密性、责任明确性的原则。在对信息主体的权益保护方面，一是要求征信机构依法公示信用信息的种类、使用目的、提供对象；二是对个人信用信息的查询和使用必须经过信息主体的同意并在限定范围内使用；三是信息主体具有知情权，有权查询被采集的信息和对错误信息的更正请求权；四是对征信机构违反法规造成信息主体的损失的行为进行处罚。在征信管理方面，明确了征信业务的四种类型，即信息登记查询业务、信息调查业务、商账追收业务、信用评级业务，凡是开展以上四类业务均需获得相应许可和监管。

3.《个人信息保护法》

《个人信息保护法》的立法目的在于“规范个人信息的处理方式，保护个人的隐私免受未经授权的收集、泄露、滥用或误用”。国家和地方政府应当制定政策，防止超越目的之外的对个人信息的收集和滥用，监控和追踪相应不良后果，保护个人隐私。

《个人信息保护法》规定了个人信息保护原则，对个人信息处理者提出了八项要求：应有明确而特定的目的，坚持最少个人信息收集原则；应当达到个人信息处理目的所必需的范围内处理个人信息，不得超出；应确保在达到个人信息处理目的所必要范围内个人信息的准确性、完整性和实效性；应依据个人信息处理方法、类型等，以安全的管理方式保护个人信息；公开其隐私政策以及其他个人信息处理事项，并保障数据主体的权利，包括信息访问权；减少侵犯数据主体隐私的可能性的方式来处理个人信息；在一定条件下，应以匿名的方式处理个人信息；努力获取数据主体的信任，遵守相应法律法规。

数据主体对其个人信息的处理拥有一系列权利，包括：被告知处理其个人信息的权利；是否同意处理其个人信息和处理范围的权利；确认对其个人信息的处理及相应的访问权利；拥有暂停、更正、删除、销毁其个人信息的权利，但其他法律和规章制度规定应当收集的个人信息不得被删除；对于个人信息处理导致的任何损害，经及时、公正的程序获得适当补偿的权利。

个人信息的处理包括个人信息的收集、使用、提供和处理限制等。个人信息处理者可在法律规定的情况下收集个人信息，并在收集目的的范围内使用，如获得数据主体同意、法律有特殊规定或为遵守法律义务而不可避免的、公共机构依法在其辖区内开展工作而不可避免、为与数据主体签订和履行合同而不可避免的。个人信息处理者获得数据主体同意，发生以下变更时应通知信息主体，包括：收集和使用个人信息的目的；准备收集个人信息的详情；个人信息保留和使用期间；数据主体有权拒绝同意的事实及因拒绝同意而导致的不利影响。收集 14 岁以下未成年的个人信息时，需要取得其法定代表人的同意。《个人信息保护法》对处理个人信息进行了一系列限制。个人信息管理者不得处理包括意识形态在内的信息、信仰、加入（退出）工会或政党、政治心态、健康、性生活，以及其他可能的损害信息主体隐私的个人信息。任何人不得在露天安装和操作可视数据处理设备，以下情况除外：法律、法规允许的；为预防和侦查犯罪需要的；为保障设施安全和防火需要的；交通管制需要时；需要收集、分析和提供交通的信息。个人信息管理者应定期向个人信息处理人员提供必要的教育项目，以确保适当处理个人信息。《个人信息保护法》严格限制个人信用信息的非目的使用，除非取得信息主体同意或其他法律有特别规定的，个人信息处理者不得向第三方提供或共享信息主体的个人信息，从个人信息处理者处接收个人信息的也不得将个人信息用于非计划用途或提供给其他第三方。个人信息处理者取得信息主体同意或依法向第三方提供个人信息，需要告知信息主体其信息的接收者、使用目的等信息。当个人信息处理者处理从其他来源收集的个人信息超过数据主体时，应告知信息主体有关个人信息收集的来源和处理该信息的目的，若信息主体要求暂停该信息的处理，则应当立即执行。当个人信息保留期限到期而变得不必要时，或者个人信息处理目的已达到，个人信息处理者应当立即销毁该信息，但不适用于其他法律、法规规定必须保存的。国家和地方政府应制定措施防止非目的的收集、滥用和误用个人信息，保护个人隐私。

对个人信息和信息主体权利的保护。一是个人信息处理者有义务应采取必要措施确保个人信息不致遗失、被盗、泄露、更改或损坏。二是信息处理者应制定个人信息处理政策和指定隐私专员全面负责个人信息处理。三是若个人数据信息发生泄露，应及时通知信息主体，并采取相应措施进行补救。四是信息主体有权被告知收集和使用个人信息的目的、收集的信息详情、个人信息被保留和使用的时间、个人信息的处理情况；同意或拒绝处理其个人信息的权利。五是任何人在获取或处理个人信息时，禁止以欺诈、不正当或不公平的方式获得或处理个人信息；不得泄露在业务处理过程中获得的个人信息；不得损坏、毁坏、篡改、伪造或者泄露他人个人信息。六是设立个人信息争议调解委员会负责个人争议信息的处理。

（二）日本的征信立法

1. 日本的征信立法进程

日本是亚洲征信体系建设最为完善的国家之一，与欧美征信模式不同，个人征信采用的是会员制模式，而企业征信模式则由两家商业征信机构垄断，即帝国数据银行和东京商公所。日本对个人征信机构的设立未做限制，较为典型的设立方式是由会员单位共同出资组建个人征信机构，并制定行业协会的会员规约，由行业协会建立信用信息中心。会员之间通过信用信息互换平台进行信用信息共享。从 20 世纪 80 年代以来，为了保护和促进征信业发展，日本相继颁布了一系列征信法规。1983 年颁布了《贷款业规制法》和《分期付款销售法》对个人信用信息的收集和使用进行规范；1988 年颁布《行政机关保有的电子计算机处理的个人信息保护法》加强行政机关对拥有的计算机处理的个人信息进行保护；1993 年颁布《行政改革委员会行政信息公开法纲要》对收集政府部门的信息提供法律依据；2001 年颁布《政府信息公开法》，规定政府对其掌握的信息免费对外公开；2003 年出台《个人信息保护法》，在有效利用个人信息的同时对个人的权益进行保护；2009 年颁布《金融工具和交易法案（修订案）》，明确了金融服务局对信用评级的监管职能。

2.《个人信息保护法》

《个人信息保护法》将个人信息定义为“与生存着的个人有关的信息中，姓名、出生日期等可以识别出特定个人的部分，包括可以比较容易的与其他信息相比照并可以借此识别出特定个人的信息”。

个人信息的采集、保存和使用。个人信息处理者不得通过虚假或其他不正当手段获取个人信息。在获得个人信息后，除了事先公布其利用目的外，需要尽快将其利用目的通知信息主体或进行公布。信息主体有权知道个人信息处理者的名称和其持有个人信息的目的。个人信息处理者有义务对信息主体了解其个人信息的相关问题进行及时答复。在信用信息的保存和使用方面，一是个人信息处理者需要在其对个人信息的利用目的所必需的范围内确保个人信息的准确性和及时更新；二是采取必要和适当的措施防止个人信息泄露、毁灭或毁损，确保对其进行安全管理；三是若委托第三方代为处理个人数据，需要对其进行监督并确保数据安全。个人信息处理者在处理个人信息时，必须限定其利用目的，未经信息本人同意，不得超越其限定目的使用，但法律另有规定除外。若要变更其利用目的，也需要将变更的利用目的通知信息主体或进行公布。除法律另有规定外，未经信息本人同意，不得向第三人提供个人信息，信息主体有权要求个人信息处理者暂停对外提供其个人数据。

信息主体拥有异议权和修正权。一是信息主体若认为信息持有者拥有的信息不准确，可要求个人信息处理者进行订正、追加或删除，除法律有其他规定外，个人信息处理者必须在其利用目的所需范围内对该信息进行调查，并根据调查结果做出更正，并将更正或不予更正的结果告知信息主体，以及说明理由。二是信息主体以信息处理者违反《个人信息保护法》相关法条为由要求信息处理者停止利用、删除或停止对外提供，信息处理者应根据要求和《个人信息保护法》规定予以纠正，并将结果反馈给信息主体。

第三节　我国的征信立法

一、我国的征信类相关法律法规

2013 年，《征信业管理条例》的出台，标志着我国从国家层面对征信进行了专门立法。在《征信业管理条例》颁布之前，我国对信用信息的保护分布在多部法律之中，如《中华人民共和国宪法》《中华人民共和国民法通则》《中华人民共和国侵权责任法》《中华人民共和国公司法》《中华人民共和国国家安全法》。国家部门和地方政府为了执行征信法规和推进社会信用体系建设，也出台了一些部门或行业的征信类规章。

就立法目的而言，我国征信立法更趋向于保护个人隐私权。

（一）国家层面的征信法规

1.《中华人民共和国政府信息公开条例》

2007 年国务院制定了《中华人民共和国政府信息公开条例》（简称《政府信息公开条例》），这是我国第一部有关政府信息公开的全国性法规，于 2019 年修订。《政府信息公开条例》的立法目的是保障公民、法人和其他组织依法获取政府信息，提高政府工作的透明度，建设法治政府，充分发挥政府信息对人民群众生产、生活和经济社会活动的服务作用。《政府信息公开条例》规定行政机关公开政府信息，应当坚持以公开为常态、不公开为例外，及时、准确地公开政府信息，遵循公正、公平、合法、便民的原则。各级人民政府应当积极推进政府信息公开工作，逐步增加政府信息公开的内容。《政府信息公开条例》对政府信息公开的内容采用了排除法，除以下内容外，行政机关应采取主动公开和依申请公开的方式公开政府信息。一是依法确定为国家秘密的政府信息，法律、行政法规禁止公开的政府信息，以及公开后可能危及国家安全、公共安全、经济安全、社会稳定的政府信息，不予公开。二是涉及商业秘密、个人隐私等公开会对第三方合法权益造成损害的政府信息，行政机关不得公开。但是，第三方同意公开或者行政机关认为不公开会对公共利益造成重大影响的，予以公开。三是行政机关的内部事务信息，包括人事管理、后勤管理、内部工作流程等方面的信息，可以不予公开。行政机关应当建立健全政府信息管理动态调整机制，对本行政机关不予公开的政府信息进行定期评估审查，对因情势变化可以公开的政府信息应当公开。对涉及公众利益调整、需要公众广泛知晓或者需要公众参与决策的政府信息，行政机关应当主动公开。各级人民政府应当加强依托政府门户网站公开政府信息的工作，利用统一的政府信息公开平台集中发布主动公开的政府信息。政府信息公开平台应当具备信息检索、查阅、下载等功能。除行政机关主动公开的政府信息外，公民、法人或者其他组织可以向地方各级人民政府、对外以自己名义履行行政管理职能的县级以上人民政府部门申请获取相关政府信息。

政府信息公开工作主管部门应当加强对政府信息公开工作的日常指导和监督检查。若行政机关违反相关规定，应予以督促整改或者通报批评，对相关责任人依法处理。教育、卫生健康、供水、供电、供气、供热、环境保护、公共交通等与人民群众利益密切相关的公共企事业单位，公开在提供社会公共服务过程中制作、获取的信息，依照相关法律、法规和国务院有关主管部门或者机构的规定执行。

2.《征信业管理条例》

2013 年，《征信业管理条例》正式实施。这是我国从国家层面对征信进行专门的系统性立法，解决了征信业无专门法规可依的状况，对规范征信业运行，保护信息主体合法权益，推进社会信用体系建设具有重要意义。

3.《企业信息公示暂行条例》

为了保障公平竞争，促进企业诚信自律，规范企业信息公示，强化企业信用约束，维护交易安全，提高政府监管效能，扩大社会监督，2014 年，国务院制定了《企业信息公示暂行条例》（简称《条例》）。《条例》主要明确了以下内容：一是工商行政管理部门应当通过企业信用信息公示系统，公示其在履行职责过程中产生的下列企业信息，即注册登记、备案信息；动产抵押登记信息；股权出质登记信息；行政处罚信息；其他依法应当公示的信息。二是工商行政管理部门以外的其他政府部门应当公示其在履行职责过程中产生的下列企业信息，即行政许可准予、变更、延续信息；行政处罚信息；其他依法应当公示的信息。三是企业应当在每年上半年向工商行政管理部门报送上一年度年度报告，并向社会公示。四是企业应当自下列信息形成之日起 20 个工作日内通过企业信用信息公示系统向社会公示：有限责任公司股东或者股份有限公司发起人认缴和实缴的出资额、出资时间、出资方式等信息；有限责任公司股东股权转让等股权变更信息；行政许可取得、变更、延续信息；知识产权出质登记信息；受到行政处罚的信息；其他依法应当公示的信息。企业信息公示应当真实、及时。五是若违反《条例》相关规定，由县级以上工商行政管理部门列入经营异常名录，通过企业信用信息公示系统向社会公示，提醒其履行公示义务；情节严重的，由有关主管部门依照有关法律、行政法规规定给予行政处罚；造成他人损失的，依法承担赔偿责任；构成犯罪的，依法追究刑事责任。六是县级以上地方人民政府及其有关部门应当建立健全信用约束机制，在政府采购、工程招投标、国有土地出让、授予荣誉称号等工作中，将企业信息作为重要考量因素，对被列入经营异常名录或者严重违法企业名单的企业依法予以限制或者禁入。

4.《关于加强个人诚信体系建设的指导意见》

2016 年，国务院印发《关于加强个人诚信体系建设的指导意见》，保护个人信息安全，明确个人信息查询使用权限和程序，做好数据库安全防护工作，建立完善个人信息查询使用登记和审查制度，防止信息泄露。主要内容包括：未经法律法规授权不得采集个人公共信用信息；建立个人公共信用信息纠错、修复机制，制定异议处理、行政复议等管理制度及操作细则；明确各类公共信用信息展示期限，不再展示使用超过期限的公共信用信息；畅通信用修复渠道，丰富信用修复方式，探索通过事后主动履约、申请延期、自主解释等方式减少失信损失，通过按时履约、志愿服务、慈善捐助等方式修复信用。

（二）中国人民银行推动的征信立法

1.《银行信贷登记咨询管理办法（试行）》

1999 年，为了及时、全面反映借款人资信情况，加强金融监管，防范信贷风险，人民银行制定了《银行信贷登记咨询管理办法（试行）》。银行信贷登记咨询是以银行信贷登记咨询系统为管理手段，通过对金融机构信贷业务和借款人信息登记，全面反映借款人资信情况，为金融机构提供借款人资信咨询服务，并对金融机构和借款人的信贷行为进行监控的金融监管服务制度。

2.《个人信用信息基础数据库管理暂行办法》

为维护金融稳定，防范和降低商业银行的信用风险，促进个人信贷业务的发展，保障个人信用信息的安全和合法使用，中国人民银行于 2005 年发布了《个人信用信息基础数据库管理暂行办法》。中国人民银行负责组织商业银行建立个人信用信息基础数据库（以下简称“个人信用数据库”），并负责设立征信服务中心，承担个人信用数据库的日常运行和管理。个人信用数据库采集、整理、保存个人信用信息，为商业银行和个人提供信用报告查询服务，为货币政策制定、金融监管和法律、法规规定的其他用途提供有关信息服务。采集的个人信息包括：个人基本信息、个人信贷交易信息以及反映个人信用状况的其他信息。中国人民银行、商业银行及其工作人员应当为在工作中知悉的个人信用信息保密。《个人信用信息基础数据库管理暂行办法》规定商业银行应当遵守中国人民银行发布的个人信用数据库标准及其有关要求，准确、完整、及时地向个人信用数据库报送个人信用信息。征信服务中心应当建立完善的规章制度和采取先进的技术手段确保个人信用信息安全。商业银行办理下列业务，可以向个人信用数据库查询个人信用报告：审核个人贷款申请的；审核个人贷记卡、准贷记卡申请的；审核个人作为担保人的；对已发放的个人信贷进行贷后风险管理的；受理法人或其他组织的贷款申请或其作为担保人，需要查询其法定代表人及出资人信用状况的。除对已发放的个人信贷进行贷后风险管理外，查询个人信用报告时应当取得被查询人的书面授权。个人认为本人信用报告中的信用信息存在错误时，可以通过所在地中国人民银行征信管理部门或直接向征信服务中心提出书面异议申请。征信服务中心应当对收到的异议申请及时处理，异议信息确实有误的及时更正，但因技术原因暂时无法更正异议信息的，征信服务中心应当在书面答复中予以说明，待异议信息更正后，提供更正后的信用报告。对于无法核实的异议信息，征信服务中心应当允许异议申请人对有关异议信息附注 100 字以内的个人声明。个人声明不得包含与异议信息无关的内容，异议申请人应当对个人声明的真实性负责。征信服务中心应当妥善保存个人声明原始档案，并将个人声明载入异议人信用报告。

3. 《征信机构管理办法》

2013 年，为加强对征信机构的监督管理，促进征信业健康发展，中国人民银行制定了《征信机构管理办法》。征信机构应当遵守法律、行政法规和中国人民银行的规定，诚信经营，不得损害国家利益、社会公共利益，不得侵犯他人合法权益。设立个人征信机构，除应当符合《征信业管理条例》第六条规定外，还应当具备以下条件：有健全的组织机构；有完善的业务操作、信息安全管理、合规性管理等内控制度；个人信用信息系统符合国家信息安全保护等级二级或二级以上标准。设立企业征信机构，应当符合《中华人民共和国公司法》规定的公司设立条件，自公司登记机关准予登记之日起 30 日内向所在地的中国人民银行省会（首府）城市中心支行以上分支机构办理备案，并提交下列材料：企业征信机构备案表；营业执照复印件；股权结构说明，包括资本、股东名单及其出资额或者所持股份；组织机构设置以及人员基本构成说明；业务范围和业务规则基本情况报告；业务系统的基本情况，包括企业信用信息系统建设情况报告和具有国家信息安全等级保护测评资质的机构出具的企业信用信息系统安全测评报告；信息安全和风险防范措施，包括已经建立的内控制度和安全管理制度。

4. 《企业征信机构备案管理办法》

中国人民银行为加强对企业征信机构的监督管理，促进企业征信行业规范健康发展，2016 年颁布了《企业征信机构备案管理办法》。企业征信机构在注册地的人民银行省级分支行办理备案，并接受其监督管理。企业征信机构设立分支机构的，应当报告注册地人民银行省级分支行和分支机构所在地的人民银行省级分支行，提交企业征信机构分支机构备案表、营业执照复印件、经营场所证明文件、组织机构及高管人员构成情况说明、分支机构内控制度、业务规则。

5. 人行推动的信用评级法规

2006 年，为指导中国人民银行分支行管理信用评级工作，规范信用评级机构在银行间债券市场和信贷市场信用评级执业行为，促进信用评级业的健康发展，中国人民银行颁发了《中国人民银行信用评级管理指导意见》，对信用评级机构的人员、信用评级工作制度和内部管理制度、遵循原则、信用评级程序、禁止事项、数据库管理等内容做出具体指导。2008 年，为规范银行间债券市场信用评级机构的评级作业行为，加强对信用评级机构评级作业的管理，人民银行制定了《关于加强银行间债券市场信用评级作业管理的通知》。

（三）地方层面的征信法规

地方层面的征信法规可以归纳为三类：一是企业征信业务的地方规章。比如 2002 年北京市出台了《北京市行政机关归集和公布企业信用信息管理办法》、深圳市出台了《深圳市企业信用征信和评估管理办法》、2004 年上海市组织起草了《企业信用信息数据标准（试行）》、2005 年浙江省颁布了《浙江省企业信用信息征集和发布管理办法》。二是个人征信业务的地方规章。比如 2000 年上海市颁布国内第一部联合征信的政策性管理办法——《上海市个人信用联合试点办法》、2001 年深圳市出台《深圳市个人信用征信及信用评级管理办法》对深圳市的个人征信行为进行法律规范、2003 年上海市出台《上海市个人信用征信管理试行办法》、2004 年上海市组织起草了《个人信用信息数据标准（试行）》。三是地方征信管理规章。比如 2004 年广东省出台《关于加强广东省信用建设工作的通知》要求逐步建立和完善广东省信用制度和信用体系、2005 年湖南省制定了《湖南省信用信息管理办法》及海南省制定了《海南省征信和信用评估管理暂行办法》。

二、《征信业管理条例》的主要内容

《征信业管理条例》（以下简称《条例》）作为我国的专门征信法律，对征信业相关活动做了原则性规定：从事征信业务及相关活动，应当遵守法律法规，诚实守信，不得危害国家秘密，不得侵犯商业秘密和个人隐私。除国家机关以及法律、法规授权外，从事征信业务及相关活动均应遵守。《条例》的立法目的是“规范征信活动，保护当事人合法权益，引导、促进征信业健康发展，推进社会信用体系建设”。

（一）对征信机构的设立、解散或破产的规定

《条例》对个人征信机构和企业征信机构分别规定了设立条件：设立经营个人征信业务的征信机构，需经国务院征信业监督管理部门批准；设立经营企业征信业务的征信机构向所在地的国务院征信业监督管理部门派出机构办理备案。国务院征信业监督管理部门对申请设立的个人征信机构依法进行审查，自受理申请之日起 60 日内做出批准或者不予批准的决定。决定批准的，颁发个人征信业务经营许可证；不予批准的，应当书面说明理由。未经国务院征信业监督管理部门批准，任何单位和个人不得经营个人征信业务。相对而言，申请设立个人征信机构的标准更高。征信机构解散或者被依法宣告破产的，应当向国务院征信业监督管理部门报告，并依规处理信息数据库。

（二）征信业务规则

信用信息的采集和保存。我国对信用信息的采集范围既做了原则性规定，又采用

了排除性规定。《条例》规定：采集个人信息应当经信息主体本人同意，未经本人同意不得采集；企业的董事、监事、高级管理人员与其履行职务相关的信息，不作为个人信息；禁止征信机构采集个人的宗教信仰、基因、指纹、血型、疾病和病史信息以及法律、行政法规规定禁止采集的其他个人信息；征信机构不得采集个人的收入、存款、有价证券、商业保险、不动产的信息和纳税数额信息，但是，征信机构明确告知信息主体提供该信息可能产生的不利后果，并取得其书面同意的除外。信息提供者向征信机构提供个人不良信息，应当事先告知信息主体本人。以上条款依照法律、行政法规规定公开的不良信息除外。征信机构可以通过信息主体、企业交易对方、行业协会提供信息，政府有关部门依法已公开的信息，人民法院依法公布的判决、裁定等渠道，采集企业信息。征信机构或者信息提供者、信息使用者采用格式合同条款取得个人信息主体同意的，应当在合同中做出足以引起信息主体注意的提示，并按照信息主体的要求做出明确说明。《条例》对信用信息的保存时间做了明确规定。征信机构对个人不良信息的保存期限自不良行为或者事件终止之日起 5 年；超过 5 年的，应当予以删除。

信息的对外提供。征信机构不得违反规定提供个人信息。信息使用者应当按照与个人信息主体约定的用途使用个人信息，不得用作约定以外的用途，不得未经个人信息主体同意向第三方提供。但对金融信用信息基础数据库信息的使用不受这条限制。从事信贷业务的机构向金融信用信息基础数据库或者其他主体提供信贷信息，应当事先取得信息主体的书面同意，并适用本条例关于信息提供者的规定。法律规定征信机构向境外组织或者个人提供信息，应当遵守法律、行政法规和国务院征信业监督管理部门的有关规定。

（三）信息主体权益保护

信息主体享有知情权。信息主体可以向征信机构查询自身信息。个人信息主体有权每年两次免费获取本人的信用报告。向征信机构查询个人信息的，应当取得信息主体本人的书面同意并约定用途，法律规定可以不经同意查询的除外。

充分保护信息主体的异议权和更正权。《条例》规定：征信机构应当采取合理措施，保障其提供信息的准确性。信息主体认为征信机构采集、保存、提供的信息存在错误、遗漏的，有权向征信机构或者信息提供者提出异议，要求更正。征信机构或者信息提供者收到异议，应当按照国务院征信业监督管理部门的规定对相关信息做出存在异议的标注，自收到异议之日起 20 日内进行核查和处理，并将结果书面答复异议人。经核查，确认相关信息确有错误、遗漏的，信息提供者、征信机构应当予以更正；确认不存在错误、遗漏的，应当取消异议标注；经核查仍不能确认的，对核查情况和异议内容应当予以记载。信息主体的异议，应按规定进行标注、核查和处理。在不良信息保存期限内，信息主体可以对不良信息做出说明，征信机构应当予以记载。

投诉权、司法救济权。信息主体认为征信机构或者信息提供者、信息使用者侵害其合法权益的，可以向所在地的国务院征信业监督管理部门派出机构投诉。受理投诉的机构应当及时进行核查和处理，自受理之日起 30 日内书面答复投诉人。信息主体认为征信机构或者信息提供者、信息使用者侵害其合法权益的，可以直接向人民法院起诉。

（四）保障信用信息安全

征信机构应当按照国务院征信业监督管理部门的规定，建立健全和严格执行保障信息安全的规章制度，并采取有效技术措施保障信息安全。经营个人征信业务的征信机构应当对其工作人员查询个人信息的权限和程序做出明确规定，对工作人员查询个人信息的情况进行登记，如实记载查询工作人员的姓名，查询的时间、内容及用途。工作人员不得违反规定的权限和程序查询信息，不得泄露工作中获取的信息。征信机构在中国境内采集的信息的整理、保存和加工，应当在中国境内进行。

（五）监督管理和法律责任

国务院征信业监督管理部门及其派出机构依照法律、行政法规和国务院的规定，履行对征信业和金融信用信息基础数据库运行机构的监督管理职能。国务院征信业监督管理部门及其派出机构的工作人员滥用职权、玩忽职守、徇私舞弊，不依法履行监督管理职责，或者泄露国家秘密、信息主体信息的，依法给予处分。给信息主体造成损失的，依法承担民事责任；构成犯罪的，依法追究刑事责任。

三、我国征信法律的发展趋势

一是加强信息主体权益的保护。当前，信息泄露、信息倒卖现象时有发生，根据德、韩、日等国保护个人信息的征信立法经验，应随着我国经济社会发展不断对相关征信法律进行修订，或制定个人信用信息保护法等专门法规，使征信法律能够满足信息主体权益保护的需要。增强数据处理活动的透明度，要求企业或组织承担更多数据保护责任，明确数据主体对个人数据享有的权利，对跨境数据流动制定更为严格的程序和保护规则。二是针对征信评级行业制定专门的法律法规。我国缺乏有关信用评级的全国性专门法规，现有对其进行规范的法规主要有《中华人民共和国证券法》（简称《证券法》）和《企业债券管理条例》，并且也只是进行了一些原则性或较为宽泛的规定，并未形成相应的法律体系。如《证券法》规定：公司债券信用评级发生变化时，公司应对外公告；资信评级应当勤勉尽责、恪尽职守，按照相关业务规则为证券的交易及相关活动提供服务，对所依据的文件资料内容的真实性、准确性、完整性进行核查和验证，对违反相关规定给予罚款。《企业债券管理条例》规定：企业发行企业债券应当公布经审批机关批准的发行章程。企业发行企业债券，可以向经认可的债券评信机构申请信用评级。我国需要根据信用评级行业发展及全球化趋势，制定专门的征信评级法规，规范在我国境内开展业务的征信评级机构及其业务。三是从国家层面制定征信法律，在保护个人关键隐私的前提下，为征信机构合法获取信用信息、加工信用产品以及对外使用提供便利，促进信用经济发展。从国外信用经济发展来看，征信法律对信用信息的采集和使用的约束越严格，信用信息的交易成本越高，信用经济越容易受到影响；相反，适当的宽松有利于信用经济的发展。规范政府信息和企业信息的公开和使用，减少信息不对称，促进征信业和经济发展。

复习思考题

1. 简述征信法律和征信法律制度的内涵。
2. 简述征信立法的目的、意义和分类。
3. 简述主要经济发达国家的征信立法对我国的启示。
4. 简述《征信业管理条例》的主要内容。
5. 《政府信息公开条例》对政府信息公开的内容有怎样的规定?
6. 如何看待我国征信立法的发展趋势?

第九章　征信监管

■内容提要

征信监管是对征信机构和全部征信活动的外在约束，是推动征信行业发展的重要手段，也是征信体系的重要组成部分。本章阐述征信监管和征信监管模式的内涵，分析征信监管的必要性，介绍国内外主要征信监管模式；对国内外征信监管机构及监管职责进行比较研究，介绍征信监管机构的工作流程；从市场准入管理、征信业务管理和市场退出管理三个方面阐述征信监管的内容；介绍征信监管主要措施。

第一节　征信监管模式

一、征信监管和征信监管模式的内涵

随着征信市场的发展，征信监管应运而生，征信监管的目的在于规范市场、保护信息主体的合法权益，进而促进整个行业良性健康发展。

征信监管有广义和狭义之分。广义上的征信监管是行政监管、行业自律管理、司法裁决和社会监督等法律规范及行为活动的总和。而狭义上的征信监管主要是赋予监管职责的政府职能部门依据法律法规对相关机构及其征信业务、征信市场进行监管而制定的制度和开展的相关活动的综合。此外，相关的行业自律组织按照公约行使职能的，也作为狭义上的征信监管范畴。

征信监管模式主要是指各国依据本国国情设计的监管体系，包括设置的征信监管机构和制定的监管法律法规等。

二、征信监管的必要性分析

征信监管的必要性体现在以下几方面：首先，征信信息具有公共物品属性，需要

政府有效监管规范征信业的行为；其次，征信行业专业性强，对信息安全、个人隐私保护、信息客观公正性等要求较高，因此是一个需要有一定条件和门槛的行业，需要政府对其开办条件和资质进行认定；再次，纵观全球征信行业发展，征信行业是一个必须保护适度竞争的行业，征信机构的过多、过滥会导致信息分割和市场秩序的混乱；最后，征信行业需要政府的有效监管来保证公众利益和国家经济信息安全。

三、国内外代表性征信监管模式

（一）美国模式

美国主要依托市场机制对征信行业进行监管，是全球“市场主导”监管模式的代表。美国征信机构的产生是基于信用交易的需求，基于市场的运行规律来发展，较少受到来自政府的干涉，机构的设立、存续以及退出均按照法律的规定，即自身经营的好坏来运行。美国的征信市场经历了初创期、快速发展期、法律完善期、并购整合期和成熟期几个阶段。从 21 世纪开始，几家大型的征信机构垄断了整个征信市场，美国征信业进入了成熟稳定发展阶段。

1. 法律

美国征信市场发展和监管均以市场为主导，在这一模式下，平衡个人征信机构的利益和保障消费者权益是美国征信法律制定的重要原则，美国征信立法的基本核心价值取向是保障信息的自由流通，既要确保征信机构正常开展业务活动，又要保护信息主体人格权和隐私权。

从 19 世纪 60 年代美国第一家个人征信机构设立到现在的 100 多年间，美国形成了一套完善的征信运作、法律体系和监管机制。立法涵盖了信用信息的收集、加工、生产销售、使用的各个环节，立法数量达到 16 部之多。其中保护消费者权利的立法占了多数，另外的立法主要用来规范征信机构和信息提供主体的行为，立法之外还设置了很多征信业准则以供参考。1970 年制定的《公平信用报告法》，它是整个美国征信业监管立法中影响力最大的一部法律；《金融服务现代化法》引入了信息提供者和使用者这个概念，加强了征信机构信息流动的监管，对信息提供者彼此的信息共享提出了要求，严密了监管的法网；《公平和准确信用交易法》则赋予了消费者监督征信机构的征信产品和服务质量的权利，征信消费者的权利又被称为数据主体的权利，其有权每年一次免费获取自己的信用报告。美国征信机构的立法约束，越来越多地体现在征信机构及信息提供者被要求承担更多的责任上。

2. 信息征集和使用

美国的个人信用系统十分完备，诚信监督系统终生收藏有关个人诚信方面的信息，每个美国国民或者在美国生活半年以上的人都须拥有一个伴随终生的社会安全号。系统内存储公民的基本信息以及信用记录等多种信息，包括有无银行账户、有无犯罪记录、有无拖欠银行贷款及拖欠房租等，每一次不良行为都会被记录。

在美国，消费者个人信用调查报告最常见的用途包括：金融机构发放个人消费信贷的主要参考，商场向顾客发放购物卡的授信依据，租赁类公司考查个人用户的参考，公用事业公司是否开通服务的参考，帮助雇主了解工作应征者的品行，以及账务催收的参考。美国的征信服务机构在机构组成方面主要由私人和法人投资组成。在服务范围方面，美国民营信用调查机构是面向全社会提供信用信息服务。服务的对象主要包括私人银行、私人信用机构、其他企业、个人、税收征管机构、法律实施机构和其他联邦机构，以及本地政府机构等，这些机构都是征信报告的需求方。

3. 行业监管

美国没有设立统一的监管部门，而是由各个部门根据立法和司法的授权，对征信机构实施监管。目前美国个人征信市场依据《公平信用报告法》和《多德-弗兰克华尔街改革与消费者保护法案》等法规的规定，形成了以联邦贸易委员会（FTC）和消费者金融保护局（CFPB）两大部门监管为主，其他相关部门在本行业实施业务监管为辅的监管格局。联邦贸易委员会和消费者金融保护局主要通过制定规章、检查征信行业经营行为、受理和解决投诉、对违法行为提起诉讼和制裁等手段实施有效监管。财政部通货监理署（Office of Comptroller of the Currency，OCC）、联邦储备委员会（The Federal Reserve Board，FRB）、国家信用社管理局（The National Credit Union Administration，NCUA）等部门按照各自职责，通过制定行业实施条例和执行指引等方式，对行业内从事征信活动的机构落实征信法律法规情况和合规性操作情况进行管理，对各机构违法行为加以处罚并解决有关争议。

美国联邦贸易委员会是主要的征信行政监管机构，负责对征信法律的执行和规则进行解释，推进征信立法。联邦贸易委员会有权制定征信程序，对征信机构的数据采集、整理及报告出具等环节进行监督，还能受理消费者的投诉，并做出裁决。管辖的范围包括信用报告协会、消费者信用报告或调查机构、信用卡公司、全国的零售企业、提供消费者信贷的金融机构、银行机构等。

消费者金融保护局主要的监督方式是处理消费者对征信机构（主要是个人征信机构）的投诉，通过司法途径为消费者挽回损失，另外它还对征信行业存在的问题提出建议。其监管手段主要包括发出警告信督促征信机构自查，达成行政和解、经法院同意对违反法律规定的机构进行民事罚款等。

除此之外，还有征信行业的相关协会承担着规范征信企业行为，保护信息主体相关权利的职能。

（二）欧洲模式

欧洲（除英国外）征信体系最大的特点是由政府主导，以中央银行建立的“中央信贷登记系统”为主体，兼有私营征信机构；征信机构的资金来源主要是财政支持、征信服务收费，政府强行干预行业运作，以防范信用风险和系统性金融风险为目标，政府同时承担了征信服务和征信监管职责。法国和德国是该模式的代表，但二者又存在一些差别。

1. 法国

法国只有由央行建立的公共征信系统，即所有的个人和企业的信用信息都通过公共征信系统征集、交换和使用等。

（1）法律。

法国的征信立法主要侧重于对个人数据的保护，避免给数据主体带来伤害。1978年，法国通过了《数据处理、数据文件及个人自由法》，并于2004年根据欧盟的《数据保护指引》进行修改。2016年欧盟通过《通用数据保护条例》 （General Data

Protection Regulation，“GDPR”），并于2018年5月25日生效，成为欧盟征信行业数据保护的重要法律。

（2）信息征集和使用。

就个人信用信息征集范围而言，根据相关法律规定，金融机构及相关企业须定期报送个人信贷、租赁、分期付款和信用卡方面逾期、拖欠和透支等信用信息到“个人信贷登记系统”。此外，还将通过法院等采集个人公共的负面信息。总体而言，法国只采集个人负面信用信息。根据相关法律规定，采集数据须告知信息主体且取得书面同意，采集的个人数据保留期不超过5年；只有央行和商业银行授权的人员才能访问央行信贷登记系统的数据。

就企业信用信息征集范围而言，根据相关法律规定，商业银行、租赁与保理公司、财务公司和保险公司等金融机构须每月向“企业信贷登记系统”报送企业的信贷、票据和商事法庭裁定的诉讼判决等信用信息，与个人信用信息不同的是这些信息既有正面信息还包含负面信息。此外，也将从法国统计局获取企业相关信息，还通过媒体和法院等获取相关信息。

（3）行业监管。

《数据处理、数据文件及个人自由法》规定成立国家信息技术与自由委员会（CNIL），赋予其征信监管职责，直接向议会负责并报告工作。该委员会的17位成员来自议会、参议院、最高法院等部门，对征信机构、数据处理机构及其人员的行为进行监管，保障其遵守相关法律法规、数据处理合法合规、保障个人数据安全和保密。通过执法检查等对违法违规行为实施处罚。

2. 德国

相较于法国，德国征信体系更多样。德国目前有德央行主导运作的公共信贷登记系统，以及工商部门运作的工商登记信息系统、破产法院运作的破产记录信息系统、地方法院运作的债务人名单信息系统等公共征信系统，各部门依据相关规定对各自运作的系统进行管理；有按照市场机制运作的私营征信机构，其相关行为受相关法律法规约束；有按照行业协会公约运行的会员制模式，由协会促进会员单位间的业务运作，并对会员行为进行规范。

（1）法律。

目前德国尚未针对征信业务建立专门法律，相关规定分散于《联邦数据保护法》（BDSG）、《商法典》（HGB）和《信贷法》（KWG）等法律中。其中《联邦数据保护法》于1978年推出，主要是保障个人数据的安全性和隐私性，也是德国最主要的数据保护法规；《商法典》和《信贷法》主要是对企业信用信息采集、使用等行为进行约束。

（2）信息征集和使用。

《联邦数据保护法》规定，任何征信机构征集、处理和使用个人数据须取得信息主体同意，或取得相关法律许可，总之须在合法基础上进行。信息主体可任何时候无条件撤回授权，征信机构对个人数据的处理需向信息主体公开，信息主体有权在任何时候对本人数据进行查询。该法令规定负面的个人信用信息保留期限一般不得超过3年，其他类型的个人信用信息最多可保留6年。此外，为保护信息主体权益，该法令要求所有征信机构开业1个月以内须任命一个数据保护专员，对本机构数据处理计划执行进行监督，对数据处理人员进行培养，以严格遵守相关法律法规。数据保护专员任职期限为1年，非特殊理由不得终止任职，数据保护专员须具备相关专业知识且需证明有足够责任感，经相关政府部门培训后才可上岗。信息主体如有需要，可任何时候接触到数据保护局。

就信息征集范围而言，德国信贷登记系统主要征集的是个人和企业的银行信贷信息，工商部门对外披露企业登记信息，法院等对外披露破产法院破产记录、地方法院债务人名单等；私营征信机构则是通过从事企业与个人资信调查、信用评级、信用保险、商账追收、资产保理等业务而累积企业和消费者相关信用信息；行业协会则是用会员间内部信用信息共享机制实现征集和使用信用信息的目的，行业协会的成员包括私营征信机构和银行等。德国征信系统分为公共征信系统、私营征信系统和行业协会系统，信息征集和使用情况见图9-1。

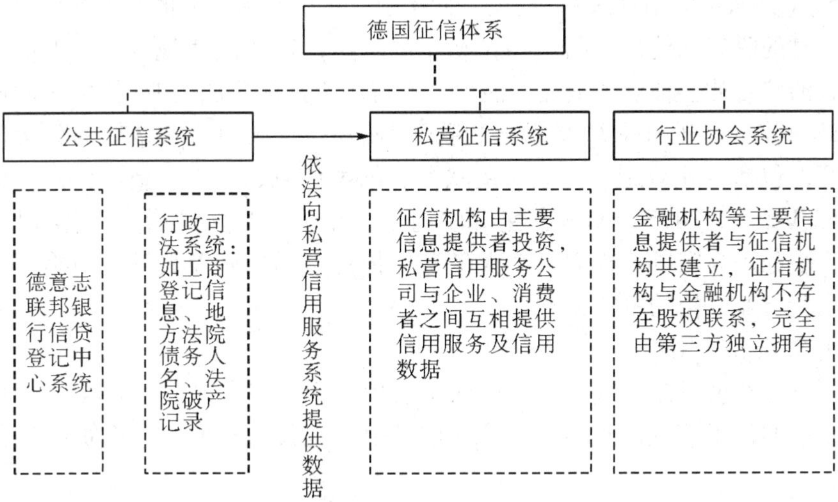

图9-1　德国征信信息征信和使用情况

（3）行业监管。

公共模式监管：在以信贷登记系统为主体的公共模式下，联邦银行全权负责各金融机构向信贷登记系统报送并使用信用信息的各项事宜。

市场模式监管：在以民营信用服务机构为主体的市场模式下，私营征信机构须按照相关法律法规的要求开展各项工作，相应的监管职责由出台相应法规的职能部门履行。

会员制模式监管：在以行业协会为主体的会员制模式下，由行业协会自身实施协会内部的监管职能，有效规范成员单位在协会内部的行为。

（三）日本模式

日本征信业的发展与美国和欧洲的不同，形成了其独特的“会员制模式”。这种模式是指由行业协会为主建立信用信息中心，为协会会员提供个人和企业的信用信息互换平台，通过内部信用信息共享机制实现征集和使用信用信息的目的。在会员制模式下，会员向协会信息中心义务地提供由会员自身掌握的个人或者企业的信用信息，同时，协会信用信息中心也仅限于向协会会员提供信用信息查询服务。这种协会信用信息中心不以营利为目的，只收取成本费用。在征信监管上，日本致力于建立完善的征信法律体系，依靠法律和行业协会来管理征信业。

目前，日本的信用信息机构大体上可划分为银行体系、消费信贷体系和销售信用体系三类。相应的行业协会分别是银行业协会、信贷业协会和信用产业协会。这些协会的会员包括银行、信用卡公司、保证公司、其他金融机构、商业公司以及零售店等。三大行业协会的信用信息服务基本能够满足会员对个人信用信息征集考查的需求。目前，日本最为著名的个人征信中心有全国银行个人信用信息中心（KSC）、株式会社日本信用信息中心（JICC）、株式会社信用信息中心（CIC）；企业征信机构为日本帝国数据银行和东京商工所。

1. 法律

从20世纪80年代开始，日本政府颁布了《贷款业规制法》《个人信息保护法》《政府信息公开法》等多部法律用以保护消费者信息，规范征信市场的发展。《贷款业规制法》和《分期付款销售法》，规定三大信用信息中心为官方的个人征信机构，并对个人信用信息的收集和使用等行为做了初步的规定，按照法律规定，个人信用信息只能用于调查消费者的偿债能力或支付能力，不得用于其他非法商业用途。《政府信息公开法》对政府信息公开的种类和范围进行了明确规定，政府将其掌握的大量信息免费向社会公开，包括企业登记、土地房屋状况、纳税信息、破产申请等信息。为保护个人隐私和信息安全，2005年日本制定和实施了《个人信息保护法》，该法以个人信息的保护和合法利用为宗旨，确立了个人信息保护的基本原则及方针，明确了国家及地方政府，以及行业机构的责任义务。

2. 信息征集和使用

总体而言，在会员制模式下，会员向协会信息中心义务地提供由会员自身掌握的个人或者企业的信用信息，同时协会信用信息中心也仅限于向协会会员提供信用信息查询服务。

（1）个人征信。

全国银行个人信用信息中心由日本银行家协会组建管理，其主要成员为银行等金融机构，包含了超过130家商业银行，1 000多家非银行金融机构，以及200多家银行附属公司等。其提供的服务主要为贷款和信用卡等个人信用信息的收集、登记及提供。

株式会社日本信用信息中心由日本消费信贷业协会组建，主要会员包括与消费贷款业务有关的信贩公司、消费金融公司、信用卡公司、担保和租赁公司等金融机构。

株式会社信用信息中心（CIC）隶属于日本信用产业协会，其成员主要包括零售商、百货商店、汽车和家电行业的信贷销售公司。CIC是三家机构当中信用信息采集量最大的，也是查询量最多的。

在成立之初，这三大信息中心的运营都是相对封闭的，个人信用信息仅在各自行业体系内进行共享交换。1987年，在日本银行业协会、消费信贷业协会和日本信用产业协会的联合促进下，日本建立了跨行业的信用信息共享网络——CRIN，此后三家机构可以通过CRIN进行状态发生改变的个人信用信息的共享和交换，包括个人逾期贷款的偿还，以及债务催收等。之后，JICC和CIC还实现了通过金融信息网络FINE来交换信贷交易余额等信息，从而对借款人的多重负债和信贷欺诈等问题进行更好的控制和解决。

（2）企业征信。

日本帝国数据银行（TDB）的主要业务包括企业征信报告、数据库服务、市场战略咨询服务、电子商务认证和信用风险与违约率预测等；其企业征信报告主要包含公司概况和信用评级，公司的财务状况和融资能力，业务环境，贷款交易，不动产登记，供应商和客户情况，纳税情况以及公司在 6 年内的经营状况等信息内容；其构建的数据库“COSMOS”，是日本最大的商业数据库和亚洲最大的企业资信数据库，能够满足各类客户的需求，数据库的信息每年会进行定期更新。其所提供的企业信息主要基于其 1 700 多名现场调查员通过企业拜访以及与企业代表进行访谈搜集而来的信用信息。

东京商工所的主要业务包括企业资信调查、个人或法人财产征信、信用管理咨询和出版物等。

3. 行业监管

在个人征信方面，日本并没有专门的监管机构，主要是通过行业协会进行自律管理，各信用中心的业务内容和范围，以及相关的运营规则都由各管理协会制定。在企业征信方面，政府只在市场发展初期进行适当的监管，当市场进入成熟发展阶段，政府的管理功能会逐渐弱化。

以行业协会自律管理为例，首先日本各行业协会都制订了各自的会员章程，依据会员章程对会员的准入、退出等行为进行管理。所有会员享有平等的权利，承担同等的义务。其次，会员间信用信息的共享一般采取“查询+数据报送”并行的方式，这样可以有效地避免会员查询的随意性，加强提供共享信息的及时性。此外，各信用信息中心会根据行业信贷业务的特点和风险控制技术的要求，对信息数据进行针对性的采集和处理，并按照统一的数据规范为行业会员提供共享和查询等服务。对于任何违反法律或者协会规章的会员，协会将对其进行处罚，包括通报批评以及取消会员资格等。

（四）中国模式

自 2013 年 3 月 15 日《征信业管理条例》实施，我国征信行业监管步入有法可依的轨道。目前我国征信业是“政府+市场”的发展和监管模式，对个人征信机构实施的是行政审批制，而对企业征信机构实施的则是备案制。当前，我国个人征信机构以人民银行下属的征信中心为主，以由中国互联网金融协会和 8 家公司（芝麻信用、腾讯征信、前海征信、考拉征信、鹏元征信、中诚信征信、中智诚征信、华道征信）控股成立的百行征信为辅；征信中心也是我国最大的企业征信机构，同时备案了 100 余家企业征信机构。根据《征信业管理条例》的规定，中国人民银行对我国征信机构实施监管。

《征信业管理条例》是我国征信业领域最主要的法规，就信息采集而言，其规定：采集个人信息应当经信息主体本人同意，未经本人同意不得采集，禁止采集个人的宗教信仰、基因、指纹、血型、疾病和病史信息以及法律、行政法规规定禁止采集的其他个人信息；不得采集个人的收入、存款、有价证券、商业保险、不动产的信息和纳税数额信息，但是征信机构明确告知信息主体提供该信息可能产生的不利后果，并取得其书面同意的除外。目前，征信中心采集的信息除基本信息外，以银行信贷信息为主，以政府有关部门依法已公开的信息和人民法院依法公布的判决信息为辅；百行征信主要是征集（除银行、证券、保险等传统金融机构以外的）网络借贷等领域开展的个人征信活动的信息。

就信息使用而言，该条例规定：个人信息主体有权每年两次免费获取本人的信用报告；向征信机构查询个人信息的，应当取得信息主体本人的书面同意并约定用途；信息使用者应当按照与个人信息主体约定的用途使用个人信息，不得用作约定以外的用途，不得未经个人信息主体同意向第三方提供。

信息主体认为征信机构采集、保存、提供的信息存在错误、遗漏的，有权向征信机构或者信息提供者提出异议，要求更正，也可向人民银行投诉或向人民法院提请诉讼，维护自身权益。

第二节　征信监管机构

一、征信监管机构类型

从世界范围看，承担征信监管职责的部门各不相同。一般来说，负责监管征信业务的公共机构包括中央银行、银行监督机构、财政部、数据保护署、消费者保护部门等。一些国家实行多部门监管体制，如英国，贸易和工业部、公平贸易办公室、金融管理局等多个部门，根据各自职责对本国征信业实施监管。一些国家实行单一主体监管体制，如印度中央银行负责监管征信业。此外，还有一种司法部门为监管主体的监管体制，如智利、哥伦比亚等，对征信业不设立专门的政府管理部门，而由司法部门直接负责监管。还有一些建立行业自律组织，如日本。本节将在不同监管模式下描述不同的征信监管机构。

（一）国外征信监管机构

1. 美国征信监管机构

美国没有设立统一的监管机构，而是各个部门根据立法和司法的授权，对个人征信机构实施监管；而相关的行业协会承担着规范征信企业行为的职责。

美国征信业的管理部门包括联邦贸易委员会（FTC）、联邦储备委员会（FED）和货币监理署（OCC）。2008 年金融危机后，美国又成立了消费者金融保护局，将分散在联邦贸易委员会、美联储等机构的监管职权集中到消费者金融保护局，致力于保护美国金融消费者免受复杂金融产品和金融创新滥用的侵害，加强个人权益的立法和司法保护，消费者保护局认为美国三大个人征信机构所提供的产品和服务关系到金融消费者能否获得金融服务，因此消费者保护局出台了相关规定，将三大个人征信机构纳入其管理范围。

2. 欧洲征信监管机构

《欧盟数据保护指令》要求欧盟成员国设立一个或多个公共机构负责监督。以法国为例，法国主要的征信监管机构是国家信息技术与自由委员会（CNIL）。该委员会由 17 位成员组成，分别来自国民议会、参议院和最高法院等。以德国为例，德国主要的信用活动监管机构有德意志联邦银行和联邦金融服务监管局（BaFin）。联邦金融服务监管局（BaFin）是由联邦银行监管局（BAKred）、联邦保险监管局（BAV）、联邦证券监管局（BAWe）整合而成的独立的联邦机构，受德国联邦财政部的直接管理。

3. 日本征信监管机构

由于日本采用的是会员制模式，征信业主要是靠市场发展形成的，政府干预较少，主要依靠行业协会的条例、规章等内部制度进行自我约束。

（二）我国征信监管机构

《征信业管理条例》（以下简称《条例》）明确了人民银行及其派出机构是我国征信业监督管理部门，依法履行对征信业和金融信用信息基础数据库运行机构的监督管理职责。作为国务院征信业监督管理部门的人民银行有权依据法规授权，结合我国征信业发展的实际情况，在征信机构市场准入、个人和企业信息保护以及对征信机构、信用信息使用者的监管等方面制定部门规章和规范性文件，来进一步健全、完善征信业监管制度。《条例》是我国征信业法律体系的核心，是全面推进社会信用体系建设的重要保障。

《条例》的出台，一是解决征信业管理无法可依的问题。明确征信业监督管理部门的职责及其管理对象、管理措施和管理手段，有利于加强对征信市场的管理，规范征信业的健康发展。二是解决征信市场中信息采集、使用不规范等问题。确立征信业务及其相关活动所遵循的规章制度，规范征信机构、信息提供者和信息使用者的业务行为，维护信息主体合法权益，建立良好的征信市场秩序。三是解决征信市场整体发展水平较低的问题。促进形成各类征信机构互为补充、依法经营、公平竞争的征信市场格局，满足社会全方位、多层次、多元化的征信服务需求。《条例》颁布实施以来，人民银行切实履行征信业管理职责，规范发展征信市场，有力地促进了社会信用体系建设。

二、征信监管机构职责

征信监管是建立和完善征信制度，维护征信市场秩序，防范征信市场风险，促进征信市场健康发展的客观要求。各国根据自身监管机构的不同，监管职责也不同。

（一）国外监管机构的职责

1. 美国监管机构的职责

美国联邦贸易委员会主要负责对征信法律的执行和规则进行解释，推进征信立法，并有权制定征信程序，对征信机构的数据采集整理及报告出具等环节进行监督，还能受理消费者的投诉，并做出裁决。消费者金融保护局主要的监督方式是处理消费者对个人征信机构的投诉，通过司法途径为消费者挽回损失，另外它还对征信行业存在的问题提出建议。除此之外，还有征信行业的相关协会承担着规范征信企业行为，保护信息主体相关权利的职能。

2. 欧洲征信监管机构的职责

《欧盟数据保护指令》要求监管机构负责监督数据保护法在其本国境内的实施情况，负责审理对个人数据处理中个人权利和自由保护方面提出的投诉，并接受有关咨询。

以法国为例，国家信息技术与自由委员会直接向议会负责并报告工作，并有权对任何违规的征信机构进行处罚，所有数据处理的机构和人员都必须履行以下义务：任何个人数据的自动化处理行为必须提前通知 CNIL；向 CNIL 报告有关的个人数据档案；保证个人数据的安全性和保密性，不得向无关的第三方泄露数据；在指定时间接受 CNIL 委员的现场检查。

以德国为例，德意志联邦银行建立了信贷登记中心，对金融机构行使信贷数据统计权利，各类金融机构必须每月向联邦银行报送各类信贷业务数据的统计报表。联邦金融服务监管局可以对德国超过 2 700 家的银行，800 家金融服务机构以及 700 多家保险机构的商业信用行为进行监管。

3. 日本行业自律组织的监管职责

日本行业协会通过制定条例、规章等内部制度、开展行业自律性监督活动等对行业协会会员进行行业自律管理。

（二）我国征信监管机构职责

《条例》第八条规定：国家征信监督管理部门是征信机构和征信业务活动的管理机关。征信监督管理部门负责制定相关的征信管理制度，依法对征信机构和征信业务活动进行监督管理，指导征信行业协会。根据《条例》第八条规定，征信监管权由国家征信监督管理部门统一行使，即所有与信用信息提供或需求相关的机构或企业都不得参与或成为征信监管的主体，杜绝了既是运动员又是裁判员的源头不公平现象，监管的对象就是征信机构及其征信业务活动。同时，《条例》也将监管权的内涵界定在制定相关的征信管理制度，依法对征信机构和征信业务活动进行监督管理，指导征信行业协会，而不是集行政监管、行业自律、机构内控、社会监督于一体的所谓“四位一体”征信监管体制。

第一，制定征信业法规、政策，制定行业发展规划、行业规范，监督征信行业的法律法规、行业规范的执行；依据征信行业运行提出合理的立法建议。

第二，维护征信市场的公平竞争秩序，规范征信机构的竞争行为，惩治反竞争行为。

第三，依法审批、评估、遴选征信机构，审查批准个人征信机构的设立、变更、终止以及业务范围，颁发（换发）“征信业务许可证”，管理征信机构的市场退出。

第四，负责对个人征信机构高级管理及从业人员实行任职资格管理，监管征信机构的征信行为，确保征信行业的安全运营。定期或者不定期开展征信业务检查。对征信企业的违法违规行为实施制裁和处罚。

第五，监督、调查、统计、分析和预测征信行业数据，处理与社会有关方面协调工作，建立金融征信系统平台。

第六，维护信用产品消费者权益，维护征信主体权益，依法处理征信投诉。

第七，普及宣传征信及有关金融知识。

第八，与社会有关方面推动建立社会信用体系。

第九，指导和管理征信行业协会。

第十，在外事授权范围内，开展国际交流与合作，积极参与国家标准制定。

三、征信监管机构工作流程

征信监管机构工作职责：依法对征信业进行监督管理；推广动产融资登记公示系统应用；受理信息主体针对征信机构的异议投诉，指导个人信用报告查询；依法履行征信业和金融信用信息基础数据库运行机构的监督管理职责；组织开展中小企业和农村信用体系建设，改善辖区中小企业和农村信用环境；培育与监管并重，促进征信市场健康发展；加强与政府部门配合，推动地方信用体系建设；组织开展征信宣传培训，培育信用文化。

（一）征信执法检查

征信执法检查重点以征信内控制度建设及报备、信用信息报送及查询、征信相关活动业务流程、业务系统和业务文本、个人信用信息使用、征信异议处理、个人不良信息报送前告知等方面开展执法检查。基层人民银行征信工作开展情况现场检查流程如图 9-2 所示。

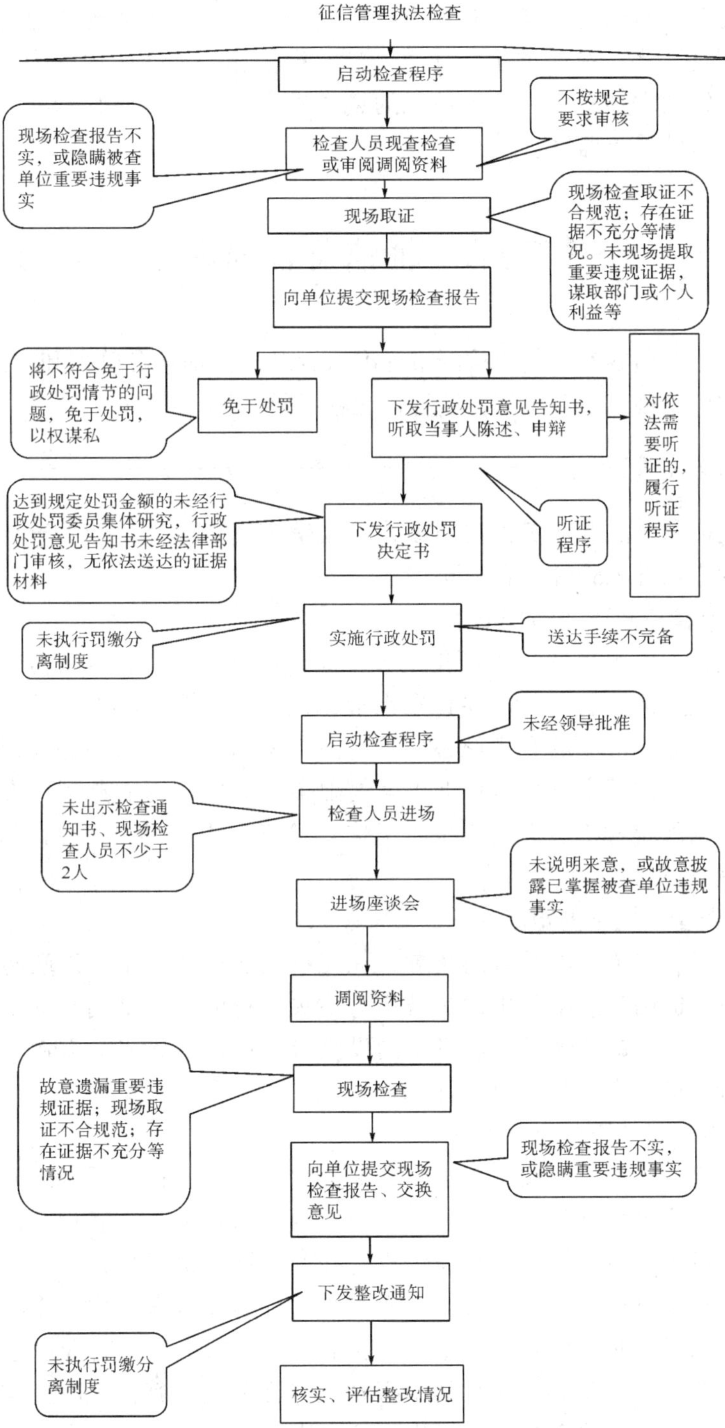

图 9-2　基层人民银行征信工作开展情况现场检查流程

（二）非现场监管

通过非现场监管，督促银行业金融机构完善征信业务内控备案制度，健全相关制度备案后的更新机制，缩短报告征信业务开展情况及用户管理情况的周期等；通过银行业金融机构数据质量现场测试结果，酌情调整现场监测频率和数量；通过开展征信合规文化建设，强化银行业金融机构对征信相关法律法规的学习和贯彻，树立“主动合规、杜绝违规”合规理念，最终实现银行业金融机构自觉落实规章制度；通过建立重点监管对象制度，将存在严重违反《条例》等征信相关法律法规行为、被投诉、企业和个人征信系统数据核对不一致等情况的金融机构列为重点监管对象，待所列情形消除后，取消对其的重点监管。

第三节　征信监管内容

征信监管的主要内容有征信机构的市场准入管理、征信业务管理和市场退出管理。然而按照不同的监管模式，各国征信监管存在着不同。

一、市场准入管理

征信机构是征信产品和服务的提供者，是征信市场的主体。但由于在不同的监管模式下，各国的市场准入管理各有不同。

（一）美国监管模式下的市场准入

美国征信监管主要突出的是市场化主导，以行业自律为主，行政监管为辅。在此种监管下，对新成立征信公司不需要特别审批，也不会设置市场准入的门槛，只是通过行业自律来保证征信市场的有序健康发展。因此美国主要采取的是公司制，不设许可，只需登记注册、按照市场化运作即可。美国企业征信机构的典型代表为邓白氏公司；个人征信机构（也称消费者信用报告机构）的三大代表机构为益百利公司、环联公司和艾奎法克斯公司。

（二）欧洲监管模式下的市场准入

欧洲征信监管主要突出的是政府主导，在完善的法律法规下，以政府行政监管为主。在此监管下，信用信息服务机构是被作为中央银行的一个部门建立，而不是由私人部门发起设立。中央银行既是征信机构的设立者，也是监管者。以德国、法国为代表，由中央银行直接运作公共信贷登记系统。

（三）日本监管模式下的市场准入

日本征信监管主要是混合型，介于公共征信系统和私营征信系统之间，主要采取的是会员制，由行业协会制定会员章程，对会员的准入行为进行管理。该种征信监管下，一般是由银行协会建立的会员制征信机构和商业性征信机构，而会员制征信机构由会员单位共同出资组建，对于个人征信而言，在日本没有商业化运作的个人征信企业。目前，日本以银行业协会、信贷业协会和信用产业协会三大行业协会为主要征信机构，这些协会的会员包括银行、信用卡公司、保证公司、其他金融机构、商业公司以及零售店等。日本最大的企业征信机构是日本帝国征信公司，日本三大个人征信机构是株式会社信用信息中心、日本全国银行个人信用信息中心和日本全国个人信用信息中心。

（四）中国监管模式下的市场准入

我国征信监管与欧洲较为接近，由中国人民银行及其派出机构依法对征信业进行监管。通过《条例》及《征信机构管理办法》对征信机构的设立做出了明确的规定，对从事个人征信业务的机构实行严格的准入管理，即从事个人征信业务的机构需经过监管当局审批成立后方能从事征信活动；对从事企业征信业务的机构设立，不设置前置审批，只需要符合一般公司法条件即可成立，但应在规定期限内向监管当局备案。

1. 个人征信机构准入管理

根据《条例》第六条的规定，设立经营个人征信业务的征信机构不仅要符合《中华人民共和国公司法》规定的公司设立条件，还应满足以下条件：

①主要股东信誉良好，最近 3 年无重大违法违规记录；

②注册资本不少于人民币 5 000 万元；

③有符合国务院征信业监督管理部门规定的保障信息安全的设施、设备和制度、措施；

④拟任董事、监事和高级管理人员符合条例规定的任职条件；

⑤国务院征信业监督管理部门规定的其他审慎性条件。

申请设立经营个人征信业务的征信机构应当遵循以下程序：

①向国务院征信业监督管理部门提交申请书和证明其符合设立规定条件的材料。

②国务院征信业监督管理部门依法对拟设立征信机构进行审查，自受理申请之日起 60 日内做出批准或者不予批准的决定。决定批准的，颁发个人征信业务经营许可证；不予批准的，应当书面说明理由。

③经批准设立的经营个人征信业务的征信机构，凭个人征信业务经营许可证向公司登记机关办理登记，未经批准的任何单位和个人不得经营个人征信业务。

此外，根据《条例》第九条的规定，经营个人征信业务的征信机构设立分支机构、合并或者分立、变更注册资本、变更出资额占公司资本总额 5%以上或者持股占公司股份 5%以上的股东，应当经国务院征信监督管理部门批准；变更名称的，应当向国务院征信监督管理部门办理备案。

2. 企业征信机构备案管理

与经营个人征信业务的征信机构相比较而言，经营企业征信机构的设立要求相对宽松些。我国对从事企业征信业务的征信机构的设立适用一般企业设立的规定，但根据《条例》第十条的规定，从事企业征信业务的征信机构应自公司登记机关准予登记之日起 30 日内，向所在地监管部门办理备案。经营企业征信业务的征信机构备案材料主要包括：

①营业执照；

②股权结构、组织机构说明；

③业务范围、业务规则、业务系统的基本情况；

④信息安全和风险防范措施。

上述备案事项发生变更的，应当自变更之日起 30 日内向原备案机构办理变更备案。

二、征信业务管理

征信业务，是指专业化的征信机构对个人、企业等经济组织的信用信息进行采集、整理、保存、加工并对外提供服务的活动。各国通过法律法规等各种形式对信用信息采集、提供、使用等进行了规定。

（一）美国模式下的征信业务管理

美国个人信用报告主要包括个人基本信息、信用交易信息、公共记录、查询记录以及异议标注与个人声明五项信息，企业信用报告通常包括企业概况、财务状况、信用信息、公共记录及声明信息五个方面内容。对于征信业务的监管，美国主要是通过《公平信用报告法》来对个人征信数据及征信数据使用者使用要求等业务进行了一定的规范，并通过《公平信用报告革新法》《金融服务现代化法》《公平和准确信用交易法》等立法进行补充。

在信息采集方面，对信息采集范围进行了限制，规定只有在个人或家庭用于信贷、保险、就业或其他经个人授权同意的目的时才可以采集个人信息，同时明确种族、宗教信仰、健康状况、犯罪嫌疑等个人敏感性信息不得采集。此外，个人之间交易活动的信息、公司内部和分支机构之间的交易活动、信用卡发卡机构给予消费者直接或间接的授信额度也不在信息采集范围内。

在信息处理方面，该法注重对信息的质量控制，规定征信机构应采取适当的措施，以合理的程序最大限度保证信息的准确性并及时更新。同时还规定了信息提供者的义务，保证提供的信息具有精确性、相关性、完整性和公平性。关于使用期限，依据《公平信用报告法》规定：①个人破产记录保存 10 年；②民事诉讼、民事仲裁或逮捕记录自执行日期满 7 年不得继续包含此记录；③自拖欠税款被缴清之日起，已满 7 年，记录不得列入报告；④欠款催收或坏账处理记录已满 7 年不得记入；⑤对刑事犯罪被逮捕、起诉或定罪的记录、自服刑、释放或假释之日起满 7 年，记录不得列入报告；⑥任何其他不利于消费者的负面信息，若已满 7 年，不得列入报告。但以下特别严重的违约或有害个人信用的行为不受上述限制：一是涉及金额或合理推测金额为 15 万美元或以上的信用交易；二是涉及保险单金额或合理推测金额为 15 万美元或以上的人寿保险；三是受雇人年薪为 75 000 美元或以上的情况。

在信息使用方面，第一使用范围，主要包括私人银行、私人信用机构、其他企业、个人、税收征管机构、法律实施机构和其他联邦机构，以及本地政府机构等。第二限定了个人信用报告的 12 种合法用途范围：①信用交易的交易对方；②了解岗位应聘者为目的的雇主；③做保险的保险公司；④负责颁发各类执照或发放社会福利的政府部门；⑤意图以潜在投资人或服务提供者、保险人的地位，评价或评估已签署的授信合同风险；⑥奉法院命令或联邦大陪审团传票；⑦依法催收债务的联邦政府有关部门；⑧出于反间谍目的需要的联邦调查局；⑨当事人本人同意，并以书面形式委托的私人代表和机构；⑩企业在事先已向消费者披露并提供消费者拒绝机会的情况下，所进行的营销活动；⑪各州子女抚养执行机构主管要求；⑫银行和保险公司依据信用报告向符合条件的消费者寄送产品合约。

（二）欧洲模式的征信业务管理

欧盟于1995年颁布的《欧盟数据保护指令》以及1997年颁布的《数据保护指南》等规定了个人信用信息的采集使用，而欧洲各国根据本国实际制定了相关法律，如德国《联邦个人数据保护法》、法国《数据保护法》。

《欧盟数据保护指令》对信用信息采集使用规定了六项原则。一是个人信息收集必须公正合法，数据采集目的描述具体、清晰。二是保证数据质量，确保个人数据的完整、准确、及时。三是透明原则，数据控制者取得数据主体明确同意即可进行数据处理；使用个人数据时需要取得信息主体授权同意，明确数据使用目的。四是数据处理者或与数据主体存在合法的合同关系等。五是除非个人明确同意或满足其他特例条件，禁止处理个人敏感信息，包括个人种族、民族、政治观点、宗教信仰等信息，并禁止处理有关个人健康的数据。六是数据保存不得超过一定期限（指为了某一目的进行数据处理所需要的时间）原则。

在信息采集使用方面，《欧盟数据保护指令》明确规定，数据主体拥有的一项基本权利就是数据的准确、及时；数据收集需要得到数据主体的同意，同时也明确了数据的使用有特定范围，且数据使用需要经过当事人的书面授权。具体来说：

以法国为例，法国所有的企业和个人信用信息都是由公共征信系统采集。一是就个人信用信息征集范围而言，法国只采集个人负面信用信息，并通过政府及司法机关等采集个人公共的负面信息。根据相关法律规定，银行、融资中介机关等金融机构及相关企业须定期向“个人信贷登记系统”报送个人信贷、租赁、分期付款和信用卡方面逾期、拖欠和透支等信用信息。同时采集数据须告知信息主体且取得书面同意，否则第一次将处以15万欧元以内罚款，5年内二次违反将处以30万欧元的罚款；采集的个人不良信息保留期不超过5年；且只有央行和商业银行授权的人员、行政司法机关才能获取央行信贷登记系统的数据。二是就企业信用信息征集范围而言，商业银行、租赁与保理公司、财务公司和保险公司等金融机构须每月向“企业信贷登记系统”报送企业的信贷、票据和商事法庭裁定的诉讼判决等信用信息，这些信息既有正面信息也有负面信息。此外，也将从法兰西统计局获取企业信贷、票据和诉讼裁决等信息，还通过媒体和法院等获取相关信息。

以德国为例，根据《联邦数据保护法》规定，任何征信机构征集、处理和使用个人数据须取得信息主体同意，或取得相关法律许可。信息主体可任何时候无条件撤回授权，征信机构对个人数据的处理需向信息主体公开，信息主体有权在任何时候对数据进行查询。任何征信机构违反《联邦数据保护法》都将接受惩罚：如以非法手段获取、征集或使用个人数据，并对信息主体造成了利益损害，均会受到5万欧元以下的罚款，并有责任赔偿信息主体损失；不论故意或者过失非法处理和传输个人数据，将处以30万欧元以下罚款；为谋取利益或故意损害他人利益的数据收集、处理和传播的行为将受到2年以下监禁或者判处罚金。该法令还规定负面的个人信用信息保留期限一般不得超过3年，其他类型的个人信用信息最多可保留6年。

（三）日本模式下的征信业务管理

日本通过制定《行政机关保有的电子计算机处理的个人信息保护法》《信息公开

法》，对国家机关处理个人信息的行为以及政府信息的公开做出了明确规定，并出台了《个人信息保护法》，对政府部门的职责和非政府部门在处理个人信息时应受到的限制做出了明确规定，以达到在充分考虑个人信息价值的同时对个人的权利、利益进行保护的目的。

日本的征信机构采集信用信息仅限于最低限度的信用信息，其信息来源于会员，由会员单位主动向信息中心提供有关数据，通过内部共享机制实现中心和会员之间的征信信息互换。会员有义务向中心提供客户个人征信数据，中心也仅限于向会员提供征信查询服务。

《个人信息保护法》规定了个人信息处理业者的义务。一是个人信息处理业者使用个人信息资料时必须尽可能地限定其使用目的，如果事先没有征得本人同意，就不能超出约定的使用目的使用个人信息；二是个人信息处理业者获取个人信息后，除事先已经公开其使用目的外，必须尽快通知本人或公开其使用目的；三是个人信息处理业者必须努力保持个人数据准确且及时更新；四是个人信息处理业者必须采取必要且恰当的措施，防止所处理的个人数据遗漏、缺失或破损；五是个人信息处理业者必须对其工作处理个人数据进行必要而又恰当的监管，确保个人数据的安全管理；六是个人信息处理业者不得在未征得当事人同意的情况下，超目的使用或向第三者非法提供个人信息；七是在个人提出对更正、增加或删除所保有的个人数据内容时，个人信息处理业者应当立即进行必要的调查，并根据调查结果对个人数据进行更正；八是个人信息处理业者必须尽快处理与个人信息处理有关的争议。

（四）中国模式下的征信业务管理

中国通过《条例》对信用信息的采集、加工、整理、使用及金融信用信息基础数据库等方面进行了明确的规定。

1. 信用信息采集

对信用信息采集的监管是指对征信机构在采集信用信息时的范围、程序、方式等的监管。我国《条例》对采集个人信用信息进行了规定，对采集企业信用信息未设置过多要求。

《条例》对个人信息的采集范围做了较严格的限制。一是禁止采集个人的宗教信仰、基因、指纹、血型、疾病和病史信息以及法律、行政法规规定禁止采集的其他个人信息。二是限制征信机构采集个人的收入、存款、有价证券、商业保险、不动产的信息和纳税数额信息，采集上述信息需告知信息主体提供该信息可能产生的不利后果，并取得其书面同意，否则不得采集。

《条例》对企业信用信息采取鼓励公开的态度。按照规定，除法律、行政法规禁止采集的企业信息外，其他企业信息，征信机构都可以采集；征信机构可以通过信息主体、企业交易对方、行业协会提供信息、政府有关部门依法已公开的信息、人民法院依法公布的判决、裁定等多种渠道采集企业信息。

2. 信息处理和使用

在信息质量控制方面，《条例》要求征信机构应当采取合理措施，保障其提供信息的准确性。在不良信息的保存期限上，《条例》规定，征信机构对个人不良信息的保存期限，自不良行为或者事件终止之日起为5年；超过5年的，应予删除。

在信息的使用方面，《条例》对个人信息的使用目的和使用范围进行限制，信息主体以外的单位或者个人向征信机构查询个人信息的，应当取得信息主体本人的书面同意并约定用途，信息使用者不得超出约定用途使用个人信息，不得未经信息主体同意向第三方提供；对企业信用信息，《条例》鼓励交易双方使用企业信用信息。同时为保障在信用交易中处于劣势地位的信息主体获取公平信用机会的权利，《条例》还明确规定，征信机构提供的信息仅供信息使用者参考。信息使用者应当全面、客观、合理地对信息主体做出综合评价。

3. 信息主体权益保护

《条例》主要从五个方面对个人信息主体权益加以保护。一是限制信息采集范围。在征信业务规则中规定征信机构禁止采集涉及个人的隐私信息；对个人的财产等限制采集的信息，应在告知信息主体采集的不利后果后采集。二是保障信息主体的同意权。要求征信机构采集个人信息、信息使用者使用个人信息均需取得信息主体的同意。三是保证信息主体的知情权。一方面，信息提供者向征信机构提供个人不良信息，应当事先告知信息主体本人；另一方面，个人信息主体拥有每年两次免费获取本人的信用报告的权利。四是保障信息主体的异议权。信息主体认为征信机构采集、保存、提供的信息存在错误、遗漏的，有权向征信机构或者信息提供者提出异议，要求更正。征信机构或者信息提供者收到异议，应当对相关信息作出存在异议的标注，自收到异议之日起 20 日内进行核查和处理，并将结果书面答复异议人。五是保障信息主体的投诉和诉讼权。信息主体认为征信机构或者信息提供者、信息使用者侵害其合法权益的，可以向所在地的国务院征信业监督管理部门派出机构投诉。受理投诉的机构应当及时进行核查和处理，自受理之日起 30 日内书面答复投诉人。信息主体也可以就上述事项直接向人民法院起诉。

4. 金融信用信息基础数据库

《条例》对金融信用信息基础数据库的职能、定位以及业务规则等方面做出了规定。一是明确金融信用信息基础数据库由国家设立，为防范金融风险、促进金融业发展提供相关信息服务。二是规定金融信用信息基础数据库由不以营利为目的的专业机构建设、运行和维护，该专业机构由国务院征信业监督管理部门监督管理。三是要求金融信用信息基础数据库的运行要遵守《条例》所规定的业务规则，除了从事信贷业务的机构强制性地向金融信用信息基础数据库提供个人和企业信贷信息，以保证国家防范金融风险的需要外，金融信用信息基础数据库与其他社会征信机构遵循同样的业务规则。

三、市场退出管理

为保护信息主体权益和国家信息安全，当征信机构发生解散、破产、被吊销营业执照等终止情形时，征信法律通常会对其市场退出及信息处理做出专门规定和必要的制度安排，要求征信机构向征信业管理部门报告，采取妥善的方式处理数据库。

（一）美国、欧洲、日本征信机构市场退出管理

美国征信机构市场退出由市场化主导，不设置市场退出门槛。以德国、法国为代表的政府主导的征信机构退出市场依旧由政府主导，而以会员制建立征信机构的日本，

市场退出由行业协会制定会员章程，对会员的退出行为进行管理，对于任何违反法律或者协会规章的会员，协会将对其进行处罚，包括通报批评以及取消会员资格等。

（二）中国征信机构市场退出管理

根据《条例》的规定，无论经营个人征信业务还是经营企业征信业务的征信机构，一旦解散或者被依法宣告破产的，均应向国务院征信业监督管理部门报告，妥善处理信息数据库，具体处理方式如下：①与其他征信机构约定并经监管部门同意，转让给其他征信机构；②不能依照前项规定转让的，移交给监管部门指定的征信机构；③不能依照前两项规定转让、移交的，在监管部门的监督下销毁。经营个人征信业务的征信机构解散或者依法宣告破产的，还应当在监管部门指定的媒介上公告，并将个人征信业务经营许可证交监管部门注销。

第四节　中国的征信监管措施

征信监管措施的主要内容有违法行为的界定、处罚或惩戒措施。主要涉及的法规、规章制度有《条例》《个人信用信息基础数据库管理暂行办法》《征信机构管理办法》等。

一、违法行为的界定

《条例》《个人信用信息基础数据库管理暂行办法》及《征信机构管理办法》对违法行为做出了明确界定，主要有以下内容。

（一）《条例》对违法行为的界定

（1）擅自设立经营个人征信业务的征信机构或者从事个人征信业务活动。

按照《条例》第六、七条规定，经营个人征信业务的征信机构应当向国务院征信业监督管理部门提交有关材料进行审批登记。

（2）经营征信业务的征信机构未按照要求办理备案。

按照《条例》第九条规定，经营个人征信业务的征信机构设立分支机构、合并或者分立、变更注册资本、变更出资额占公司资本总额5%以上或者持股占公司股份5%以上的股东的，应当经国务院征信业监督管理部门批准。经营个人征信业务的征信机构变更名称的，应当向国务院征信业监督管理部门办理备案。第十条规定设立经营企业征信业务的征信机构，应在准予登记之日起30日内向所在地的国务院征信业监督管理部门派出机构办理备案。

（3）违法提供或者出售信息。

随着全社会对个人、企业信用信息重视程度的提高，目前信用报告广泛应用于金融、招投标、工程、人事招聘等各个领域，但目前只有接入机构有查询金融信用信息基础数据库的权限。近年来，接入机构出现了违法向非接入机构提供客户信用信息甚至非法出售客户信用信息的现象。

（4）未经信息主体书面授权，从金融信用信息基础数据库查询个人或企业信贷信息。

授权是查询客户信用信息的必要前提条件，任何无授权而查询客户信用信息的行为皆是严重的违规查询行为。目前，接入机构未经授权查询客户信息的主要表现形式为：未取得授权资料、先查询后授权、授权书填写无效等行为。

（5）因过失泄露信息。

一是向金融信用信息基础数据库报送信息的接入机构，因管理不善，过失违反规定权限和程序，导致信息泄露；二是向金融信用信息基础数据库查询信息的机构，因过失泄露信息主体的信息。

以上 3 至 5 条均违反了《条例》第二十九条的规定，从事信贷业务的机构应当按照规定向金融信用信息基础数据库提供信贷信息。从事信贷业务的机构向金融信用信息基础数据库或者其他主体提供信贷信息，应当事先取得信息主体的书面同意，并适用本条例关于信息提供者的规定。

（6）未按照规定处理异议。

异议权是被征集信用信息的民事主体所享有的，对所征集的信用信息以及加工的征信产品提出不同意见的权利，也是保护信息主体权益的重要手段。《条例》第二十五条规定，接入机构应该对异议信息做出存在异议的标注，自收到异议之日起 20 日内进行核查和处理，并将结果书面答复异议人。经核查，确认相关信息确有错误、遗漏的，信息提供者、征信机构应当予以更正；确认不存在错误、遗漏的，应当取消异议标注；经核查仍不能确认的，对核查情况和异议内容应当予以记载。

（7）拒绝、阻碍国务院征信业监督管理部门或者其派出机构检查、调查，或者不如实提供有关文件、资料。

《条例》第三十三条规定国务院征信业监督管理部门及其派出机构依照法律、行政法规和国务院的规定，履行对征信业和金融信用信息基础数据库运行机构的监督管理职责，可以采取监督检查措施，被检查、调查的单位和个人应当配合，如实提供有关文件、资料，不得隐瞒、拒绝和阻碍。

（8）未按照与个人信息主体约定的用途使用个人信息。

（9）未经个人信息主体同意，向第三方提供个人信息。

《条例》第二十条规定，信息使用者应当按照与个人信息主体约定的用途使用个人信息，不得用作约定以外的用途，不得未经个人信息主体同意向第三方提供。

征信机构出现窃取或其他方式非法获取信息。《条例》第十三条规定，采集个人信息应当经信息主体本人同意，未经本人同意不得采集，但依照法律、行政法规规定公开的信息除外。企业的董事、监事、高级管理人员与其履行职务相关的信息不作为个人信息。

采集法律法规禁止采集的个人信息或者未经同意采集个人信息。《条例》第十四条规定，禁止征信机构采集个人的宗教信仰、基因、指纹、血型、疾病和病史信息以及法律、行政法规规定禁止采集的其他个人信息。征信机构不得采集个人的收入、存款、有价证券、商业保险、不动产的信息和纳税数额信息。但是，征信机构明确告知信息主体提供该信息可能产生的不利后果，并取得其书面同意的除外。

逾期不删除个人不良信息。《条例》第十六条规定，征信机构对个人不良信息的保存期限，自不良行为或者事件终止之日起为 5 年；超过 5 年的，应当予以删除。在不良信息保存期限内，信息主体可以对不良信息做出说明，征信机构应当予以记载。

未按规定报送上一年度开展征信业务情况或在发生变更情形后未按规定报监管部门核准。《条例》第十一条规定，征信机构应当按照国务院征信业监督管理部门的规定，报告上一年度开展征信业务的情况。

（二）《个人信用信息基础数据库管理暂行办法》对违法行为的界定

1. 未按规定建立征信管理制度和操作规程

商业银行未制定贷后风险管理查询个人信用报告的内部授权制度和查询管理程序；商业银行未根据中国人民银行的有关规定，制定相关信用信息报送、查询、使用、异议处理、安全管理等方面的内部管理制度和操作规程，并报人民银行备案；商业银行未建立用户管理制度，明确管理员用户、数据上报用户、信息查询用户的职责及操作规程；商业银行未制定管理员用户和查询用户口令控制制度，并定期检查口令控制执行情况；商业银行未建立保证个人信用信息安全的管理制度。

2. 未准确、及时、完整报送个人信用信息

信用信息报送时间超时，且事先未向属地人民银行报备；报送征信系统的数据与本机构业务系统信息或客户提交的资料不一致；机构未将客户相关信息完整、准确、及时地录入本机构业务系统，导致报送征信系统数据与客户提交的资料不一致。

3. 违反《个人信用信息基础数据库管理暂行办法》第五章“安全管理”相关规定

管理员用户与有查询权限的用户兼任；未按规定进行用户备案；未对征信系统查询情况开展内部检查；未及时根据岗位变动停用用户；未按规定设置和保管用户密码；个人贷后管理查询未经有关部门负责人内部审批授权。

（三）《征信机构管理办法》对违法行为的界定

1. 未按规定报告上一年度征信业务开展情况

个人征信机构应当在每年第一季度末，向中国人民银行报告上一年度征信业务开展情况。企业征信机构应当在每年第一季度末，向备案机构报告上一年度征信业务开展情况。报告内容应当包括信用信息采集、征信产品开发、信用信息服务、异议处理以及信用信息系统建设情况，信息安全保障情况等。

2. 未按规定报送相关报表、报告等资料，或者报送的报表报告等资料不真实、准确、完整

个人征信机构应当按规定向中国人民银行报送征信业务统计报表、财务会计报告、审计报告等资料。企业征信机构应当按规定向备案机构报送征信业务统计报表、财务会计报告、审计报告等资料。征信机构应当对报送的报表和资料的真实性、准确性、完整性负责。

3. 信用信息系统不符合国家信息安全保护等级测评标准

征信机构应当按照国家信息安全保护等级测评标准，对信用信息系统的安全情况进行测评。征信机构信用信息系统安全保护等级为二级的，应当每两年进行测评；信用信息系统安全保护等级为三级以及以上的，应当每年进行测评。个人征信机构应当自具有国家信息安全等级保护测评资质的机构出具测评报告之日起20日内，将测评报告报送中国人民银行，企业征信机构应当将测评报告报送备案机构。

4. 重点监管对象

征信机构有下列情形之一的，中国人民银行及其分支机构可以将其列为重点监管对象：（一）上一年度发生严重违法违规行为的；（二）出现可能发生信息泄露征兆的；（三）出现财务状况异常或者严重亏损的；（四）被大量投诉的；（五）未按本办法第二十八条、第二十九条、第三十条规定报送相关材料的；（六）中国人民银行认为需要重点监管的其他情形。征信机构被列为重点监管对象的，中国人民银行及其分支机构可以酌情缩短征信机构报告征信业务开展情况、进行信用信息系统安全情况测评的周期，并采取相应的监管措施，督促征信机构整改。整改后第一款中所列情形消除的，中国人民银行及其分支机构可不再将其列为重点监管对象。

5. 其他内容

中国人民银行及其分支机构可以根据监管需要，约谈征信机构董事、监事和高级管理人员，要求其就征信业务经营、风险控制、内部管理等有关重大事项做出说明。

二、处罚或惩戒措施

（一）《条例》的相关罚则

1. 对征信机构的罚则

未经国务院征信业监督管理部门批准，擅自设立经营个人征信业务的征信机构或者从事个人征信业务活动的，由国务院征信业监督管理部门予以取缔，没收违法所得，并处 5 万元以上 50 万元以下的罚款；构成犯罪的，依法追究刑事责任。

经营个人征信业务的征信机构违反本条例第九条规定的，由国务院征信业监督管理部门责令限期改正，对单位处 2 万元以上 20 万元以下的罚款；对直接负责的主管人员和其他直接责任人员给予警告，处 1 万元以下的罚款。

经营企业征信业务的征信机构未按照本条例第十条规定办理备案的，由其所在地的国务院征信业监督管理部门派出机构责令限期改正；逾期不改正的，依照前款规定处罚。

征信机构、金融信用信息基础数据库运行机构违反本条例规定，有下列行为之一的，由国务院征信业监督管理部门或者其派出机构责令限期改正，对单位处 5 万元以上 50 万元以下的罚款；对直接负责的主管人员和其他直接责任人员处 1 万元以上 10 万元以下的罚款；有违法所得的，没收违法所得。给信息主体造成损失的，依法承担民事责任；构成犯罪的，依法追究刑事责任：①窃取或者以其他方式非法获取信息；②采集禁止采集的个人信息或者未经同意采集个人信息；③违法提供或者出售信息；④因过失泄露信息；⑤逾期不删除个人不良信息；⑥未按照规定对异议信息进行核查和处理；⑦拒绝、阻碍国务院征信业监督管理部门或者其派出机构检查、调查或者不如实提供有关文件、资料；⑧违反征信业务规则，侵害信息主体合法权益的其他行为。

经营个人征信业务的征信机构有前款所列行为之一，情节严重或者造成严重后果的，由国务院征信业监督管理部门吊销其个人征信业务经营许可证。

征信机构违反本条例规定，未按照规定报告其上一年度开展征信业务情况的，由国务院征信业监督管理部门或者其派出机构责令限期改正；逾期不改正的，对单位处 2 万元以上 10 万元以下的罚款；对直接负责的主管人员和其他直接责任人员给予警告，处1万元以下的罚款。

2. 对向金融信用信息基础数据库提供、查询信息的机构的罚则

向金融信用信息基础数据库提供或者查询信息的机构违反《条例》规定，有下列行为之一的，由国务院征信业监督管理部门或者其派出机构责令限期改正，对单位处5万元以上50万元以下的罚款；对直接负责的主管人员和其他直接责任人员处1万元以上10万元以下的罚款；有违法所得的，没收违法所得。给信息主体造成损失的，依法承担事责任；构成犯罪的，依法追究刑事责任：①违法提供或者出售信息；②因过失泄露信息；③未经同意查询个人信息或者企业的信贷信息；④未按照规定处理异议或者对确有错误、遗漏的信息不予更正；⑤拒绝、阻碍国务院征信业监督管理部门或者其派出机构检查、调查或者不如实提供有关文件、资料。

3. 对信息提供者和信息使用者的罚则

信息提供者违反《条例》规定，向征信机构、金融信用信息基础数据库提供非依法公开的个人不良信息，未事先告知信息主体本人，情节严重或者造成严重后果的，由国务院征信业监督管理部门或者其派出机构对单位处2万元以上20万元以下的罚款；对个人处1万元以上5万元以下的罚款。

信息使用者违反《条例》规定，未按照与个人信息主体约定的用途使用个人信息或者未经个人信息主体同意向第三方提供个人信息，情节严重或者造成严重后果的，由国务院征信业监督管理部门或者其派出机构对单位处2万元以上20万元以下的罚款；对个人处1万元以上5万元以下的罚款；有违法所得的，没收违法所得。给信息主体造成损失的，依法承担民事责任；构成犯罪的，依法追究刑事责任。

4. 对监管部门及其工作人员的罚则

国务院征信业监督管理部门及其派出机构的工作人员滥用职权、玩忽职守、徇私舞弊，不依法履行监督管理职责，或者泄露国家秘密、信息主体信息的，依法给予处分。给信息主体造成损失的，依法承担民事责任；构成犯罪的，依法追究刑事责任。

（二）《征信机构管理办法》（简称《办法》）的相关罚则

申请设立个人征信机构的申请人隐瞒有关情况或者提供虚假材料的，中国人民银行依照《中华人民共和国行政许可法》的相关规定进行处罚。

个人征信机构的个人信用信息系统未达到国家信息安全保护等级二级或者二级以上要求的，中国人民银行可以责令整顿；情节严重或者拒不整顿的，中国人民银行依照《条例》第三十八条的规定，吊销其个人征信业务经营许可证。

申请个人征信机构的董事、监事、高级管理人员任职资格的申请人隐瞒有关情况或者提供虚假材料的，中国人民银行不予受理或者不予核准其任职资格，并给予警告；已经核准的，取消其任职资格。禁止上述申请人3年内再次申请任职资格。

个人征信机构任命未取得任职资格董事、监事、高级管理人员的，由中国人民银行责令改正并给予警告；情节严重的，处1万元以上3万元以下罚款。企业征信机构任命董事、监事、高级管理人员未及时备案或者变更备案，以及在备案中提供虚假材料的，由中国人民银行分支机构责令改正并给予警告；情节严重的，处1万元以上3万元以下罚款。

征信机构违反《办法》第二十九条、第三十条规定的，由中国人民银行及其分支机构责令改正；情节严重的，处 1 万元以上 3 万元以下罚款；涉嫌犯罪的，依法移交司法机关追究其刑事责任。

（三）《个人信用信息基础数据库管理暂行办法》（简称《暂行办法》）相关罚则

商业银行未按照《暂行办法》规定建立相应管理制度及操作规程的，由中国人民银行责令改正，逾期不改正的，给予警告，并处以 3 万元罚款。

商业银行有下列情形之一的，由中国人民银行责令改正，并处 1 万元以上 3 万元以下罚款；涉嫌犯罪的，依法移交司法机关处理：①违反《暂行办法》规定，未准确、完整、及时报送个人信用信息的；②违反《暂行办法》第七条规定的；③越权查询个人信用数据库的；④将查询结果用于《暂行办法》规定之外的其他目的的；⑤违反异议处理规定的；⑥违反《暂行办法》安全管理要求的。

商业银行有《暂行办法》第三十八条至第三十九条规定情形的，中国人民银行可以建议商业银行对直接负责的董事、高级管理人员和其他直接责任人员给予纪律处分；涉嫌犯罪的，依法移交司法机关处理。

征信服务中心工作人员有下列情形之一的，由中国人民银行依法给予行政处分；涉嫌犯罪的，依法移交司法机关处理：①违反《暂行办法》规定，篡改、毁损、泄露或非法使用个人信用信息的；②与自然人、法人、其他组织恶意串通，提供虚假信用报告的。

中国人民银行其他工作人员有违反《暂行办法》规定的行为，造成个人信用信息被泄露的，依法给予行政处分；涉嫌犯罪的，依法移交司法机关处理。

（四）《中华人民共和国刑法》相关罚则

《中华人民共和国刑法》（简称《刑法》）第二百五十三条规定了侵犯公民个人信息罪：违反国家有关规定，向他人出售或者提供公民个人信息，情节严重的，处三年以下有期徒刑或者拘役，并处或者单处罚金；情节特别严重的，处三年以上七年以下有期徒刑，并处罚金。违反国家有关规定，将在履行职责或者提供服务过程中获得的公民个人信息，出售或者提供给他人的，依照前款的规定从重处罚。窃取或者以其他方法非法获取公民个人信息的，依照第一款的规定处罚。单位犯前三款罪的，对单位判处罚金，并对其直接负责的主管人员和其他直接责任人员，依照各该款的规定处罚。

为精准打击侵犯公民个人信息犯罪，最高人民法院、最高人民检察院联合发布《关于办理侵犯公民个人信息刑事案件适用法律若干问题的解释》，自 2017 年 6 月 1 日起施行。该司法解释对《刑法》第二百五十三条做出了详细说明，并从要“公民个人信息范围”“情节严重认定标准”“严打内鬼”“非法购买”“收受个人信息获利”等方面对该条款做出详细解释。

复习思考题

1. 简述征信监管和征信监管模式的内涵。
2. 简述征信监管的必要性。

3. 比较国内外主要征信监管模式的异同。

4. 简述国内外征信监管机构及监管职责的异同。

5. 简述征信监管机构的工作流程。

6. 简述征信监管的主要内容。

7. 你的个人征信报告中有没有违反征信法律法规的行为？如有，依据现有征信法律法规的规定应如何处罚？

第十章　征信文化与征信教育

■内容提要

征信文化和征信教育既是征信管理的重要手段，又是征信管理的目标指向，更是社会信用体系建设的重要途径。本章介绍文化和征信文化的起源和内涵，分析美国、欧洲、日本等几种典型的西方征信文化的特征，阐述中国征信文化的特色、价值取向和建设措施，归纳总结中国征信教育的发展历程、取得的显著成就和面临的严峻挑战。

第一节　征信文化概述

一、文化的词源

（一）文化的西文词源

英语中的“文化”一词 culture 源于拉丁语 cultura，其本意是：耕耘、耕作土地，种植、栽培庄稼，培育、饲养家畜等。这种含义今天在“农业”（agriculture）和“园艺”（horticulture）两词中仍然保留下来。西塞罗在他的拉丁语著作中使用 cultura 时，有转义或比喻的意义：他言及“耕耘智慧”（culture mentis），其义与“哲学”一词同义，不过这种用法在当时的拉丁语中也是可见的。culture 在 16 世纪（《牛津词典》说在 1510 年）进入英语语系，已经具有为增进某种东西的质量而做的审慎的努力之义。例如，人们可以说“麦子的改良”（the culture of wheat）、“工艺的改进”（the culture of arts），可是不能单独说 culture（“改良”或“改进”）。后于 1852 年，清教徒纽曼开始使用“精神耕耘”（mental culture）或“智力培育”（intellectual culture），而仍然不单独在此意义上使用 culture。当今我们更乐意使用“教养、培养”（cultivation）来表述同样的意思。直到 18 世纪，像沃夫纳格侯爵和伏尔泰这样的学者，开始在法语中以全新的意义使用“文化”（culture）一词，对他们来说，culture 意指训练和修炼心智（思想）的结果与状态而非过程。很快地，这个词就被用来形容受过教育的人的实际成就。人们称良好的风度、文学、艺术和科学等为“文化”，并认为文化是通过教育能够获得的东西。从《牛津词典》得知，在 1805 年之前，英语中的 culture 还未出现这个意思。马修·阿诺德在他的重要著作《文化和无政府状态》（1869）中，把这个用法加以推广，并作为文化一词的通常书面用法存留至今。至于文化一词在现代人类学的专门用法，只是在 18 世纪末的德国，出现在赫尔德和他的同时代人的著作中。

（二）文化的中文词源

“文化”一词，是“人文化成”的缩写。此语最早可以追溯到《易经》贲卦彖辞：“刚柔交错，天文也；文明以止，人文也。观乎天文，以察时变，观乎人文，以化成天下。”在汉语系统中，“文化”的本义就是“以文教化”，它表示对人的性情的陶冶，品德的教养，属于精神领域的范畴。随着时间的流变和空间的差异，“文化”逐渐成为一个内涵丰富、外延宽广的多维概念。文化的内涵不但体现在人类的活动成果与活动方式上，还体现于人类的精神生产、观念形态与思维方式中。中国现当代学者对“文化”的诠释存在着一定程度的差异性。梁漱溟说：“文化是人类生活的样子，文明是人类生活的成绩。”任鸿隽对此评论道：单说人类生活的样子还不能穷尽文化两字的含义，还要加入“人类生活的态度”来包举思想方面的情形，文化两个字的意思才得以完备。胡适认为：“文明是一个民族应付他的环境的总成绩，文化是一种文明所形成的生活的方式。”孙本文的定义是：“文化实在是一种复杂体，包括一切有形的实物，如衣服、宫室等，与无形的事项的知识、信仰、艺术、法律、风俗及其余从社会上所学得的种种做事的能力与习惯。”

二、文化的内涵

“文化”一词涵盖了不同历史发展阶段的人类特定群体的行为规范、生活范式、语言符号、生产工具、宗教信仰、传统习俗、风土人情、文学艺术、建筑风格等，反映了人类社会某一族群所独有的价值观念和思维模式。它凝结在物质之中又游离于物质之外，是人类相互之间进行交流的被普遍认可的一种能够传承的意识形态，也是对客观世界感性上的知识与经验的升华。

简言之，“文化”可分为广义文化与狭义文化。广义文化，是指人类思想观念、价值体系、行为模式和人类所有活动产品（有形和无形产品）的总和。这就是说，人类社会历史实践过程中所创造的一切物质财富与精神财富的总和，人类改造自然与社会活动中所创造的所有，均归属于“文化”。从哲学意义来看，文化是人类有别于动物的核心“类”属性，因而“文化”也是哲学人类学的研究焦点。狭义文化，是指社会的意识形态，即精神财富，如文学、艺术、教育、科学等，同时也包括社会制度和组织机构，以及接受教育与培训，提升个人修养。

广义文化与狭义文化的区别在于：狭义文化摒弃人类社会生活中有关物质活动和取得的成就，倾向精神活动和取得的成就。应当特别指出的是，这里的“物质”并非所有物质，而是人作用其中，产生了能够影响之后的“人化物质”，并不涵盖无人作用其间的自然物质（非人化物质）。

三、征信文化起源

征信文化起源于对信用的认知。人类社会发展初期对“信用”的认知来源于对自然现象直观的感知。比如白昼变化与四季交替，大自然的规律让人类首先认识到自然之信。《吕氏春秋·贵信》语：“天行不信，不能成岁；地行不信，草木不大。春之德风，风不信，其华不盛……”随后又引申出“天地之大，四时之化，而犹不能以不信成物，又况乎人事？君臣不信，则百姓诽谤；赏罚不信，则民易犯法；交友不信，则离散郁怨……”这体现了朴素的自然之信演化为社会信用的过程。人类社会实质上是一个庞大的信用系统的运转，在政府和社会信用状况良好的情况下，国家维持稳定发展；一旦信用系统不能正常运转，社会就会出现管理失灵，甚至出现崩溃。

现实中，人们常用“一诺千金”来衡量“信”的价值，没有了“信”，就谈不上有效的合作。秦朝末年，楚国有一个叫季布的人，非常讲信用。只要他答应的事就一定会努力做到，因此他受到许多人的称赞，大家都很尊敬他。由于季布曾经在项羽的军中当过将领，而且率兵多次打败刘邦，因此当刘邦建立汉朝、当上皇帝的时候，便下令捉拿季布，并且宣布：凡是抓到季布的人赏黄金千两。可是，季布重信守诺而且行侠仗义，所以大家都想暗中帮助他。后来，季布乔装打扮后到鲁国一朱姓人家当佣工。朱家明知他是季布，仍收留了他。而且，朱家还到洛阳去找刘邦的老朋友汝阴侯夏侯婴说情，刘邦在夏侯婴的劝说下不但撤销了对季布的通缉令，还封季布做了高官。民间也就慢慢流传出了“得黄金百斤，不如得季布一诺”的谚语，这也就是成语“一诺千金”的由来。

“徙木立信”的典故，出自西汉·司马迁《史记·商君列传》：令既具，未布，恐民之不信己，乃立三丈之木于国都市南门，募民有能徙置北者予十金。民怪之，莫敢徙。复曰：“能徙者予五十金。”有一人徙之，辄予五十金，以明不欺。卒下令，令行于民。意思是说，商鞅变法的法令已经准备就绪，但没有公布。他担心百姓不相信自己，就在国都集市的南门外竖起一根三丈高的木头，告示：有谁能把这根木条搬到集市北门，就给他十金。百姓们感到奇怪，没有人敢来搬动。商鞅又出示布告说：“有能搬动的给他五十金。”有个人壮着胆子把木头搬到了集市北门，商鞅立刻命令给他五十金，以表明他说到做到。接着商鞅下令变法，新法很快在全国推行。

征信文化的内核是“诚信”。儒家文化提倡的“仁义礼智信”，已成为中华民族的道德传统和维系社会发展的重要精神力量。我国的语言体系里有大量诸如“一言九鼎”“一诺千金”“一言既出，驷马难追”等称赞“诚信精神”的成语。《左传·昭公八年》中所记载的“君子之言，信而有征”最早体现了人们对征信文化概念的朴素认知；《礼记·中庸》中也写道：“上焉者，虽善无征，无征不信，不信民弗从。”这当中，“信而有征”可以理解为足以置信而且有所依凭；“无征不信”意指无所依凭则难以置信。孔子对“信”，在立身与治国方面的作用，做过多次论述：“言必信，行必果。”“吾日三省吾身——为人谋而不忠乎？与朋友交而不信乎？传不习乎？”“弟子，入则孝，出则弟，谨而信，泛爱众，而亲仁。”“人而无信，不知其可也。大车无輗，小车无軏，其何以行之哉？”“敬事而信，节用而爱人，使民以时”“足食，足兵，民信。”此外，“诚信”也是经商之魂。从经商角度来看，“诚信”主要有以诚待客、货真价实、公平买卖、信守合同、偿还借贷、不做假账等。“无尖不商”的本意，是指古代的米商做生意，除了要将斗装满之外，还要再多舀上一些，让斗里的米冒尖儿，因此无“尖”不商。随着时代发展，逐渐演变成了“无奸不商”，意思也发生了翻天覆地的变化：不奸诈就不能作商人。可见，“诚信”，体现于人际交往、政治与经济、社会与法律等诸多领域。

四、征信文化及其内涵

征信文化，是指信用、诚信的道德风尚在全社会尤其是经济领域得以树立，它是征信人在征信工作实践中创造的精神财富和物质财富的总和，包括征信人价值观念、思维方式、行为规范和生活态度。征信人主要包括征信业监督管理人员、征信机构和评级机构从业人员、金融机构及掌握经济主体信息的有关政府部门等参与征信信息采集和使用征信产品的相关人员。

征信文化的主体是“征信人”，即征信管理人员和征信从业人员。征信文化的客体是征信活动中的文化现象及规律。征信文化是一个体系完备的整体，其内涵体现在以下四个方面。

（一）征信文化的核心价值观

特定的征信文化会使个体形成特定的征信价值观与行动准则。征信文化的核心价值观，反映了征信主体和市场交易行为主体共同的价值取向，集中体现于征信实践活动。它是征信人依法收集整理、提取利用征信资料的行动准则。我国的征信文化核心价值观是“唯信、唯实、团结、创新”。“唯信”是征信业应秉承的坚实理念，也是征信文化核心价值观的灵魂。“信”，即诚信、信任、信用，恪守信诺。“人无信不立，国无信不威，业无信不兴。”只有在相互信任的基础上，人们在经济往来过程中才有可能确立相对稳固的经济关系，达成经济共识，把诚实守信的理念变成自觉行动，依靠信任在经济往来中谋求更为广阔的发展空间。“唯实”是征信业信守的坚实根基，即一切从实际出发，实事求是。征信人在办理征信业务时，要坚持实事求是的价值观，一切从实际出发，坚持实践是检验真理的唯一标准。“团结”是征信业发展的内在动力，指相互协作、形成合力、凝聚人心，充分发挥集体智慧和力量，树立大局意识、责任意识。在征信人中形成相互尊重和信任、善于学习和分享的氛围，以团结凝聚力量、以团结促进发展、以团结促进和谐。“创新”是促进征信业发展的催化剂，具体表现为征信制度创新、管理创新、市场创新、宣传教育创新、文化创新和产品创新。在征信业务中，要坚持用科学的世界观、发展观和方法论研究问题，解决问题，不断创新。

（二）征信文化的制度体现

征信文化，通常会影响到征信制度的选择及其执行方式、过程。征信主体遵守的征信管理制度与工作规范，包括一系列与征信业务活动密切相关的法律、办法、规定、流程。将信用体系建设纳入地方政府考核、出台《社会信用体系建设规划纲要》等形式。目前，我国已经初步建立了三个层次的征信制度体系。一是国家层面出台《征信业管理条例》，规范个人和企业征信业务。个人征信业务要保护信息主体权益和个人隐私；企业征信业务则需坚持规范和培育并重，引导企业和个人重视自身信用，推动征信文化建设的进一步发展。二是人民银行根据征信系统建设和征信业务的发展，先后出台了《银行信贷登记咨询管理暂行办法》《个人信用信息基础数据库管理暂行办法》等规章，有效规范了征信从业机构和人员的征信行为，确保征信业务健康稳定发展。三是金融机构根据有关法律制度规范，结合实际制定各项配套制度和操作规程等。

（三）征信文化的行为体现

征信文化，往往会以独特的行为范式表现出来。征信主体在具体工作与现实生活中所展现出的精神风貌、工作作风和行为方式，是征信文化在征信主体上的行为体现，也是征信文化内涵的重要组成部分。具体包括：一是央行征信业务管理部门依法依规行政、恪尽职守、诚信服务；二是各金融机构、征信机构不断强化自身行业自律，恪守职业道德、诚信服务，努力营造征信主体爱岗敬业的工作氛围；三是征信主体在办理征信业务时，所体现出的爱岗敬业的工作作风与锐意进取的行为方式。

（四）征信文化的创造与展示

征信主体、征信管理部门、金融机构、地方政府相关职能部门、高校或其他社会组织等，可以通力合作并利用自身优势与特定渠道，参与到征信文化创造与文化展示之中。比如“银校”联合开展诚信文化宣传教育、组织征信业务宣传、征信业务培训；编撰出版反映征信文化价值观、制度体现、行为体现、征信文化创造与展示等方面的征信文化书籍；谱写、唱响征信文化之歌；征信知识竞赛、设计征信文化徽章、旗帜与标识；有组织的宣讲征信文化；征集征信文化格言等方式来有效传播征信文化，共同构建征信文化体系。

第二节　国外的征信文化

征信文化是维护征信制度运行的非正式的规制文化。征信文化更能将外在的法律规制，内化为征信主体具体心理结构中的认知尺度，并使征信主体自觉地运用这些认知尺度进行自我约束和监控。征信文化同法律规制互为影响，共同维护正式的征信制度。美国、绝大部分欧洲国家和日本的市场经济成熟度较高，征信体系也较为完备、征信制度比较健全，信用交易十分普遍。其征信文化总体上具有“注重隐私保护、固守契约精神（契约自由、契约平等、契约守信、契约救济）以及倡导信用意识”的共性，但是由于不同国家在宗教信仰、核心价值观、地域等尚存在差异，其征信文化又呈现出各自的特点。

一、以个人主义为核心的美国征信文化

（一）尊重、保护个人隐私权

“隐私权”这一术语，最早出现于美国——1890 年出现在公开发表在《哈佛法学评论》中的《隐私权》一文当中，提出者是美国著名法学家路易斯·布兰代斯与塞缪尔·沃伦。随后，作为一项非常重要的人权，隐私权逐渐受到法律的认可与保护。国内有学者将隐私权解释为：“公民享有的私人生活安宁与私人信息依法受到保护，不被他人非法侵犯、知悉、搜集、利用和公开的一种人格权。”隐私权大体上可以分为资料隐私权、身体隐私权、通信隐私权和领域隐私权四类。资料隐私权是指对个人信息或

资料的收集和处理进行限定，从而保护个人信息或资料的隐私；身体隐私权是指保护个人的身体不受任何形式的不法侵犯；通信隐私权是指个人在电话、信件、电子邮件等各种通信方式中的隐私权利和安全；领域隐私权是指对于侵入家庭或其他的生活、工作领域的行为进行限制，从而所产生的隐私权利。

随着现代社会经济和法律的发展，为了更好地实现公民的各种权利，又出现了知情权、选择权 、公开化等新的要求。在美国，无论是立法、司法、行政机构及金融机构的银行还是普通公民，都要把自己的有关信息，包括部分相对秘密的信息向信用服务机构公开，并实行有限披露，以供他人出于合理目的进行查询。个人隐私权受到法律保护，但如果涉及社会政治及公共利益，则要分情况区别对待。

1. 尊重和保护公民隐私权的基本原则

美国在尊重和保护公民隐私权问题上，遵循以下基本原则：

（1）保护社会公共利益原则。

任何公民侵犯社会公共利益或经司法部门裁定、判决的不法行为均可进行有限传播，向社会提供知悉负面信息的方便。

（2）维护人格尊严原则。

新闻报刊、单位领导对某公民或下属一些不良行为或不法行为的揭露、批评、教育等不应被视为对其隐私权的侵犯，但应以不伤害他人人格尊严为条件。

（3）利益平衡原则。

公民个人受利益驱使，主动提供或授权使用个人隐私方面的信息是合理的。公民个人在获取某种利益或寻求某种帮助时，对方要求提供某些个人的信息，被有限合理使用，不应视为侵犯隐私权。例如：就业应聘，雇主要求应聘者提供一些合理的个人信息；在申请分期付款贷款时，也会被要求提供某种保密的个人信息等。

1969 年美国制定了《公平信用报告法》，由美国联邦贸易委员会监督实施，主要目的是规范信用报告服务机构使用与信用管理有关信息和数据时的行为，规定信用报告代理机构采用的合理程序，保证信用报告准确和公平，保护信用报告对象的隐私权，防止他们受到不准确或误导性信息的影响。美国的《公平信用报告法》不仅保证了信用局可以合法地取得信用信息，也保证了消费者的信用报告只有在合法前提下，才能被他人取得，最大限度地保护消费者的隐私权。同时，任何机构在向信用报告代理机构提供他人信息的时候，都负有法律责任，包括有责任对一些具有争议的信息进行复查。另外，信用报告的使用者，如信用贷款机构、保险机构或雇主，在依据信用报告采取否定信用报告当事人的时候，必须通知当事人，并要通知当事人此信用报告的来源，以便消费者对报告中不正确和不完整部分提出申诉。

2. 尊重和保护公民隐私权的主要措施

（1）记录公开的限制与登记。

不公开是原则，公开是例外。《隐私权法》规定：行政机关在尚未取得公民书面许可之前，不得公开此人的记录。但是，为了平衡个人利益与公共利益的关系，该法又规定了十二种例外情况，行政机关可以公开个人记录，无须本人同意：机关内部使用、根据《情报自由法》的公开、使用目的与其制作目的没有冲突、人口普查、统计研究、国家档案、执法目的、紧急情况、向国会及其委员会提供、向总审计长及其代表提供、根据法院的命令提供、向消费者资信能力报道机构提供。行政机关根据上述规定公开个人记录时，必须将公开的时间、性质、目的、获取记录者的姓名和地址登记在案，并至少保存5年。被记录者有权获取此情况。

（2）公民查询与修改记录的权利。

《隐私权法》规定：公民有权知道行政机关是否保存自己的记录及其内容，并要求得到复制品。除非此项记录符合该法规定的免除适用情况，或者是行政机关为起诉某人而制作，行政机关不得拒绝个人的要求。公民认为关于自己的记录不准确、不完整或已过时，可以请求行政机关修改或删除。个人请求修改的信息限于记录中的事实，不包括意见。

（3）对行政机关的限制和要求。

行政机关必须用正当合法的手段和程序，制作、保存和公开个人记录。行政机关搜集个人信息，如果可能导致对被记录者做出不利的决定时，必须尽可能地由其本人提供。行政机关要求公民提供信息时，必须就其法律依据、是否公开、主要用途、拒绝提供的法律后果等做出说明。

对行政机关保存和使用个人记录，《隐私权法》做出了严格的限制与要求：一是行政机关建立或修改个人记录系统时，必须在《联邦登记》上公布。二是行政机关只能在执行职务相关和必要的范围内，保存个人记录。三是保存个人记录的行政机关必须保证记录的准确性、适时性和完整性。四是美国宪法修正案规定，公民享有宗教自由、言论自由、集会自由等基本权利。个人的宗教信仰、政治信仰与行政机关执行公务无关，禁止行政机关保存此方面的记录。五是行政机关保存的个人记录，在诉讼程序中因法院的命令而对其他人强制公开时，行政机关有义务通知被记录人。六是行政机关必须建立行政的、技术的和物质的安全保障措施，以保障个人记录的安全、完整和不被泄露，并防止其他可能对被记录者产生损害的危险。七是为确保《隐私权法》的执行，行政机关必须规定个人行使权利的程序。

美国于1967年颁布《情报自由法》（即《政府信息公开法》），赋予公民知情权，由此公民可以查询、获取政府掌握的各种信息。然而，政府同时掌握着大量的公民个人信息，如果处理不当，就会侵犯个人隐私。这又对个人隐私权提出了挑战。

案例一：微软起诉美国政府侵犯客户隐私权

北京时间2016年4月15日晚间消息，据外媒The Verge报道，科技公司微软Microsoft正式向美国司法部起诉美国政府，指责后者剥夺了他们在联邦机构调阅用户隐私数据时告知用户的权利。微软称，在过去18个月时间当中，美国政府先后5 624次要求他们提供用户的数据，而其中近半情况下，都有法庭判令他们必须保守秘密。他们强调，美国宪法规定，当政府搜查或者查封公民财产时，应该知会相应的人，而保密的做法显然违反了法条。

“人们将自己的私密信息从电脑上传到云端，并不意味着他们就放弃了相关权利。”微软在诉状中补充说，他们认为政府“利用了这种向着云计算的转型，作为强化自己秘密调查能力的手段”。

美国司法部尚未发表评论。

微软诉美国政府案是科技行业与政府之间一系列摩擦的经典一幕。

《电子通信隐私法案》诞生之日，互联网还没有广泛使用，也难怪它会与科技行业发生那么多摩擦。在美国议会小组委员会就一些改革进行投票表决后，这一法案可能很快就会被废止。微软称，他们希望这法案能够添加一些“合理的规则”，让更多的消费者及时获知自己的数据被调阅。

“如果确实有充分的理由证明一份保密判令的合理性，而且这理由一直存在，检方可以视必要性延长保密期。”史密斯表示，“如果不是，我们就应该可以告知我们的客户发生了什么。”消费者隐私维护组织电子边疆基金会（Electronic Frontier Foundation）支持微软的这一做法。

基金会的律师克罗克（Andrew Crocker）在邮件当中表示：“我们支持微软挑战政府的禁止令，后者阻止了企业在客户数据被搜查时及时告知他们。几乎在所有案件当中，这些语焉不详的禁止令都是违反宪法的。言论自由和免于无理搜查的公民权利是不容侵害的。微软的诉状现实他们收到的这种禁令，其数量令人震惊。我们会继续关注，支持这一重要诉讼。”

案例二：盖茨力挺微软状告美国政府案：秘密监控应有限度

腾讯科技讯2016年4月19日消息，据外电报道，比尔·盖茨（Bill Gates）周一称，在有关数字隐私的讨论中，没有人是“专制主义者”。但是，这位微软联合创始人表示，他支持他的公司起诉美国政府，以讨要将联邦政府索要数据的事情可以告知相关用户的自由权。

近日在华盛顿参加“路透社新闻人物”（Reuters Newsmaker）活动时，盖茨接受了路透社主编史蒂文·阿德勒（Stephen Adler）的采访。在采访中，盖茨就微软状告美国政府一案发表了自己的观点，“在某些特殊的情况下，政府可以秘密行事，获得某公司的电子邮件。但是微软的立场很明确：在特殊情况下，政府可以这样做，但是并非任何时候都必须这样做”。

上周，微软在其老家西雅图向联邦法院提交了一纸诉状，状告美国政府违反宪法。因为美国政府在向微软索要用户的电子邮件和其他文件的时候，禁止（有时候是无限期地禁止）微软通知它的相关用户。

此前，微软的竞争对手苹果曾与FBI就苹果是否应该帮助解锁圣博娜迪诺枪手iPhone争执不下，并一度准备对簿公堂。后因FBI找到了解锁方法，此案才暂告一段落。

盖茨称，执法部门和隐私拥护者之间应该多沟通和协作，以更好地确定如何让政府依法查看私人数据。

“我想，没有人是专制主义者，认定政府就应该获得一切数据，或政府不能访问任何数据。”盖茨说。

盖茨在1975年与人联合创办了微软。现在，他仍然受到科技行业众多人的爱戴。在今年2月，在苹果与FBI对峙期间，盖茨发表的言论曾掀起巨大波澜。后来，他澄清说媒体说他支持FBI的报告并不属实。

（二）相对独立的私营征信

1970 年《公平信用报告法》的诞生，使得美国的征信业一开始就朝着市场化的方向迈进。美国政府鼓励私营征信机构的发展并支持其做大做强，其成功促使了目前世界范围的几大跨国征信机构总部都设在美国。在“个人主义为核心的征信文化”影响下，美国的征信机构保持了市场化的中立性和公正性，独立于信息主体和政府部门。目前，美国的个人征信业务主要是通过私营征信公司进行市场化运作，主要呈现出以下特点：

1. 征信业行业集中度高，寡头垄断特征明显

美国个人征信行业诞生于 19 世纪初期，伴随着信息技术发展，信息共享程度提高，消费信贷持续增长，个人征信市场得到长足发展，并建立了市场化运作模式。1960 年年末，美国征信公司达 2 200 家，区域性特征明显。在信息技术驱动、银行卡联盟发展、全国性银行出现等外力推动下，个人征信市场经历并购潮，小规模、区域性征信公司被淘汰，形成当前以 Experian、Equifax、TransUnion 三家为行业巨头，其余 250 余家与它们有紧密合作关系的整体格局。在全面、完善的征信监管法律体系指导下，美国征信市场综合监管日趋规范，个人征信市场已进入成熟期，基于反垄断法，征信行业三巨头格局将长期稳定。

2. 自由竞争导向的市场化征信模式，政府侧重监管

美国个人征信市场化模式主张自由竞争，征信机构自主收集、整理、加工信用信息及数据、提供尽量全面、可信的征信报告。利用市场化征信模式，最大限度发挥市场主体的能动性，充分发挥征信机构活力，有利于征信机构根据市场个性化需求实现征信服务对象多元化、创新产品多样性，同时刺激消费信贷增加，提高经济运行效益。政府在该模式中侧重监管，针对个人隐私保护较为困难、征信机构采集数据准确性存在差异等问题，通过立法规范征信信息采集、整理、存储及加工流通整个流程、利用完备的征信法律体系为征信市场发展保驾护航。

3. 征信公司进行商业运作，需求主体呈现多元化

美国征信公司以营利为目的，业务流程分数据收集、数据处理、产品销售三个环节。以美国最大征信公司益博睿为例，公司将征信报告作为商品进行整体营销运作，不断创新产品类型，扩大服务范围，2020 年益博睿年收入达 51. 79 亿美元，年度个人信用报告量，居世界首位。美国征信报告需求主体由消费信贷高速发展催生，信用卡迅速发展和银行卡联盟的出现，导致信贷机构及个人消费者对信息甄别产生大量需求。当前美国征信需求主体呈现多元化特征，个人消费者、银行、抵押贷款公司等传统金融客户收入占比已不足 50%，医疗保健机构、电信商、零售商等新兴客户群体对征信需求日趋增加，互联网金融迅速崛起使 P2P 行业征信需求猛增，成为新的利润增长点。

4. 征信机构中信用调查与信用评级分开

国际上三大最有影响力的评级公司分别是穆迪、标准普尔和惠誉，其中前两家公司是美国公司，惠誉属于欧资公司。美国评级公司穆迪和标准普尔拥有世界顶级的分析师队伍，世界许多著名的经济学家都是这两家机构的分析师，分支机构遍布许多国家和地区，为全球诸多企业、金融实体、证券提供评级业务。穆迪和标准普尔这两家著名评级公司都源自信用调查公司。1841 年成立的商业征信所，后来发展为邓白氏征信集团，这

是美国历史最悠久的信用调查机构，2001 年，邓白氏集团公司进行改组，把邓白氏公司和穆迪公司两家公司分拆，邓白氏公司主要偏向于信用调查，穆迪公司偏向于信用评级。标准普尔评级公司的母公司是成立于 1888 年的麦格罗·希尔公司（McGraw-Hill），该公司也是一家覆盖全球的信息提供商，主要是为金融、教育、商业及建筑提供信息服务，后来经过分拆成立了标准普尔评级公司。

把信用调查与信用评级分开，既有利于征信领域市场化的中立性和公正性，又有利于征信业务的专业化分工。当邓白氏集团把企业和个人的调查从全国扩展到全世界范围时，已经是上亿级别的信息量了，邓白氏公司每天为超过 3.3 亿条公司记录更新 500 万次。上亿级别的信息需要从银行、司法、海关等各个机关、部门搜集、整理、存储，每天都要进行数次数据更新，这是一个十分浩大的工程。仅仅完成调查过程就十分复杂了，如果再加上分析、评级过程，一项业务从开始调查到评级完成，步骤繁多。亚当·斯密在《国富论》分工理论中告诉我们："制造一枚针需要 18 道工序。没有分工，一个人最多一天制 20 枚针，有时甚至一枚也造不出。但如果有了分工，10 人一天能制48 000枚针，效率大大提高。"因此在服务的企业和个人数量足够多，调查、评级的步骤逐渐细致时，调查和评级分开也是征信领域的一次专业化分工。此时，美国大型征信机构的发展脉络进一步清晰，征信机构服务有了进一步分化，既有同时提供信用调查和信用评级的机构，也有把信用调查和评级分开进行的机构。可以看出，在征信业务量达到一定、业务步骤日益精细化时，征信业分工便产生，信用调查机构与信用评级机构分开设立成为必然趋势。

二、理性保守背景下的欧洲征信文化

"崇尚思辨理性、严格数据保护"是以德国为代表的欧洲征信文化显著特征。欧洲绝大部分国家征信文化都十分强调人格尊严，认为只有在充分保护个人隐私的基础上才能发展征信，保守理念贯穿征信过程始终。在"理性保守"的征信文化影响下，欧洲的德国、法国、意大利、西班牙等国，在全世界率先实行了公共征信制度。德国于 1934 年建立了第一家公共征信公司。迄今为止，15 个欧盟国家中有 7 个欧洲国家设立了公共征信机构，分别是奥地利、比利时、法国、德国、意大利、西班牙和葡萄牙。公共征信制度，是指由各国中央银行管理的一个旨在向商业银行、中央银行以及其他银行监管当局提供有关公司及个人在整个银行体系负债情况的信息制度。政府主导是欧洲公共征信制度运行模式的主要特色，这种模式是以中央银行建立的公共征信系统为主体，兼有私营征信机构的征信体系。公共征信是依据国家和政府的力量组建并由相应职能部门负责运行管理的征信制度，通常由中央银行垄断建立全国统一的信用信息数据库（信用登记系统），除履行征信职能外，这一信用登记系统还为中央银行实施监管提供重要参考。

公共征信制度的主要特征如下：

一是所有金融机构强制参加公共征信系统。这是公共征信和私营征信的关键差别。在欧洲的大部分国家，处于中央银行监管之下的所有金融机构必须参加公共征信系统，不仅如此，一些国家除银行外，非银行金融机构也须加入该系统，如奥地利、法国、葡萄牙、西班牙等国就将参加机构扩展到财务公司，其中葡萄牙还扩展到信用卡公司，德国的参加机构扩展到保险公司，法国的参加机构还扩展到租赁与保险公司。

二是信息获取采用固定频率以及随时索取的方式。德国、法国、意大利、奥地利、比利时、葡萄牙、西班牙等国的参加机构均采用固定频率并可随时索取的方式获得信息，但信息来源相对较窄，参加机构之间的信息共享是强制性的。

三是个人隐私保护优先的信息采集与使用制度。受不同的社会、政治、文化、历史等多方面的影响，世界各国对“隐私”的价值有不同的感受与理解，因此也就形成了对隐私保护的不同要求。欧洲人认为，个人隐私是一项基本权利，欧洲大部分国家都有严格的隐私保护法律，如欧洲议会 1995 年通过了《欧盟数据保护法》，该法令旨在为欧盟各国制定一个关于隐私保护和数据库运营的基本框架；欧盟 1995 年制定、1998 年实施的《隐私法令》对公共和私营数据库的运营规定了严格的标准。与此相适应，欧洲大部分国家的征信系统也非常注重征信参加机构及单个消费者的隐私，比如，参加机构提供的数据仅以加总的形式公布，只提供给为信贷审批的其他信贷机构，消费者个人有权检查并更新其在公共征信系统的档案等。在信用数据的使用方面，许多国家对公共信用登记系统的数据有较严格的使用限制，仅对监管当局提供有关大的借款人或银行风险暴露的详细信息，其他则不予提供。

三、崇尚集体精神的日本征信文化

“浓厚的共识文化与强烈的地缘意识”是日本征信文化的显著特征。在这种崇尚集体精神的征信文化价值理念的影响下，1892 年，日本成立了第一家“会员制”征信机构——商业兴信所。会员制关注的是群体内部会员的利益共享，其他成员则排除在外。换言之，会员制征信绝对不允许把群体利益对外开放。群体内部会员资源、利益、服务共享，是会员制征信的服务宗旨，这就决定了会员制征信机构不能以任何形式的盈利为目的，只能服务于内部会员的整体利益。最初，日本国内具有影响力的两大会员制征信公司是帝国数据银行与东京商工调查公司，后来又成立了许多会员制征信公司。“会员制”征信制度，逐渐被芬兰、爱尔兰、瑞士等国借鉴，成为世界三大征信制度之一。日本本土征信公司由此前的散兵游勇日趋成熟，形成了以银行协会建立的会员制征信机构与商业征信机构并存的多层次综合体系。在会员制征信制度下，入会的会员成为数据的提供者，同时也是数据的分享者。银行协会牵头设立的会员登记数据库对信用信息数据信息进行搜集整理，整个过程只收取成本费用。会员制征信制度的设立帮助了会员进行信息共享。

会员制征信制度的优点：一是有效确保征信信息的可靠性和保护会员的隐私权。会员制征信采用的是一种互利互惠的原则，不少会员为了规避信贷风险，自发或被迫结成一个征信联盟，构建了一个处于闭环状态的信息共享群体，保护群体会员的切身利益，信息仅允许在内部会员间进行传播，而不对社会开放。二是由于信息提供者就是内部会员本身，征信机构的利益与其密切相关，故而便于征信机构协调数据采集。三是能够在不降低征信服务质量的前提下，提供低于市场平均水平的征信服务收费标准。四是会员制明确规定了服务范围与对象，进而保证了现有会员的切身利益。不难看出，这一征信制度适合于行业协会在当地影响力较大、共识文化浓厚、地缘意识强烈的国家。

从整个国家层面和效率的角度来看，会员制征信制度也存在一些难以避免的缺点：一是限制了征信机构服务范围的扩大（主要服务于会员的原因所致），不利于整个社会福利水平的提高。由于其在采集信息方面通常遵循信息最小化原则，即只收集和登记尽可能少的信息，仅限于分析客户偿还能力与支付能力的最低限度的信用信息，不利于全面掌握客户的信用状况。二是随着国际征信机构的进入，市场竞争的加剧，会员制安排由于没有营利压力的要求，难以适应激烈的市场竞争。三是会员制采用一会员一票制，不利于投票权的适度集中和未来征信机构治理结构的改善，决策效率会受到一定的影响。四是会员制的筹资成本高，不适应征信机构发展的需要。五是会员日益多元化将导致利益冲突发生与决策效率低下，使征信机构对市场环境变化反应迟钝，弱化了自身竞争能力。

第三节　中国的征信文化

一、体现社会主义核心价值观的中国征信文化

征信文化作为社会主义文化体系的重要组成部分，与征信业的改革、创新、发展密切相关。征信体系建设，对我国市场经济的发展至关重要。2016 年 6 月 27 日，习近平总书记主持召开中央全面深化改革领导小组第二十五次会议并发表重要讲话，强调“推进社会诚信体系建设，构建‘一处失信、处处受限’的信用惩戒大格局，让失信者寸步难行”。中国征信文化的核心价值观是对社会主义核心价值观践行与反映。人民银行总行在 2012 年提出了“唯信、唯实、团结、创新”的征信文化核心价值观，并在社会主义核心价值观引领下，结合央行文化建设对开展征信文化建设提出了具体要求。以社会主义核心价值观为代表的中国征信文化，有其明显的优势，即能够促进征信业管理和服务的效益最大化。

首先，社会主义核心价值观（见图 10-1）能够有效指导、促进征信文化建设；其次，征信文化建设能够促进社会主义核心价值观深入征信业务具体工作的方方面面；最后，以人民银行、金融机构和征信机构全部网点为阵地辐射客户和区域居民，通过征信业管理与服务能够传播社会主义核心价值观、央行文化和征信文化正能量，更好地服务经济发展、服务民生、服务社会，从而拓展文化建设的广度和深度，加快文化传播速度，提升征信业的社会效益和经济效益。具体而言，一是多措并举丰富征信文化内涵。着力打造诚信、和谐、争先、奉献、快乐的征信团队文化，提高团队凝聚力、向心力；大力推进服务型央行建设进程，创建平等、文明、便捷、安全的征信服务文化；着重培养规范、严谨、高效的征信行为文化；积极构建标准、务实、顺畅、廉洁的征信工作文化。二是以征信文化建设为切入点，促进征信业践行社会主义核心价值观，以征信文化促进征信宣传效果提升，以征信宣传拓展传播征信文化，不断提高包括征信业在内的社会各行业对征信文化和征信宣传的需求、供给水平。三是逐步建立、完善金融机构征信宣传网络体系，促进征信文化市场繁荣。

图 10-1 社会主义核心价值观

二、中国征信文化价值取向引领下的征信体系

中国征信文化的价值取向是恪守契约承诺，追求真实客观，崇尚法治精神，注重以人为本，强调义利并重。征信文化的核心价值观是“唯信、唯实、团结、创新”。中国征信文化建设的总体目标是，在全国征信系统范围内积累和形成以诚实守信、求真务实、团结协作、严谨敬业、开拓创新为特征的征信文化氛围。中国征信文化建设的具体目标是，以加大征信环境设施的投入、优化征信行动范式、规章制度等为核心的征信文化“软性”与“硬性”目标等。在人民银行整个系统内部，建立一体化的征信文化核心价值观与目标，进而为征信主体有效建设征信文化提供行动目标与操作进路。中国征信文化价值取向，对其征信体系的构建及其制度化建设产生了深远影响。具体体现在以下几个方面：

（一）公共征信机构为主与民营征信机构为辅

目前，我国已初步形成公共征信机构与私营征信机构并存互补的征信体系格局。在中央部门和地方政府的主导下，建立了行业和地方公共征信机构，同时各种形式的私营征信机构也在不断发展壮大。据调查统计，在全国 31 个省、自治区、直辖市（不含港、澳、台地区）中，已有 12 个省、直辖市组建了公共征信机构共 24 家；明确从事信用登记、信用评级、信用咨询、信用调查、信用评分业务的民营征信机构 190 余家。2021 年，各地建设省（市）级、地方征信平台分别为 10 家和 40 余家，支持 65. 38 万户小微企业获得信贷 2. 34 万亿元。

（二）盈利和非盈利征信机构共存

我国公共征信机构由中央或地方政府部门主导，经费来源主要为财政拨款，一般不收费或以保本原则收费，具有非营利性特点。私营征信机构由民间资本投资建立和经营，完全实行市场化运作，资金来源主要为提供信用信息服务收费，具有营利性特点。

（三）信息收集内容及形式多样化

我国征信机构既收集正面信息也收集负面信息。公共征信机构通过行政力量收集信息，主要采用强制报送的形式，收集的信息主要供商业银行等授信机构、政府相关部门使用。私营征信机构通过新闻媒体等公开渠道、实地调查及有关政府部门获取，主要采用协议方式收集信息，收集的信息主要提供给付费者使用。

（四）中央银行对征信市场进行监管

2008 年 7 月，国务院通过调整人民银行的“三定”方案，2013 年《征信机构管理办法》赋予人民银行管理征信业的职能，明确了我国征信市场监管由中央银行负责。

（五）完备的征信法规制度与征信系统

征信制度是征信组织在创造特定的工作机制和管理体制过程中所形成的与征信业发展相适应的法律、规章和制度等，是推动征信文化建设和规范信用行为的基础保障。目前，我国已初步构建起分层次和立体化的征信制度体系。在国家层面，《中华人民共和国宪法》作为社会根本法律，具有最高约束效力；在征信业层面，由《中华人民共和国中国人民银行法》《中华人民共和国商业银行法》和《征信业管理条例》等法规，组成了较为清晰和完备的管理规范。另外，根据征信体系建设和业务发展的实际需要，中国人民银行先后制定出台了《银行业信贷登记咨询管理暂行办法》《个人信用信息基础数据库管理暂行办法》《应收账款质押登记办法》等规章制度，从征信主体、信息数据采集、征信系统维护、信息保护等方面规范征信行为，促进了我国征信系统建设的健康、快速发展。人民银行经过 10 年的不懈努力和探索，建成了全国统一的企业和个人信用信息基础数据库系统，其中企业征信系统收录企业和其他组织 1 800 多万户，个人征信系统收录的自然人数 8 亿多，企业和个人信用报告查询量日均达到 44 万次和 130 万次，成为世界上最大的数据库系统。人民银行企业和个人征信系统已生产出信用报告、关联企业查询、信贷汇总数据等信用产品，在帮助商业银行防范风险、预警高风险客户、催收不良贷款等方面发挥了重要作用。信用报告作为企业和个人的“经济身份证”得到社会各界普遍认可，已实现信用报告查询柜台服务和个人互联网双重查询模式，征信系统应用成效显著。

三、中国征信文化建设的难点

当前，有待提升中国征信文化建设的难点问题主要集中于以下三点：

一是受经济基础的制约，公众对征信文化重要性认识不足。由于经济相对落后，征信文化教育有待提升，公众对征信文化的重要性认识仍须加强，在征信文化对经济社会发展的重要影响尚未得到充分彰显的背景下，对于征信文化有助于推动政务诚信、商务诚信、社会诚信和司法公信建设，并有助于形成良好的经济社会发展环境的认识还很不充分。

二是受管理体制的制约，征信文化影响力有待加强。目前，征信文化建设工作仍处于探索阶段，尚未形成完善成熟的管理体制，征信文化影响力不足。虽然各级人民银行牵头成立了由本地区各部门参与的领导小组，但实际上征信文化建设主要由人民银行、国家发展改革委等部门依靠行政手段来推动，没有真正形成部门合力，征信文化建设的社会影响力不大。

三是受征信机制的制约，征信文化建设者亟待培养。征信文化建设需要有一批稳定和业务精良的征信队伍做先锋。目前，征信从业人员，特别是基层银行业金融机构的征信从业人员变动频繁，难以培养出信念坚定、底蕴丰富、业务精良的文化传播者，因此创造一个有利于培养征信文化传播者的稳定环境十分紧迫。

四、推进中国征信文化建设的措施

立足自身实际和文化内涵加强中国征信文化建设，是构建社会信用体系的核心组成部分，有助于诚实守信良好社会发展环境的营造和中国特色社会主义市场经济的高质量发展。诚然，推进征信文化建设是一项综合性的社会系统工程，尚需征信主体在中国征信文化核心价值观的引领下，树立大局观念，统一认识，通力协作，适时制定出一整套体系更加完备、体现中国征信文化内涵的中长期指导实施规划与建设框架。具体措施如下：

一是牢固树立征信文化营建的全局意识，通力协作。

二是继承与发扬好中国传统的信用文化，丰富中国征信文化内涵。

首先，基层央行在征信业文化建设的过程中，应坚持弘扬中华优秀传统文化，注重以下两方面：一方面，先进征信文化建设应做到“扬弃”。“扬弃”的本质既要做到吸收，又要去除掉落后文化，在经济全球化的时代背景下，世界各国在政治、经济和文化领域的交融越来越明显，因此，基层央行征信工作受到国外文化的影响越来越大。为坚持基层央行征信工作有序的运行方向，应重视吸收中华优秀传统文化的精髓，真正立足于市场经济条件下征信业的实际状况，抵御不良文化入侵。在“扬弃”中华文化的过程中，既要避免全盘照抄，认为传统文化都是先进的，在征信文化建设时，未经任何改善就加以运用；又不能全盘否定，即“文化虚无主义”，认为传统文化都是糟粕，都照搬国外文化。这会严重阻碍到基层央行文化自信，基层央行应坚持辩证唯物主义观点，遵循一分为二看待问题的原则，合理吸收传统文化中的优秀精髓，促进基层央行征信工作依法持续的运作。另一方面，基层央行的文化自信应来源于五千年中华文化底蕴，可通过丰富征信文化内涵的方式来提升基层央行征信工作实力。中华文化强调求同存异、海纳百川，因此，在推进先进征信文化建设时，应重视学习中外文化，大胆创新文化内涵，促使先进传统文化与国外文化的融合，真正做到洋为中用、古为今用。在实际建设过程中，应协调好传统文化与国外文化之间的关系，促使征信文化走向世界，形成独立的文化软实力。其次，基层央行应重视挖掘革命实践中形成的具有中国标识的革命文化，将其土地革命、抗日战争和解放战争的伟大胜利及平等、公正的社会秩序转化为精神动力，引导征信工作者学习革命文化的内涵，用红军长征中的坚韧不拔、艰苦奋斗精神感染人，带领人积极创建征信管理与征信服务的文化环境，营造“守信光荣、失信可耻”的良好社会信用氛围，促使征信工作者在履行法律赋予的职责的具体实践中实现自我价值。基层央行在征信文化建设的过程中，应将征信文化与革命文化相结合，将两者有机统一。征信文化来源于信用信息服务活动的实践，通过开展革命传统文化教育活动，传递革命文化正能量。用井冈山精神鼓舞斗志、用延安河水灌溉心田、用战争火炮洗礼信用田园，将以信为行的理念内化于心、将守信践诺的作风外化于行，固化为唯信做人、唯实做事的力量，使得征信工作者感受到亲切感，更加积极地投身于征信活动的实践，实现征信工作的健康持续发展。再次，基层央行应高扬社会主义先进文化旗帜，将其转化为一种凝聚力量，使征信工作者在现实履职过程中感受征信事业发展成就，全面理解社会主义先进文化的时代内涵，并以其为引领。在推进社会信用体系建设过程中把握征信市场发展方向，激发自身的履职热情，增进履职的凝聚力和感染力。基层央行在征信文化建设的过程中，应将征信文化融入社会主义先进文化建设之中。征信文化是社会主义先进文化重要组成部分，因此要高扬社会主义先进文化旗帜，传递特色文化正能量，用改革精神凝聚力量、用法律制度规范行为，用创新精神开拓征信市场，并以此引领征信文化不断发展，为社会主义先进文化的繁荣发展提供更为丰厚的滋养。同时，要以社会主义先进文化为支撑，推动征信文化的创造性转化和创新性发展，坚定文化自信有利于基层央行征信工作力量的凝聚和发展。最后，基层央行应提升文化自信。积极响应党中央的号召，及时适应时代发展潮流，结合市场经济变化需求，基于社会诚信体系建设的视角，规划整理文化建设目标，确保征信文化能够转化为征信工作的动力，更好地完成法律赋予的征信业管理、推动社会信用建设职责，优化征信执法检查力度，提升征信管理工作效率与质量。征信文化建设，应具备吸引人的特色元素，基层央行在秉承央总行所倡导“唯信、唯实、团结、创新”征信文化核心价值观中，应综合考虑征信管理工作性质、征信市场运行状况和广大征信工作者心理状况等方面的因素，全面反映出征信文化特色，需要注意的是，基层央行不能照搬其他行业的文化理念，而应在征信活动实践中丰富征信文化内涵。

三是加大中国征信法制建设的力度，进一步提升中国征信文化的制度内涵。征信业发达国家的经验表明，完备的征信法律保障体系是促进征信文化发展的有效手段，也是保障征信文化不断继承和发展的必要措施。我们国家征信业正处于高速发展阶段，征信法律制度体系尚不健全，还需要制定促进社会信用、保护个人信息的相关法律法规，完善《征信管理条例》配套制度，建立以地方政府主导下的金融、工商、税务、商务行业征信文化体系建设长效机制，形成合力，多管齐下，营造全社会参与的征信文化建设氛围，形成符合中国国情的征信法律体系。通过完善征信法律制度体系，促进市场主体依法订立和履行契约，明确各自责任、义务和权利，规范行为方式，提升征信文化的制度内涵。

四是有的放矢、稳步推进，促进中国征信文化系统性建设再上新的台阶。

五是因地制宜，制定出区域征信文化建设方案，建立健全中央与地方征信文化建设的评价与过程监控机制。

六是全面提升征信主体的业务素质与综合素质，为构建良好的征信文化奠定人才基础。征信文化建设的重要目标是建立一支作风优良、本领过硬的征信队伍。征信队伍的建设离不开征信文化的引领。把征信文化建设有机融入征信队伍建设当中，将核心价值观、管理制度及工作规范、工作作风及行为方式、文化创造和文化展示贯穿于队伍建设的始终、充分发挥征信文化的凝聚、导向、激励和约束作用。首先要规范征信从业人员的职业行为。研究制定征信从业人员的行为准则，提升征信从业人员的业务素质，从规范文明用语、行为方式和工作程序入手，使其树立良好的职业道德和行为文化。其次要加强对征信从业人员的培训。加大培训力度，建立培训机制，有计划地将在职干部选送到金融院校进行系统的专业学习、深造，同时做好现有在职干部的岗位培训工作，不断提升员工的职业素质与道德修养。

七是以农村信用体系和中小微信用体系建设为契机，及时跟进征信文化建设。在农村信用体系和中小微信用体系建设不断推进的大背景下，只有及时跟进征信文化建设才能提高辖区整体征信文化水平，进一步巩固信用创建成果。建立信用文化宣传站，先以信用村为单位建立征信文化宣传站，指定3~5名固定宣传员，定期接受征信知识培训、按期举办面向农民的征信文化培训班、收集和宣讲诚实守信典型案例，再逐步增加宣传站，提高公众对征信文化的认知；拓展增加征信文化的宣传途径，可借力助农取款服务点，与各种可利用的金融服务网点联合开展征信文化宣传，及时公布最新的征信文化知识。

八是充分吸收并借鉴欧美国家先进经验，优质高效地开展“一体化”征信教育（征信教育走进大学、中学、小学课堂），推动征信文化的广泛传播，创新征信文化建设的宣传教育机制。

第四节　中国征信教育实践与探索

一、征信教育概述

随着我国社会信用体系的不断完善，以信贷交易记录为核心的信用报告运用领域越来越广泛，对个人银行贷款、商业赊销、信用交易和应聘求职等产生了显著影响。大力开展征信教育活动，既是征信行业发展与信息主体权益保护的需要，也是提升全社会诚信意识和传播征信文化的需要，对进一步建立健全社会信用体系，褒扬诚信，惩戒失信，有着重要的现实意义，有利于培育公民社会信用意识，优化社会信用环境，提升国民金融素质。

（一）征信教育的内涵与目标

征信教育，是指围绕征信知识和诚信意识传播开展的一系列宣传、培训和专题讲座等活动。征信教育以金融领域为核心，涵盖经济领域的信用教育，并辐射社会领域的诚信教育。征信教育有普及性、客观性、有效性等原则。征信教育的实施主体是征信业监督管理部门、其他政府部门、行业协会、征信机构、金融机构、教育机构、社团组织等。征信教育的实施对象包括政府部门及公务员、企业、学生、社会公众等。

征信教育的目标主要分为初期目标、中期目标和远期目标。征信教育的初期目标是推广征信概念，帮助征信参与各方逐步建立起“能够从征信中获益”的意识。征信教育的中期目标是最大限度地发挥征信参与方在推进征信体系建设中的作用，达到征信各方积极参与并支持征信系统建设、信息共享以及基本建立征信约束机制。征信教育的远期目标是实现征信教育的所有功能，充分发挥征信教育在培育诚实守信社会氛围、提升公众信用管理能力、维护公众合法权益、助推金融稳健发展等方面的功能。

（二）征信教育的功能

1. 宏观层面

一是征信教育有助于促进经济社会健康发展。

二是征信教育有助于培育诚实守信的社会氛围。

三是征信教育有助于推动实现社会和经济的包容性增长。

2. 微观层面

一是征信教育有助于提高征信机构的运营效率，促进征信产品的推广应用，构建征信产品和服务的外部约束机制。

二是征信教育有助于授信机构扩大服务覆盖面，防范信贷风险，增强参与征信体系建设的意愿。

三是征信教育有助于提高信息主体的自我信用管理能力，增强其维护自身合法权益的意识和增强其对征信活动的信心。

（三）征信教育的内容

一是对政府部门及公务员，进行社会信用体系建设、践行社会信用体系建设规划纲要、坚持依法行政，强化公务员诚信，加强守法守信、廉洁高效政府等方面的教育。

二是对金融系统从业人员、企业从业人员及其财务管理人员，进行征信业务与征信产品、企业诚信管理制度建设、利用征信为企业融资和经济交易提供便利等方面的教育。

三是对学校在校学生，根据教育对象的不同年龄层次，设置不同的征信教育内容。对小学生进行诚信教育；对中学生进行征信知识教育；对大学生进行征信专业课程方面的教育。

四是对社区居民和社会公众，围绕征信业务、征信活动和征信法律法规等方面进行教育。

五是对征信业从业人员，根据征信从业人员素质状况，提供有针对性的征信系统化专业教育、在职结构化征信教育、征信行业培训等方面的教育。

二、中国征信教育实践取得的成就

（一）征信教育覆盖面逐步扩大

近年来，人民银行各分支机构结合当地实际情况，开展了形式多样的征信宣传教育活动，全面覆盖了各个行业及领域的宣传对象。全国逐步形成了以各级人民银行、金融机构、征信机构为主体的征信宣传教育框架体系，征信宣传教育对象全面扩展到各级政府及相关部门、银行类金融机构、社会公众、征信机构、中小企业和农户等社会群体，征信宣传教育对社会的覆盖面逐步扩大。以辽宁省铁岭市为例，当地人民银行从年龄、职业、身份等多个维度出发，对宣传对象进行细化分类，先后举办了征信教育进社区、进企业、进乡村、进学校、进机关、进商场、进军营、进景区等“八进”征信宣传教育活动。

（二）征信教育内容与形式丰富多样

我国征信宣传教育的主题鲜明、内容丰富。这主要体现在：国家对社会信用体系建设的总体谋划部署、行动纲领指南清晰明确；人民银行征信体系建设思路举措取得积极成效；金融信用信息基础数据库基本建成并发挥重要作用；征信及相关金融知识得到广泛普及；中小企业和农村信用体系建设取得重大进展；信用评级相关内容和知识得到迅速传播；应收账款融资相关知识社会知晓程度迅速提高；《征信业管理条例》内容及其他征信法规知识专题教育向纵深推进；《社会信用体系建设规划纲要（2014—2020年）》相关内容得到全面贯彻执行；信息主体权益保护更加系统和严格等。通过持续、广泛、深入开展征信教育，征信知识的社会关注度与认知度有了较大提升。据统计，近年来，社会公众访问征信知识宣传网站的人数成倍增加，人民银行个人征信系统月均查询量由2008年不到1 800万人次增加到2016年的超过8 000万人次，企业征信系统月均查询量由200多万次增加到2016年的接近800万次。

人民银行组织编写了《百姓征信手册》《百姓征信知识问答》等普及读本，向社会公众赠送；制作征信公益广告宣传片，并在中央电视台和地方电视台多个频道播出；在相关网站上提供相关信用知识等信息，不定期发布媒体宣传信息；组织公益金融知识巡展，在全国范围内开展“征信知识宣传月（周）”和“信用记录关爱日”等大型集中性的宣传活动；充分调动金融机构征信宣传的主动性，帮助其营业网点开展对借款人等特殊群体和社会公众的征信宣传。2008年，国务院将中国人民银行的职责由“推动社会信用制度及体系建设规范和促进信贷征信业的健康发展”调整为“管理征信业，推动社会信用体系建设”。人民银行征信管理局及各分支行征信管理部门从履行职责的需要出发，面向不同社会群体深入开展了务实有效的征信宣传教育工作。

为推动社会信用体系建设提高全民信用意识，中宣部、国家发展改革委、商务部等15个部门和单位联合组织了“诚信兴商宣传月”活动。商务主管部门宣传“12312”热线和打击商贸欺诈；物价主管部门表彰诚信先进；工商系统开展“户户讲道德、店店无假货”活动；消费者协会开展消费评议；税务系统推进纳税信用评定；海关系统加强进出口企业法制宣传教育，对失信企业进行曝光；卫生系统开展食品安全标准宣传质检系统开展“诚信兴商与信用标准宣传月”活动；工业和信息化系统跟踪报道食品工业诚信体系建设情况；企业联合会开展企业信用评价工作等。

（三）征信课程正逐步走进高校教育

自2002年教育部将“信用管理专业”列为高等教育的专业起，全国各地在推进征信课程走进高校教育方面进行了积极的探索。以达州市为例，中国人民银行达州市中心支行、中国工商银行达州分行、达州农商银行就银校联合开展征信教育与四川文理学院财经管理学院进行了多次深度沟通，签订了《诚信文化教育基地共建协议书》，依托诚信文化教育实践基地这一前沿阵地，发挥各自服务、管理、渠道优势，建立长效合作机制，社会诚信教育取得了以学校为阵地、学生为主体、向社会辐射的良性功效。在征信教育实践过程中，四川文理学院财经管理学院把“诚信”元素注入财经文化核心内涵，突出思想教育与专业技能并重原则，组建特色教学团队、开展系列特色征信主题实践活动、推进信用管理专业学科建设。银校联合申报了四川省普通高校应用型本科示范课程建设项目“现代征信学”，并召开了富有成效的“现代征信学”教学研讨会。银校课题组成员在课程规划、课程主讲、教学设计、教材建设、设备管理、人员支持、课程辅导、实践指导等方面进行广泛交流与合作。为进一步提高大学生的诚信意识，四川文理学院财经管理学院还积极主动与人行达州市中心支行、达州市财政局、达州市税务局、达州市审计局、达州市发展改革委、工行达州分行、达州农商银行、达州市证券投资公司、达州市公路物流港等单位进行对接，联合举办了五届以“诚信为主题”的迎新晚会，常态化开展“诚信志愿者活动”，组建四川文理学院校级大学生“诚信投资”社团，开展首届“诚信投资技能大赛”，连续举办五届大学生“诚信签名墙”“诚信手抄报比赛”和“诚信文化演讲大赛”，成功创建达州市哲学社会科学重点研究基地——诚信文化教育研究中心，推动四川文理学院成为达州市首批诚信文化教育示范基地和四川省首批诚信文化教育试点学校。

达州市征信管理部门和金融机构专业人才，共同参与征信教育教学活动，较好地实现了金融资源与教育资源有机结合。校银合作不断向社会延伸，共同组建“你诚我信”志愿者服务队，支持学生到金融系统就业实习，初步形成校银合作办学、协同育人的创新模式。经过近年实践探索，形成“学校+银行+社会”的诚信文化育人模式，培育了大批“守信重诺”、具备信用管理知识的复合型人才，校园诚信氛围浓厚，达州征信教育进入国民高等教育体系，为共建信用达州、推动社会信用体系建设发挥了积极作用。

三、中国征信教育面临的挑战

征信教育是围绕征信知识和诚信意识传播开展的一系列宣传、培训和专题讲座等活动，它以金融领域为主要着力点，辐射经济、社会的信用教育与诚信教育，对于有效提升社会诚信水平、促进经济社会健康发展具有重要作用。近年来，全国各地围绕征信知识的普及和传播开展了形式多样的教育活动，取得了良好的教育成效，同时也面临着新的挑战。具体如下：

（一）征信教育宣传发展不平衡，信用文化建设水平亟待提升

在信用发达国家，信用报告已经成为企业和个人的“经济身份证”，“珍爱信用记录”已经成为“经济人”的一种习惯。而在我国，人们虽知道信用在经济生活中的重要性，但在长期信用文化缺失的困境下，社会信用环境不容乐观，信用文化建设水平不高的问题亟待解决。发达的征信市场、完善的征信体系，与一个国家的征信教育有较强的正相关性。目前我国的征信教育体系还没有形成，完善征信体系的主要推动者——征信专业人才也相当匮乏。以我国征信业比较发达的上海为例，全市专门从事征信和信用评估的专业人员也不过千人，其中初级专业人员占有较大比例，具有系统化征信知识的高学历、高水平信用管理人才更加有限。培养高素质征信人才的大学教育，也只在近几年得到了探索式发展，从业资格管理从 2007 年才开始起步，公众信用知识普及水平远远不够。

（二）征信教育主体单一，教育合力有待提高

当前，征信宣传教育的主体是以人民银行分支行和金融机构作为宣传主体，宣传方式多采用面对面的直接宣传方式，大部分政府相关部门、社会公益组织、学校、相关企业尚未参与到征信宣传教育工作中来。一些地方，虽然在诚信教育中已制定了相应的工作机制，但是活动的推动和开展仍以人行为主，其他部门主动开展工作的意识不强，证券、保险及政府有关部门教育工作缺乏有效地组织手段，而媒体宣传收费过高也是利用媒体宣传较少的主要原因。金融机构为主体的教育方式，必然会造成教育部门单一，缺少部门协作的教育合力。这种单一的模式，制约了征信教育工作开展的

广度和深度。

（三）征信教育尚未纳入国民教育体系，征信文化普及缺乏长效机制

近年来，尽管中国人民银行、国家发展改革委、教育部、共青团中央联合下发了《关于进一步做好诚信文化教育工的通知》，使得征信教育的对象不断由普通社会公众转向学生群体。但是，目前诚信文化教育尚未真正纳入国民教育体系，全民征信知识普及教育缺乏长效机制。目前中小学普遍没有开设征信文化教育的专门课程，缺少适合青少年身心特点的征信教育素材和反映征信文化的系统化教材、专业师资；在大学阶段，仅有极少数一流大学中开设了“信用管理”专业，绝大部分地方高校（尤其是新建地方本科高校）没有把征信教育真正纳入大学阶段的必修课程，只是开展了诸如“征信大讲堂”“征信知识进校园”等系列征信教育活动。部分征信教育培训基地在教学过程中，仅仅把《现代征信学》教材作为教学依据就理论而理论，征信教育内容缺乏针对性与有效的实践教学环节，难以形成良好的教学互动氛围，学生学习征信文化的积极性不高。

（四）征信教育队伍专业化程度低，征信教育渠道有待拓宽

征信教育工作中，征信人员均由人民银行、金融机构从业人员兼职，大多没有经过专业的培训教育，教育创新能力有待提高，教育方式较为传统，且人员更换频繁，征信教育的专业化程度相对较低。互联网平台的征信教育渠道作用尚未凸显，未能实现线上征信教育与线下征信教育的良性联动。此外，线上征信教育中的内容素材绝大部分是简单的征信知识，没能对受众进行细分，按照不同的受众群体设计符合其需求的征信教育资源模块。内容针对性的缺失，降低了公众通过互联网获取征信知识的意愿，互联网在征信教育中高效、便捷、覆盖面广的功能未得到有效显现。

当前由人民银行和金融机构主推的征信教育工作，每年根据当年的规划布置月度、季度和征信宣传主题活动的宣传内容，内容主要涉及个人信用信息知识、个人信用记录、个人信用报告、个人征信权利、信用记录良好对人生的影响等方面。金融机构的征信教育主要体现在申请贷款和申请信用卡环节。公众对征信和信用的理解仅限于信贷领域和金融领域，对其他如法院执行信息、被执行人高消费受限信息、消费者协会及卫生部门等相关激励和惩戒信息等未纳入征信教育范围的相关内容，社会公众对此类信息了解甚少，但从日常咨询受理情况看，公众对征信知识需求的广度越来越大，而对当前征信教育的满意度却较低。

复习思考题

1. 如何理解征信文化的内涵？

2. 美国、欧洲、日本等西方发达国家（地区）的征信文化对我国征信文化建设有哪些启示和启发？

3. 中国征信文化价值取向对征信体系的构建及其制度化建设产生了哪些深远影响？

4. 你认为推进中国征信文化建设应从哪些方面发力？

5. 联系实际，谈谈你对征信教育“三进工作”（进校园、进教材、进头脑）的认识？

参考文献

[1] 戴根有. 征信理论与实务 [M]. 北京：中国金融出版社，2009.

[2] 朱谦之. 文化哲学 [M]. 北京：商务印书馆，1990.

[3] 林铁钢. 征信概论 [M]. 北京：中国金融出版社，2012.

[4] 中国人民银行征信管理局. 现代征信学 [M]. 北京：中国金融出版社，2015.

[5] 唐明琴，缪铁文，叶湘榕. 征信理论与实务 [M]. 北京：中国金融出版社，2015.

[6] 楼裕胜，安静，杨秋海，等. 征信技术与实务 [M]. 北京：中国金融出版社，2018.

[7] 叶谦，常胜，黄萍，等. 征信理论与实务 [M]. 北京：中国金融出版社，2018.

[8] 吴晶妹，韩家平. 信用管理学 [M]. 北京：高等教育出版社，2018.

[9] 李爱君，苏桂梅. 国际数据保护规则要览 [M]. 北京：法律出版社，2018.

[10] 李清池，郭雳. 信用征信法律框架研究 [M]. 北京：经济日报出版社，2008.

[11] 张维迎. 博弈论于信息经济学 [M]. 上海：上海人民出版社，1996.

[12] 桑德斯. 信用风险度量 [M]. 刘宇飞，译. 北京：机械工业出版社，2001.

[13] 安建.《征信业管理条例》释义 [M]. 北京：中国民主法制出版社，2013.

[14] 车耳. 信用制度深度透视 [M]. 北京：人民邮电出版社，2009.

[15] 李扬. 中国城市金融生态环境评价 [M]. 北京：人民出版社，2005.

[16] 林钧跃. 国家信用管理体系 [M]. 北京：社会科学文献出版社，2000.

[17] 龙西安. 个人信用、征信与法 [M]. 北京：中国金融出版社，2004.

[18] 王晓明. 征信体系构建制度选择与发展路径 [M]. 北京：中国金融出版社，2015.

[19] 曾康霖，邱伟. 中国转型期信用制度建设研究 [M]. 北京：中国金融出版社，2007.

[20] 张亦春. 中国社会信用问题研究 [M]. 北京：中国金融出版社，2004.

［21］张泽虹，赵冬梅. 信息安全管理与风险评估［M］. 西安：电子工业出版社，2010.

［22］中国人民银行征信管理局编写组. 征信专题研究［M］. 北京：中国金融出版社，2009.

［23］周小川. 完善法律制度，改进金融生态［N］. 金融时报，2004-12-7.

［24］张元萍. 中国信用理论与信用风险防范高级研讨会综述［J］. 经济学动态，2002（7）：51-53.

［25］叶文辉. 大数据征信机构的运作模式及监管对策：以阿里巴巴芝麻信用为例［J］. 金融监管，2015（7）：75-78.

［26］吴晶妹. 从信用的内涵与构成看大数据征信［J］. 首都师范大学学报，2015（6）：66-72.

［27］陈小红. 国际信用评级体系及其在我国的借鉴［D］. 北京：北京大学，2006（6）.

［28］李醒民. 论文化的固有特征和研究进路［J］. 社会科学论坛，2005（7）：1-2.

［29］全国企业信用评价与公示平台. 中国诚信记忆：传统文化里的诚信精神［EB/OL］.（2019-07-12）［2021-03-05］http://www.cec315.cn/article/39.html,2019-07-12/2020-1-17.

［30］田芸，沈霞，杨福伟，王美强. 我国征信文化建设研究与思考［J］. 金融发展评论，2015（7）：152-153.

［31］华劼. 网络时代的隐私权：兼论美国和欧盟网络隐私权保护规则及其对我国的启示［J］. 河北法学，2008（6）：7.

［32］侯东喜，朱向东. 美国的隐私权制度［J］. 人大研究，2009（2）：42-43.

［33］张文博，宋国军. 美国个人征信市场化运作特点、监管措施及对我国的启示［J］. 华北金融，2015（5）：35-36.

［34］王登荣. 文化大发展背景下征信文化的创建与制度设计初探［J］. 征信，2013（12）：47- 50.

［35］钟伟杰. 美国的个人征信公司及其对我国的借鉴意义［J］. 经济研究参考，2002（67）：31-32.

［36］时明生. 历史传承视角下我国征信文化的实践与发展［J］. 征信，2018（8）：46.

［37］臧慧萍. 美国个人征信业务的特征及启示［J］. 经济论坛，2010（3）：127-130.

［38］肖瑞婷，冀志芳. 美国信用评级监管实践对我国的启示［J］. 西部金融，2013（6）：61-63.

［39］孙文娜，苏跃辉，刘晓燕. 美国征信机构发展模式对中国的启示［J］. 华北金融西南金融，2019（10）：78-79.

［40］郭熙保，徐淑芳. 全球征信体系的制度安排及其影响因素［ J］. 学术研究，2005（11）：31-37.

［41］刘洋. 征信制度史及启示研究［D］. 南昌：江西师范大学，2013（6）：51-

53.
［42］胡文静，刘世成．征信宣传教育的国际经验及启示［J］．征信，2014（2）：68.
［43］王煜．全面推进征信管理工作开创征信业和社会信用体系建设新局面［J］．中国征信，2013（1）：7-8.
［44］熊学萍．美欧征信的制度框架与我国个人征信制度的选择［J］．华中农业大学学报（社会科学版），2011（3）：85-86.
［45］杨晖，卢昊．中国特色征信体系模式研究［J］．金融与法，2011（8）：60
［46］李隐峰，谢岗，黄铮，等．新世纪以来我国社会信用体系建设历程分析与原理［J］．中国卫生监督杂志，2020（3）：224-228.
［47］王伟，欧阳捷．“十四五”时期我国社会信用体系建设高质量发展展望［J］．社会治理，2022（1）：38-45.
［48］熊治东．改革开放以来中国社会信用体系建设：成就、经验、问题与展望［J］．征信，2020（10）：12-20.

后　记

建设特色鲜明优势突出的高水平应用型大学是四川文理学院的发展目标，财经管理学院（以下简称“我院”）多年来积极投身到“转型发展、内涵发展、特色发展”的征程中，在建立健全校内专业实验室、仿真实训室基础上，与达州市财政局、达州市审计局、达州市税务局、中国人民银行达州市中心支行、中国工商银行达州分行、达州农商银行、达州公路物流港、成都京东公司等党政部门、企事业单位广泛开展校地、校企合作，建设实践教育基地，为实现“诚信、济世、敏学、尚能”的人才培养目标奠定了坚实基础。依托与中国人民银行达州市中心支行牵头的达州市金融机构合作，我院建成达州市首批“诚信文化教育示范基地”，获得“四川省首批诚信文化教育试点学校”称号。在持续开展系列诚信文化教育活动基础上，塑造出特色鲜明的诚信文化教育品牌，“现代征信学”被四川文理学院确定为“特色项目”。2018 年，“现代征信学”被四川文理学院批准作为“校级优质课程（企业课程）”立项建设（川文理〔2018〕71 号）；2020 年，“现代征信学”被四川文理学院批准作为“一流课程”立项建设（项目编号 2020KCB001）和“课程思政”示范课程立项建设（项目编号 2020KCSZ011）；同年，“现代征信学”还被四川省教育厅批准为“四川省地方普通本科高校第二批应用型示范课程”。即将出版的《现代征信学概论》既是上述建设项目的建设成果之一，也是诚信文化教育基地建设取得的一个新进展。

《现代征信学概论》是一项集体成果，参与本书编写的作者既有专业教师，也有来自金融系统的业界精英。四川文理学院党委委员、财经管理学院院长傅忠贤教授和中国人民银行达州市中心支行党委委员、副行长何永川担任本书主编，傅忠贤教授负责项目申报、队伍建设、拟定编写提纲、组织统改稿和书稿最后审定，撰写前言、后记。财经管理学院副院长程子彪副教授、副院长杨波副教授，达州农商银行党委书记、行长胡泰峰为副主编。参与本书编写的还有：中国人民银行达州市中心支行征信科科长熊心伟、中国工商银行达州分行省行下派锻炼的陈春岳博士、达州农商银行资金信贷部副总经理刁小凤、财经管理学院教授顾玉林、财经管理学院党政办主任苟聪聪副教授、财经管理学院教学科研办公室主任刘小艺副教授、财经管理学院专业教师硕士研究生熊光明和胡丹。

本书具体分工如下：序言、后记由傅忠贤编写；第一章由程子彪编写；第二章由杨波编写；第三章由胡丹编写；第四章由苟聪聪编写；第五章由陈春岳编写；第六章由刘小艺编写；第七章由刁小凤编写；第八章由熊光明编写；第九章由熊心伟编写；第十章由顾玉林编写。

本书的编写得到四川文理学院党委、行政大力支持，西南财经大学出版社给予了极大的关心和帮助。本书在编写过程中还参阅了业界同行的大量研究成果和文献资料，在此一并致以真诚的谢意，但在梳理文献时难免有遗漏，也深表遗憾，望得到理解和海涵。

《现代征信学概论》的编写是一项系统性工程，虽然我们尽力在知识表达的科学性、结构安排的逻辑性、实践经验概述的准确性等方面予以了关注，但由于能力和水平有限，书中难免存在一些偏颇或疏漏之处，恳请专家、学者、同行，特别是本书读者提出严肃的批评和改善建议。我们将不断进行修改、补充、完善，始终行走在开拓进取的道路上。

《现代征信学概论》编委会

2022 年 12 月 30 日